日本語の類義表現辞典

新装版

森田良行 Yoshiyuki Morita【著】

東京堂出版

はじめに

ことばというものは、わかっているようで案外と難しい。「泥棒を捕らえて縄を綯(な)う」ということわざの意味は、急場に臨んであわてて準備をすることだから、「泥棒を捕らえてから」と言い換えても文意は変わらない。では、「捕らえて」と「捕らえてから」とはまったく同じだと言ってしまってよいものだろうか。が、よく考えてみると、それは結果として句全体が同じ事柄を指しているというだけであって、だからと言って「何々して」と「何々してから」とが表現上で差がないとは言い切れない。その証拠に「我が身を抓(つね)って人の痛さを知れ」は決して我が身を抓ってから人の痛さを知れという意味だけではないし、「雨降って地固まる」も、降って、それから地面が固まるといった、事の順序を述べているわけではない。「石橋を叩いて渡る」は幸い〝叩いてから渡る〟と解釈できるが、それとは別に〝叩きながら渡る〟と取れないこともない。「手を挙げて横断歩道を渡ろうよ」なども、挙げた状態で、挙げながらだから、動作の順序ではない。「から」とは違って「て」には前後関係によって、いろいろな意味が付加してくるようだ。だから、「テープを聞いて勉強している」も、「聞きながら」のような不真面目さとは異なり、テープで語学学習などを進めている真面目な姿を想像する。

　このように、大筋では似ているが、ちょっとした言い方の違いが微妙な意味の違いを招いている類義の表現が、日本語には実に多い。解釈の問題だけではなく、表現する場合においても、どちらの言い回しを使えば今の気持ちにぴったりな表現となるか迷うこともしばしばだろう。「風が吹けば桶屋が儲かる」は「吹けば」だが、「来年のことを言うと鬼が笑う」は「ば」ではなく「と」を用いる。いったい「ば」と「と」はどう違い、どんな場合にどのように使い分ければ正しい日本語になるのか、日頃から注意してそれぞれの意味や用法を勉強しておく必要があろう。「て」といい、「てから」といい、あるいは「ながら」といい、このような類似の言い方は日本語に数多くあり、ことばの上手な使い手になろうとする者には避けて通れない重要な関門となっている。

このような類義の表現を数多く集めて、それぞれの言い回しの底に潜む表現者の意識と発想を詳細に解説し、類似点と相違点とを簡明に説明してくれる類義表現の道案内的な書物があれば、どんなにか心強く、便利なことであろう。それは文章を書く際に参考となる知識だけではなく、日本語でのものの考え方の有り様を意識的に受け止め、分析的にとらえていく習慣を身に付けさせ、ひいては物事を論理的に把握していく態度を植え付ける、極めて有用な手立てを提供する書物ともなるであろう。もちろん言語の表現は論理一辺倒ではなく、時には甚だ文学的な言い方も必要であり、それがかえって優れた表現効果をもたらす場合も、じゅうぶん考えられる。

先の条件表現の例で言えば、何も「犬も歩けば棒に当たる」だとか、「噂をすれば影」「勝てば官軍」「打てば響く」のような理屈の表現とは別に、「柿くへば鐘が鳴るなり法隆寺」(正岡子規)とか、「あなたを待てば雨が降る」(有楽町で逢いましょう)のような、およそ論理とは無関係な「ば」の例もある。柿を食ったら必ず鐘が鳴るわけでもないし、あなたを待つことと雨が降りだすこととの間には何の因果関係もない。単語の意味や用法と違って、このような言い回しには、日本人特有のもののとらえ方、表現意識や発想が内包されているので、一般の国語辞典や類義語辞典で調べ尽くすことは不可能に近い。種々の表現、それも類義のものとの違いや使い分けを丁寧に解説してある辞書的な書物が求められるゆえんである。幸い著者は、かつてこのような類意の言い回しを取り上げて『日本語の類意表現』（創拓社）として一冊にまとめたことがある。が、だいぶ以前のことで、今日手にすることは難しい。日本語に関心のある人、国語教育や日本語教育に携わっている諸兄姉、ことばの研究を目指す学生諸君らに、再び目に触れる機会を何としても作りたい。作ってさらに日本語への造詣を深めてもらいたい。そのように考えて、類義表現辞典という形で装い新たに世に送り出すこととなったのが本書である。類義表現を六十一項目選んで、表現内容から十の分野に類別し、それぞれの内容に応じて配列した。人間で言えば還暦を過ぎたところで一つの纏まりとしたわけである。

本書によって日本語への理解がさらに深まれば著者望外の幸せである。最後に、本書の刊行を発案し、上梓へと力を尽くされた東京堂出版編集部の渡部俊一氏に感謝のことばを贈りたいと思う。

二〇〇六年九月

著　者

日本語の類義表現辞典◉目次

はじめに……一

第一章　動作・作用の実現と使役の言い方

1　「練習する」か「練習をする」か……「する」を使ってよい場合は？　一三
2　「上手にする方法」か「上手にさせる方法」か……「なる」「する」「させる」の使い分け　一九
3　「音がする」か「音が聞こえる」か……「する」はあらゆる動詞の代表か？　二四
4　「子供を病気で死なせた」か「子供を病気で殺した」か……事象を自らが引き起こしたと見る独自の発想　二九
5　「本当のように見せた」か「本当のように見えさせた」か……作為的行為の現れ　三五
6　「記憶を呼び起こす」か「記憶を呼び起こさせる」か……不可避の現象　四〇
7　「子供を乗せる」か「子供を乗らせる」か……許容の言い方　四三

第二章　受身・可能の言い方

8 「食欲をそそられる」か「食欲をそそらせる」か……自発と誘発 五〇
9 「負うた子に教えられて浅瀬を渡る」か「負うた子に教えてもらって浅瀬を渡る」か……恩恵の言い方 五三
10 「逃がした魚は大きい」か「逃げられた魚は大きい」か……被害の受身 五七
11 「もう載らない」か「もう載せられない」か……不許可の言い方 六一
12 「富士山が見える」か「富士山が見られる」か……可能の言い方 六五

第三章　動作・状態を表す言い方

13 「仕事を求めにくる」か「仕事を求めてくる」か……移動の目的を表す言い方 七三
14 「暗くなってくる」か「暗くなっていく」か……話し手側の意識と状況の変化を表す言い方 七八
15 「窓があけてある」か「窓があいている」か……行為の結果としての現状を表す言い方 八六
16 「窓があけてある」か「窓をあけてある」か……意図的行為の結果を表す言い方 九二
17 「花瓶が置いてある」か「花瓶が置かれている」か……〝客観性・普遍性・状態化〟を目ざす表現 一〇〇
18 「彫刻が施してある」か「彫刻が施されてある」か……視覚的にとらえられる現状の言い方 一〇六

19 「眼鏡を掛けた人」か「眼鏡を掛けている人」か……現在の状態を形容する言い方 一一三

第四章　叙述の態度を表す言い方

20 「ありがとうございます」か「ありがとうございました」か……確認の言い方としての「た」 一二〇
21 「用事があります」か「用事があるのです」か……確定的な言い方 一二六
22 「奇麗じゃないか」か「奇麗だねえ」か……感嘆の表現 一三〇
23 「悲しく思う」か「悲しいと思う」か
……情感作用の内容を示す言い方──主観的・非分析的か客観的・分析的か 一三三
24 「いま三時半ごろだ」か「いま三時半ぐらいだ」か……不確かな時の表現 一三六
25 「税金を払わなければならない」か「税金を払わなければいけない」か……義務・当然の言い方 一四一
26 「少し酔ったようだ」か「少し酔ったらしい」か……推量の言い方 一四四

第五章　語順の入れ替わる言い方

27 「先生も賛成らしかった」か「先生も賛成だったらしい」か……確かさ意識を示す「た」 一五〇
28 「会えないはずだ」か「会えるはずがない」か……予想・予測と〝当然の帰結〟の違い 一五四

49 「廊下に待っている」か「廊下で待っている」か……その行為は意思的か非意思的か／二者関係か三者関係か　二六一

第九章　事物の並列を表す言い方

50 「提灯に釣鐘」か「提灯と釣鐘」か……重ね合わせて一つの存在とする「に」と並列・対照の「と」　二六六
51 「酒と煙草をやめた」か「酒も煙草もやめた」か……該当する事物・考慮対象の範囲はどこまでか　二七〇
52 「コーヒーや紅茶」か「コーヒーとか紅茶とか」か……限定の「と」、個別に引き合いに出す「や」、代表として例示する「とか」　二七四

第十章　条件の言い方

53 「石橋をたたいて渡る」か「石橋をたたいてから渡る」か……前後の意味関係で判断されるべき「て」　二七八
54 「暗くて見えない」か「暗いから見えない」か……結果を示す「て」と理由を表す「から」　二八二
55 「寒いから窓をしめた」か「寒いので窓をしめた」か……主観的な「から」と客観的な「ので」　二八六
56 「見て見ぬふり」か「見ても見ぬふり」か……連続の「て」と断絶の「ても」　二九二

57 「食べないのに金を取る」か「食べなくても金を取る」か
……現実レベルの「のに」と仮定の文脈の「ても」二九五

58 「用事がないのに出掛けた」か「用事がないけれど出掛けた」か
……因果関係を示す「のに」と状況説明の「けれど」二九九

59 「来年のことを言うと鬼が笑う」か「来年のことを言えば鬼が笑う」か
……必然性・連動的な現象を表す「と」と論理関係を表す「ば」三〇四

60 「春が来れば花が咲く」か「春が来たら花が咲く」か　個別的な事柄の実態・判断を示す「たら」三〇八

61 「暑かったら窓を開けてください」か「暑いなら窓を開けてください」か
……「たら」と「なら」では時間的順序が逆になる／「ば／たら／なら／と」の使い分けのまとめ　三一一

事項索引……三二五

第一章 動作・作用の実現と使役の言い方

1 「練習する」か「練習をする」か

「する」を使ってよい場合は？

紀貫之が女性に仮託して書いたといわれる『土左日記』の有名な冒頭文

をとこもすなる日記(にき)といふものを、をむなもしてみんとてするなり。（「日本古典文学大系」岩波書店）

これを私たちは何気なく読み下して、別に不思議とも何とも感じない。千年以上も時の隔たりのある文章なのだから、いろいろな面で現代語と違って当然なはずなのに、それを意識せずに読んでしまえるというのは、この冒頭文があまりにも人口に膾炙(かいしゃ)しているためであろうか。

今、この冒頭文の忠実な訳として『日本文法辞典』（明治書院「日本文法講座6」）の訳文を左に掲げてみよう。

男がするという日記というものを、女（であるわたし）もしてみようと思って、するのである。

この訳文には「する」という動詞が三箇所使ってある。それは『土左日記』の原文に「す」という動詞が三箇所に現れるからだろう。ところで、ここで使われている「する」の表す意味は〝日記を書く〟ということである。つまり「書く」の代用として「する」が使われているわけだ。だが、考えてみると、ふだん私たちは「書く」ことに対して「する」を使うことはまずない。

「あなたもしませんか」「何を？」

の質問に対して予想される答えは「テニスを」とか「旅行を」とか「美容体操、ジョギング、アルバイト、マニキュア、教師……」など「テニスをする」と「……をする」で言い表せる名詞である。

「あなたもしませんか」「何を?」「日記を」

とは絶対に言えない。『土左日記』風の言い方を借りれば、

（　）がしている（　　）というものを、私もしてみようと思っています。

の（　）の中にいろいろな語を入れてみればいいのである。

中国人がしている太極拳というものを、私もしてみようと思っています。

「女の人がしているマニキュアというものを……」「あなたがしているコンタクトレンズというものを……」「彼がしているパーマというものを……」少し文章を変えて

あなたがしたことのある結核というものを、彼もしたことがあります。

というふうに、さまざまな語を入れてみて文を作ることができるのであるが、どうしても日本語として成り立たない名詞も多い。

あなたがしている日記というものを、私もしてみようと思っています。

あなたがしたことのある煙草というものを、私もしたことがあります。

何とも奇怪な日本語である。

「する」は一種の形式動詞で、種々の動詞に代わる働きを持っているが、たとえば先に挙げた例文で言うなら、

「あなたがはめているコンタクトレンズというものを……」「あなたが掛けているパーマというものを……」「あなたが罹（かか）ったことのある結核というものを

……」「あなたがはめている指輪というものを……」
「あなたが巻いているサポーターというものを……」

などは「する」で言い換えがきくが、

「あなたが吸っている煙草というものを……」とか
「あなたがつけている日記というものを……」

など「吸う」や「つける」（あるいは「書く」）は言い換えがきかない。その結果、煙草や日記は「日記をする」とか「日記する」とは言えないのである。もっとも、「煙草する」などは一時、コマーシャルのキャッチフレーズとして登場したこともあるが、これはことさら日本語のルールに反することによって表現を際立たせようという一種のレトリックとも解せるが、あまり好ましいことではない。

　日本語の「する」は時代がさがるにつれて使用範囲が狭まってきた。その昔『土左日記』の時代には、日記を書くことも「男もすなる日記」とか「女もしてみんとてするなり」と立派に「す」（「する」の古代語）で代用されているし、「馬の餞（はなむけ）す」（『土左日記』）とか「盧（いほり）す」「罪す」など、今日では「する」が付かない語にも複合した例が見られる。山田孝雄博士はこのような「する」を形式動詞と呼んだが、同じ形式的な語でも、形式名詞の「もの」は「する」よりも使用の幅が広い。

「刺青（いれずみ）というものをする」「太極拳というものをする」「コルセットというものをする」「ポーカーというものをする」

と、「する」は「もの」と一緒に用いることができるが、同じ「もの」で言い換えられる名詞「煙草」や「日記」などは「する」で受けることができない。

「煙草というものを」と来たら「する」ではなくて「吸う」と言わなければならない。「煙草というもの」や「日記というもの」の「もの」は「する」と組むことができない。「煙草」や「日記」が表す概念は「する」という動詞の表す概念と相性が悪いせいであろうか。確かに、

「よそ見をする」「マッサージをする」「噂をする」
「咳をする」「電話をする」「ウインクをする」

などは〝〜をする行為〟という動作性を含む名詞である。だから、同じ「煙管（きせる）」でも、無賃乗車のほうなら「キセルをする」と言えるが、刻み煙草を吸う道具としては「キセルをする」の言い方は許されない。しかし、このような、概念として動作性を含むか否かは必ずしも絶対的な使い分けの基準とはならない。枕や座布団、包帯、眼鏡、蓋、栓、教師、魚屋、主任……などは、煙草や日記と同じく純然たる名詞的概念でありながら「枕をする」と「する」が使えるではないか。

「酢をする」とか「塩・胡椒をする」と言えるのに、なぜ「砂糖をする」「醬油をする」と言えないのかと質問を受けたことがある。料理関係の文章には、

　豆腐は一丁を半分に包丁して……

のような言い方が普通に使われているし、「投手陣の好調が原因して」とか「科学する心」のような例は日常しばしばお目に掛かる。ある外国人留学生は「便所する」と使っていたが、部屋の名前には「する」は付かないようだと述べたところ、「私はお台所してますから」と日本人の女性が使っていたのを聞いたことがあると反論された。現在のところ、「する」と組むことの可能な語彙の範囲はかなりあいまいで揺れている部分があると見てさしつかえなかろう。

ところで「練習する」は他動詞ゆえ、練習対象を目的語に取って「テニスを練習する」と表現することができる。この「練習する」という動詞はそのまま「する」に置き換わる語であるから、「テニスをする」と言い換えることができ、初めからテニスの話とわかっていれば、ただ「する」だけでも通じてしまう。

　練習する──→テニスを練習する──→テニスをする
　──→する

一方、「運動する」は自動詞ゆえ、「テニスを運動する」と目的語を取る言い方はできない。だいたいテニスは運動そのものであるから「テニスの運動をする」とい

う言い方もできない。これが「練習」なら、テニスとイコールではないから「テニスの練習をする」と修飾語としてかぶせていくことができる。そこで、もしどうしても「テニスの運動をする」と言いたいなら、「運動」を消去してただ「テニスをする」と言えばそれで事足りる。さらに「する」だけで話が通じるなら、それでもよい。

運動をする──→テニスの運動をする──→テニスをする──→する（*印は不成立）

以上「～する／～をする」二種の動詞を対応させてみると、次のようになる。まず「～する」が他動詞なら目的語を修飾語に変えて「……の……をする」文型に転換できる。

練習する──→テニスを練習する
↓　　　　　　　　↓
練習をする→テニスの練習をする ｝──→テニスをする──→する

勉強する──→英語を勉強する
↓　　　　　　　　↓
勉強をする→英語の勉強をする ｝──→英語*をする──→する

（注）「英語をする」という言い方は普通しないが、「先に英語をして、それから数学をやろう」のように場面から理解がつくなら可能である。

怪我する──→指を怪我する
↓　　　　　　　　↓
怪我をする→指の怪我をする ｝──→指*をする──→*する

次に「～する」が自動詞なら、当然、ヲ格の目的語を取ることはできない。「～の」の修飾語の可否は、両語の意味関係で決まる。

病気する──→結*核を病気する
↓　　　　　　　　↓
病気をする→結*核の病気をする ｝──→結核をする──→する

試合する――→テニスを試合する*
↑　　　　　　↑
試合をする→テニスの試合をする ｝――→テニスをする――→する

結核はすなわち病気だから「結核の病気」とは言えないが、テニスは試合とイコールではないから「テニスの試合」と言える。

このへんで標題に戻って「練習する／練習をする」両形式の違いはどこにあるか。賢明な読者ならもうおわかりであろう。

「～する」形式は「テニスを練習する」と目的語を取り、「～をする」形式は「テニスの練習をする」と修飾語を取るわけであるが、「練習」のように、ヲ格・ノ格どちらも成り立つ動詞はいい。これが「試合」のような場合、何の試合であるかを説明するのに、ヲ格を使って「テニスを試合する」と言うことができない。結局「テニスの試合をする」とノ格を使って表現するよりほかなく、その点「試合をする」形式のほうが「試合する」より使い道が広いということになる。ただし、「運動」のように、上位概念として「テニス」も運動の一部に含まれるような場合には、「テニスを運動する」はもちろん、「テニスの運動をする」形式も成り立たない。「テニス」イコール「運動」なのだから、ただ「テニスをする」と言えばそれでよいわけである。

最後に「～をする」と助詞「を」を取ることのできないサ変動詞についてちょっと触れておこう。一般のサ変複合動詞は「テニス、練習、試合、運動」のように「テニスする／テニスをする」と両形式が成り立つものだが、「を」の挿入を許さぬ語が少しある。まず、

一、和語でサ変動詞となるものには、

(1)噂（を）する、よそ見（を）する、いたずら（を）する

(2)額に汗して働く、賞讃に値する、耳にこだまする、目に涙して聞く

(3)青々（と）した麦畑、寒々（と）した景色
がっかりする、はっきりする、うんざりする、ざらざらする、ぐらぐらする、ぬるぬるする、じたばたする

があるが、⑴の意思的な行為には「を」を入れることが可能である。「噂」や「よそ見」は動作的概念の名詞である。⑵の無意思的な現象と、⑶の副詞に「する」の付く例は「を」を挿入することができない。弁別法として

「何をしますか」「噂をします」

と答えられるのに対して、

「何をしますか」「汗します」「がっかりします」

とは答えられない。「汗」や「がっかり」は「何を」の対象とはなり得ない。「どのようにする／どうなる」の状態説明なのである。そして、これは次の漢語の場合にも通ずる。

二、漢語では

⑷演説（を）する、約束（を）する、忠告（を）する、研究（を）する、結婚（を）する

⑸往復する、一転する、意図する、延引する、看破する、落雷する

三、字音語にも「する」は付くが、もちろん「を」は挿入できない。

⑹達する、解する、害する、命ずる、論ずる、信ずる

四、外来語は「何を」と「どう」の二種に分かれる。

⑺スケッチ（を）する、アルバイト（を）する、レッスン（を）する、デッサン（を）する

⑻キャッチする、ヒットする、マッチする

「情報をどうしたか」「情報をキャッチした」のような状態性の「〜する」には「を」が挿入できない。一見、同種のように見えることばでも、細かく見ていくと、そこに違いのあることがわかるものである。

2 「上手にする方法」か「上手にさせる方法」か

「なる」「する」「させる」の使い分け

「その点をもっと詳しくしよう」と言う。その点が結果的に詳しくなったのである。他動詞「する」は自動詞「なる」と対応すると言われる。

「目を真っ赤にする／目が真っ赤になる」「お八つにする／お八つになる」「息子を医者にする／息子が医者になる」

みな「する／なる」の対応で、「する」は作用や行為そのものを、「なる」はその実現を表している。このような、何かをある状態にする意の他動詞「する」のほかに、

「いい匂いがする」「問題点がはっきりする」「胸がどきどきする」「息子が大学に合格する」

格助詞「が」を受けて「何がどうする」と述べる自動詞の「する」もある。〝問題点がはっきりとする〟ことは〝問題点がはっきりとなる〟わけであるから、この「する」は意味的には「なる」とほぼ等しいと言ってよかろう。そこで、このような自動詞としての使い方の「する」に対応する他動詞の用法は存在しないから、使役の助動詞「せる」を付けて表現を他動化させなければならない。

「問題点をはっきりさせよう」「彼は胸をどきどきさせている」「息子を一流大学に合格させた」

「問題点をはっきりしよう」のような言い方が一部におこなわれているが、これは「胸をどきどきする」と同

じく誤用である。「問題点をあいまいにする」は、自動詞「問題点があいまいになる」に対する他動詞表現であるから、これは正しい。冒頭に述べた、

　その点が詳しくなる／その点を詳しくする

と同じ他動詞グループの「する」だからである。一方、「はっきりする」は、

　問題点がはっきりする／問題点をはっきりさせる

と自動詞グループの「する」であるから、他動詞表現に変えるときは自動詞の「する」をそのまま「〜を〜する」と使うわけにはいかない。使役の助動詞「せる」の助けを借りて「〜を〜さ・せる」とやって初めて目的語「〜を」を受けることが可能となるのである。

（〜が）　　　　（〜を）
真っ赤になる　→真っ赤にする
詳しくなる　　→詳しくする
お八つになる　→お八つにする
うやむやになる→うやむやにする

（〜が）　　　　（〜を）
充血する　　　→充血させる
はっきりする　→はっきりさせる
合格する　　　→合格させる
どきどきする　→どきどきさせる

「する」には他動詞の用法と自動詞の用法とがあるが、他動詞の「する」は自動詞の「する」とは対応せず、「なる」と対になる。一方、自動詞の「する」は対応他動詞を持たず、みずからに使役「せる」を付けて「さ・せる」の形で間に合わせている。奇怪といえば奇怪だが、これが日本語の現実の姿である。自動詞グループの中には、相手や原因を「に」や「で」の助詞で示して文型を複雑にする一群がある。

　私は彼にうっとりする→彼は私をうっとりさせた
　主人は私に憤慨する　→私は主人を憤慨させた

「AハBニ〜する」という自動詞「する」を、A・Bの順序を入れ替えて「BハAニ〜させる」と変形するわけである。もっとも、このBは人間に限るという条件づきであることを忘れてはならない。「主人は私の行為に憤慨する」を「私の行為は主人を憤慨させた」などとやると妙に外国語くさくなる。これは、非情物は使役の主体に立たないという日本語のルールによっているわけである。『何が彼女をさうさせたか』(藤森成吉)式の非情の使役は、翻訳調でバタ臭い。原因を示す「で」も、

列車は落雷でストップした→落雷は列車をストップさせた

とやると、この過ちを犯すことになる。

ところで、自動詞グループには「音がする」「匂いがする」といった、いわゆる自然現象を表す「〜がする」がある。この「する」については第三節で触れるが、この種の中には「〜を〜させる」の言い方のできないものが意外と多い。

胸さわぎがする。

これを「胸さわぎをさせる」と言い換えることはできない。「胸がどきどきする」なら「胸をどきどきさせる」と言えるのに、なぜ「胸さわぎがする」は言い換えられないのだろうか。〝胸〟なら「胸をどうさせているのか?/胸をどきどきさせている」と問答が成り立つが、〝胸さわぎ〟ではそれができない。「胸さわぎをどうさせているのか?」などと言えるはずがない。これは〝胸さわぎ〟が、そうなった結果の状態を表す名詞だからである。

頭痛がする/寒けがする/悪寒がする/息切れがする/動悸がする/感じがする/予感がする/気がする/雨漏りがする

など皆この手の名詞で、「〜をさせる」の言い方を持たない。一方「させる」の言い方が成り立つ場合は「(胸を)どのようにさせているのか?」に対して「どきどきさせているのだ」という答えの表現であるから、これは

結果の状態を具体的に説明する表現であるとも言える。状態の具体的説明にはそれなりの具体性を持った説明のことばが必要である。ただ「胸をさせている」では何のことかわからない。「どきどき」という修飾語は意味伝達の上からも必須の要素というわけである。そのほか、

　　匂いがする――→いい匂いをさせている

のように、目的語の内容を具体的に説明することで文意を整えている例もあることを見逃してはならない。

さて、標題の問題にかえって「上手になる――→上手にする」の例を考えてみよう。これも、

　　英語が上手になる／英語を上手にする

と修飾語「上手に」が「なる」や「する」の意味を補っているわけであるが（だから、この「上手に」は補語である）、この「する」の使い方は他動詞グループであるから、ことさら「せる」を使って「上手にさせる」と言い換えなくとも「する」だけでじゅうぶん「英語を上手にする」と目的語「～を」を受け止めることができる。それをわざわざ「英語を上手にさせる」と言う理由はあるのだろうか。

　　目を真っ赤にして泣いている。
　　目を真っ赤にさせて泣いている。

　　お肌を白くするクリーム
　　お肌を白くさせるクリーム

これらの例は、どちらも当人自身の状態について述べたものであるから、ことさら「させる」を使う必要はないわけである。

　　息子を医者にする。
　　息子を医者にさせる。

なら、二人の人間関係の上に成り立つ行為であるから、「させる」を使うと強制意識や許容意識が加わってくる。したがって、

頭を坊主にする。
頭を坊主にさせる。

は、右側は自身もしくはだれかの頭を丸めることであるが、「させる」を使った左側は〝人に命じてだれかの頭を坊主にさせた〟という強制的使役か、〝本人の希望を受け入れて坊主頭にすることを許した〟という容認・許容となる。対者意識が成り立ち、しかも意思的にそうさせることの可能な状況ならばこれでよい。だが、

その点をもっと詳しくしよう。
その点をもっと詳しくさせよう。

のような例となると、他人に対して強制的に詳しく書き直させるのならば左側の言い方でよいわけであるが、自身が自分の原稿に手を入れるのであれば、何もわざわざ「させよう」と言う必要はないわけである。もっとも、ある特殊な現象を引き出すような場合、たとえば、

髪をしなやかにする整髪剤
髪をしなやかにさせる整髪剤

などでは「せる」の表す強制意識が効いて、左側の例は〝本来そうなりにくい状態のものをいやおうなくそうさせてしまう〟という意識が色濃く現れる。意思的に強制するのではない。その物が持っている効力によって有無を言わさず対象の状態を変化させてしまうという化学反応にも似た〝非情の強制〟である。

英語を上手にする方法
英語を上手にさせる方法

語学適性に欠けるどんな頑固（がんこ）な頭脳の持ち主であっても、この方法をとれば絶対に上手になってしまうこと請け合いの効果的な効き目の強い方法だということを打ち出したいとき、左側の言い方となる。

3 「音がする」か「音が聞こえる」か

「する」はあらゆる動詞の代表か？

音や匂い・味など感覚的にとらえられる事柄に対して日本語では、

「変な音がする」「いい匂いがする」「いやな味がする」

と動詞「する」を使う。これは「が」を受ける自動詞としての用法であるが、このような「する」の表す意味は、他動詞「仕事をする」「噂(うわさ)をする」のような行為ではもちろんないし、「怪我をする」や「病気をする」のような、ある特殊な状態になるという状態変化でもない。もっとも、同じ自動詞の「する」でも、

寒けがする、悪感がする、めまいがする、吐き気がする、動悸がする、息切れがする、頭痛がする、胸さわぎがする、いやな予感がする、変な気がする、寒々とした感じ、万感胸に迫る思いがする、気のりがしない

のような肉体や精神の特殊な状態を表す場合、その他、

稲妻がする、地響きがする、地鳴りがする、雨漏りがする

など外界に生ずる特殊現象の生起を表す場合には、先の「病気をする」などの例にかなり近づくが、病気や怪我・やけどなどは「病気をした人」のように、その主体の経験として主体の状態をとらえることができるのに対し、寒けやめまい・吐き気などは「寒けがする人」と主体の現在状態としてとらえることはできても「寒けがし

た人」のように経験として述べることは普通しない。それと全く逆に、「病気をした人」のほうは「病気をする人」の言い方を持たない。「寒けがする」のような、自動詞の「する」で表される状態は、その主体の現状である点に特色がある。

主体の現状描写といえば、他動詞の「する」も次のような特別の表現形式をとることによって現在表現となる。

「いい器量をしている」「澄んだ目をしている」

青い目をしたお人形はアメリカ生まれのセルロイド（童謡）

これは〝どんな〜をしている〟〝どんな〜をした何々〟の形で、その娘さんや人形の現在の状態を叙しているのであるが、この形式は必ず〝どんな〟という修飾語を付けなければ意味がない。ただ「彼女は器量をしている」「目をしたお人形」では何のことかさっぱりわからない。

赤い色をした屋根瓦

これをただ「色をした屋根瓦」と言い換えることはできないが、自動詞の場合なら、

「聴診器を当てると音がする」「匂いがする消しゴム」「味がするかしないか食べてごらん」

だけでじゅうぶん表現として成り立つ。音や匂い・味などはそれだけで一つの感覚刺激として未分化のままとらえられるからなのであろう。同じ五感の一つでも、色は赤・黒・白・青……と分化しているから、ただ「色」だけでは一つの感覚刺激とはならない。だから自動詞を使って「色がする」とは言えず、どんな状態の色かを修飾語によって説明する他動詞表現「赤い色をしている」のような言い方をしなければならないのである。なお、必ず「……をしている」と「ている」を添えるか、「……をした屋根瓦」のように連体修飾格を形成して状態化しなければ日本語とならない。「赤い色をする」では文にならない。他動詞「する」を原形（終止形）のまま用いると動作性が強調されてしまうからなのである。少し話がそれてしまったが、自動詞「する」を使った表現は、

「音がする」のような五感の表現（音、匂い、香り、味）、もしくは「地響きがする」のような感覚としてとらえ得る外界の現象、それに「寒けがする」「気がする」のような肉体現象・精神の特殊状態のいずれかである。

ところで日本語には、音なら「聞こえる」という専用の動詞が用意されている。耳という感覚器官によってキャッチされることを述べることばであるが、匂いや味には残念ながらこのような人間側からとらえる受動的な動詞を持たない。「匂う」「薫る」のような〝刺激体の自然発散〟を表す語で代用している。これは聴覚で言えば「響く」や「とどろく」に当たるわけであるが、これは特殊な音響に限られる。味は自然に発散しないから「味わう」のような、それを感じ取るために意識的・能動的に行為する他動詞となってしまうのは当然であろう。音でいえば「聞く」、匂いでいえば「嗅ぐ」に当たる。そのほか、音や匂いには発生させる意の「立てる」や「出す」という言い方もあるが、これは特に音・匂い専用の動詞ではない。いずれにせよ感覚器官に与える刺激の性質の違いによって〝発生―伝達―感受〟のそれぞれの段階に応じて、

立てる――響く――聞こえる／聞く
立てる――匂う――／嗅ぐ
／味わう

音のように語彙的に分化の見られるものから、味のように分化の不可能なものまで出てくるのは致し方のないことであろう。

このように各段階ごとに幾つかのことばが乏しいながらも用意されているのであるが、一方、これとは別に「音がする／匂いがする／味がする」のように「する」というはなはだ抽象的であいまいな動詞が並用されているのである。一体「する」で表される感覚刺激とはどんな状況であろうか。

「する」は第一節で述べたように、行為・動作から作用、状態変化、状態説明に至るまで実にさまざまな状況に広く用いられる動詞であるが、音や匂い・味に対して用いられた場合は、先のどの段階に当たるのか。次に掲げる文はいずれも吉田知子『少女』の中に現れた例であるが、この文を手掛かりに考えてみよう。

道を歩いていると、私のうしろをハタハタと追いかけてくる音があるのです。昼間の雑踏の中や、午前中の眩しい明るさの中では、その音は聞こえず、決って夕方か夜でした。（吉田知子『少女』）

勤め先の用事で私はよく外へ出ます。今日もお邸町を一心不乱に、せかせかと歩いていますと、あの音が聞こえました。（同）

そのうち、私は、女の人と一緒に走りっこをしているのが面白くなりました。こんな大きな足音をたてているし、ハアハア言いながら走っているのですもの、女の人が私に気づかぬはずはありません。（同）

初めの例は「音がある」で音の存在。次の二つは「音が聞こえる」で音の感受。最後の例は「音をたてる」で音の発生であるが、面白いことにこれらのどの例も「する」で言い換えられることである。（最後の例は「立てる」と他動詞を使っているから、「足音をさせている」と使役を添えなければならないが。）つまり「する」は音の発生・伝達・感受のどの段階も表すことができるわけである。これは何も音だけに限ったことではない。匂いなら「この花はいい匂いがする」（匂いを立てている）、「サンマを焼く匂いがする」（匂いが漂う。匂いを感ずる。匂う）と各段階の表現をカバーしており、特に「鼻風邪を引いたので、私には全然匂いがしない」（匂いを感じない）のように感受段階にも使われるという点は注目しなければならない。というのは、「聞こえる」や「匂う」のような専用の動詞を持っている場合はいいが、それを持たない味覚に対しても「する」を利用することによって「味にする／味がする」のように「味わう」では表せない発生段階や感受段階を表すことが可能となるからである。

甘い味にする／甘い味がする

「する」を使わないとしたら、これをどう表現すればよいのであろう。音の場合「する」は各段階に使えるから、私は今度は後の足音に向って言いました。その音が聞こえるようになってからそんなことを考えるようになったのか、それとも考えるようになったから足音が耳につきだしたのか、いずれにしても無関係ではありませんでした。（『少女』）

のような「音が聞こえる」の例は「音がする」に言い換えられるのは当然であるが、「聞く」だけで単独に使われる場合、たとえば、

こういう足音を子供の頃にも聞いたことがあるような気がする。私が歩くにつれて芒の葉影から板塀の向うから気のせいのように、そっと聞こえてきて、私が立ちどまると聞こえなくなった、あの音。（『少女』）

の最初の「そっと聞こえてきて」を「気のせいか、そっとしてきて」と言い換えたら何のことかわからない。「そっと音がしてきて」と音の話であることを断らなければ、「する」は「聞く」意になっていかない。一方、後の「聞こえなくなった」は、もう音の話だと読者もわかっているわけであるから、「私が立ちどまるとしなくなった」で十分納得がいく。「する」はかなりいろいろな動詞の代用をする語であるが、聴覚の場合「声がする」「音がする」を除いては、

地響き、地鳴り、海鳴り、雷鳴

ぐらいで、あとは「音」や「声」を伴った熟語や複合語、

雑音、爆音、爆発音、物音、足音、靴音、羽音、銃声、砲声、人声、うめき声、話し声、泣き声、笑い声

などで、それも、ただ「する」では普通用いられず、「人声がする」のようにいちいち「何が」と断らなければならない。また「聞こえる」の場合、「歌が聞こえる」「助けを求める叫びが聞こえる」「人のうめきが聞こえる」のように言うこともできるが、「する」では「歌声がする」「叫び声がする」と「声」を文面に表さなければならない。「歌がする」とか「叫びがする」とは言わ

ない。これも「する」が「聞く」の代用とはなっても、すべての例に当てはまるものではないということを物語っている。「する」は〃発生―伝達―感受〃のどの段階にも使えるが、その反面、ただ「音がした」ではどの段階を表しているのかはっきりしないきらいがある。

> 私は赤いゴムゾウリをはいていました。それは私がお宮の裏道を走っている間中ペタペタ鳴りました。そういえば、あのゾウリには何かしかけがあって強く踏むとピッと短い音がしました。（『少女』）

〃強く踏むと、いつでもピッと短い音を立てたものだ〃という回想ならば、発生段階の「する」、〃強く踏んでみたところ、ピッと短い音が聞こえたよ〃の発見なら、感受段階の「する」である。これが「音を立てました」「音が聞こえました」であれば解釈に迷う余地は全くない。「音を立てる」は音を出す主体に視点を置いた表現。「音が聞こえる」は、その音を感受する人間側からの表現。「音がする」はこのどちらにもなる表現で、文脈からどちらであるかを判断しなければならない。「動いているのに全然音のしない時計」は〃音を立てない時計〃とも〃音の聞こえない時計〃とも取れる。腕時計を耳もとにさし出して「音がしますか」と聴覚検査をしたならば、これは「音が聞こえますか」の意味であろう。

4 「子供を病気で死なせた」か「子供を病気で殺した」か

事象を自らが引き起こしたと見る独自の発想

自動詞に「せる／させる」が付いて「親を悲しませる」「目を楽しませる」と「……を……させる」の言い方をすると、〃だれか（何か）が、何か（だれか）を……するように持っていく〃という他動詞的意味を帯びる。対象とする何かがそのような状態になることを主体の意思で実現するわけであるが、その実現のしかたはいろいろある。主体の一方的他動行為もあれば、対象の自発的行為を抑制せずに野放しにしておく実現法もある。対象にはもちろん事物（何か）も人（だれか）も立つ。このような「……を……させる」表現には次の六種がある。

⑴他動性
主体の一方的な他動行為である。
「成り金が札束をちらつかせる」「目を楽しませる」「頭を働かせる」

⑵使令
対象がそうなるようにしむける行為である。
「高い賃金で釣って従業員を働かせる」「科学者が雨を降らせる」「コロンブスが卵を立たせる」

⑶誘発
対象がおのずとそうなるようなきっかけや要因を帯びる意である。
「まわりの者をはらはらさせる」「親を悲しませる」「人をいらいらさせるようなやり口」

⑷放任・放置
対象自身の行為や変化を抑えることなく、なるがままにさせておくこと。
「泣きたいだけ泣かせる」「子供をいつまでも寝かせておく」「言いたい奴には言わせておけ」「ゼリーを固まらせる」「人にも貸さず部屋を遊ばせておく」

⑸責任・手柄
対象が主体とは無関係に、ある状態になることを、主体の意識的な働き掛けの結果であるように見なす。
「子供を病気で死なせた」「息子を一流大学に合格させた」

⑹因果関係
自発的現象の原因を示し、その結果として現象が起こったと見なすのである。事物が主体となるこの種の言い方は日本語本来のものではない。
「贈賄事件の発覚が一人の政治家を失脚させたのである」「彼との出会いが彼女の人生をすっかり狂わせた」

いわゆる人間を相手に立て、〝だれかに何かをさせる〟「……に……を……させる」の使役行為とは本質的に異なるわけである。一般に「せる／させる」が付くと使役になると考えられているが、それは相手の人間（被使役者）を「……に」の格に立てる表現形式のとき現れる対人関係で、「……を……させる」形式はむしろ使役を表さぬ場合が多いのである。（この点からも「使役の助動詞」という名称にまどわされぬよう心すべきである。）

では、どのような意味を表すかというと、先の(1)〜(6)の例からも想像がつくように、その対象が本来有している機能や能力、あるいは自然の成り行きなどの当然の帰結を、主体が意図的に利用したり、無抵抗に受け止めたり、その原因であるかのごとく考えたりすることである。対象自体の問題に発する現象を、主体の有形無形の原因に由来する結果としてとらえる発想と言い換えてもいいだろう。（特に(3)〜(5)にこの傾向は著しい。）

太郎を眠らせ、太郎の屋根に雪ふりつむ。
次郎を眠らせ、次郎の屋根に雪ふりつむ。
（三好達治『雪』）

当人は特に親を喜ばせてやろうと思って眠りについていくのでもないし、子供は放っておいても自然に眠ってしまうものである。それを我が身に結びつけて〝やっと子供たちを眠りにつかせた〟と受け止める。自己とは無関係におこなわれる他者の行為や現象を、自己の立場と関連させることになり、自己が被害者となったり(3)、放置者となったり、作為者となったりする(4)(5)。その結果、状況によっては不随意の結果意識が生まれたり、責任感や手柄意識が芽生えたりするとみていい。

子供が病気で死んだという事実に対して、「子供が病気で死んだ」と表現すれば、事実を事実として、客観的に叙述したまでである。それを「（私ハ）子供を病気で死なせた」と言い換えることによって、子供の不慮の病死を我が身の不注意のなせるわざとして受け止め、自己の責任に由来する事態であるととらえる。「（さ）せる」が自発的な成り行きの変化を許容し放置する助動詞であることと、その放置責任は私自身であるという、話し手を主語に立てた言い方とに起因している。子供は〝私〟に関係なく病気によって命を落としたのである。いわば

〝私〟の不干渉要因である。その、こちらとは無関係におこなわれた結果を、私側に原因を設けて、こちらの意識的な行為と見なすところに「せる」表現の特徴がある。そこから、事柄によっては、そのような結果を招来したことに対する主体側の責任感や手柄意識がおのずと生まれてくるのである。「子供を病気で死なせた」と言えば責任感だが、「息子を一流大学に合格させた」と言えば手柄意識となるように、事実の吉凶による区別であって、発想の基本に変わりはない。

このような発想はすでに中世の軍記物語などにその例が見られる。相手側が一方的におこなう行為を黙認し、むざむざそのようにさせてしまったことを、話し手の責任・落ち度としてとらえる、まさに「(さ) せる」の発想である。

畠山五百余騎でやがてわたす。むかへの岸より山田次郎がはなつ矢に、畠山馬の額をのぶかにゐさせて、よはれば、河中より弓杖をつゐておりたッたり。(『平家物語』九、宇治川先陣)

新中納言、大臣殿の御まへにまいッ(ママ)て申されけるは、「武蔵守におくれ候ぬ。監物(けんもつ)太郎うたせ候ぬ。今は心ぼそうこそまかりなッて候へ。……」(『平家物語』九、知章最期、二例とも「日本古典文学大系」による)

馬の額深く矢が射当てられたのも、監物太郎が討たれたのも、言ってみれば事の成り行き上やむを得ない結果だったかもしれない。それを、こちらが気を許し、また恐れこわがっていたばかりに、敵の思うようにさせてしまったという放置・黙認行為からくる責任感として述べている。一般の注釈書類で、これらの「(さ) す」を単純に受身「(ら) る」に相当する表現として処理しているのは、発想の事実をとらえた解釈とは言い難い。射られ、討たれたのは結果から見た判断であって、〝敵の行為を許し見過ごした〟という話し手の過失観念とは直接関係がない。そして、この違いは、現代語の「子供に死なれた」と「子供を死なせた」との違いでもあるのである。

話を元に戻して、「子供を病気で死なせた」と言うとき、子供の死を私側の放置意識による結果と考えるところから、過失からくる責任観念が生まれ、「死ぬ」と意味的に対応する意思的動詞「殺す」が代わって使われるようになる。「殺す」と言ってもすべて他殺行為とは限らない。

ままならぬ当方側の処置として、対象を生かしおおせないことも「殺す」の一種である。

生活苦のためせっかくの才能を殺してしまう。(『例解国語辞典』中教出版)

人間の場合には、この「殺す」が「死なせる」に通じる。不随意の結果(死)に対して残念さと責任感とがつきまとう。

占領してからも敵は二回も逆襲して来ました、もちろんこれを撃退しましたが、残念ながら、とうとう私の小隊も兵隊を五人殺しました、負傷者も十六名ほど出しました、と黯然として言った。(火野葦平『麦と兵隊』)

「死なせる／殺す」の対応関係は、文法的に見れば「自動詞＋せる／他動詞」の関係でもある。普通「立つ／立てる」のように、その自動詞に対応する他動詞がある場合には、自動表現は自動詞を、他動表現は他動詞を使うのが本来である。

水煙が立つ／水煙を立てる
扇風機が回る／扇風機を回す

その行動の主体が人間の場合には、相手の意思に関係なく一方的に行為を加える場合に他動詞を用いる。

「見張りを立てる」「眠っている子を起こす」「(相撲で)相手を倒す」「とっさに押し入れに子供を隠す」「悪い生徒を学校に残す」「客を乗せる」「客を降ろす」「客を集める」「通行人を通す」

四方八方銃声がして敵ばかりなので卜ラックを円く取り巻いて歩哨を立てた、弾丸が飛んで来る、……(『麦と兵隊』)

しかし、その当人の意思によって行動することを命じたり認めたりする場合は、他動詞では表せない。自動詞に「せる／させる」を付けて、

「生徒を立たせる」「見付けられないよう子供を適当な所に隠れさせる」「文化祭の準備のために生徒を学校に残らせる」「通行人を通らせる」

のように表現する。「せる」を付けることによって他者（相手）の主体的な行為が、こちら側の意思によって実現されるのだという支配者・責任者意識が生ずるのである。他者側に生じた現象をこちらの責任の結果と取る、先の「子供を死なせた」と基本は同じ発想である。

「死なせてたまるか

筋ジスの娘を乗せ両親がヨットの旅」（朝日新聞　見出し　昭和五十五年八月十日朝刊）

そこで、こちらの意思の支配ではあるが、結局は対象自身によって成立すると考えられる事態「自動詞＋（さ）せる」の表現と、こちらの一方的処置による事態と考える「他動詞」表現と、二つの表現が共存していることとなる。ただし、日本語にはそれぞれの自動詞に対応する他動詞がすべて用意されているわけではない。そのために、意味的にほぼ対応する他動詞をそれに当てて他動表現をまかなっているのが実情である。

息子を一流大学に行かせた／やった

子供を病気で死なせた／殺した

「行かせた」「死なせた」には、当人（息子や子供）の意思や主体性の立ち入る余地が残っているため、〝こちらの出方次第で結果はどちらにでも転んだのだが……〟という運命を支配した者としての手柄や責任の観念が伴う。一方、他動詞表現「やった」「殺した」には、考慮の余地のない決定的な結果をこちらの意思によって一方的に相手に押しつけたという恩着せの観念や罪悪感が伴ってくるのである。

5 「本当のように見せた」か「本当のように見えさせた」か

作為的行為の現れ

すずし絹の白い同筒型の蔽いは、まわりに幾筋となくあげまきに結んでさげた緋房の紐で、ふたりの姿をなにか美しい塔のように見えさせた。（野上弥生子『秀吉と利休』四）

夜があけてからは、山道もおおっぴらに歩けた。手にした鎌は、小雨のなかを勤勉に草刈りに出掛ける百姓に彼を見えさせた。（「同」十二）

右に掲げた文で、文末の「見えさせた」の部分は「見せた」と言い換えてもいっこうにさしつかえない。「……ふたりの姿をなにか美しい塔のように見せた」「……小雨のなかを勤勉に草刈りに出掛ける百姓に彼を見せた」と言っても自然な表現であろう。これらの人物を周囲の人々にある特別の状態として見せる他動現象だからである。では、ここで作者がことさら「見えさせた」と表現したのは何かわけがあるのだろうか。それとも作者独自の表現癖なのだろうか。「見せる」が他動詞なのに対し、「見えさせる」は自動詞「見える」に使役の助動詞「させる」の付いたものである。自動詞に「せる／させる」を付けた言い方は、

ウミニ　オフネヲ　ウカバシテ、イッテ　ミタイナ、ヨソノ　クニ。（文部省唱歌「ウミ」）

魚雷をどてっ腹に数発撃ち込み、ついに敵航空母艦を沈ませたのである。

と他に用例が見られ、文法的に不可能な用法ではない。（「ウミ」）の例は連用形「ウカバセ」を「ウカバシ」と音

転させたもの。）

さて、「見える」関係の動詞には次の三語がある。

見える（自）……奥の間が見える。
見る　（他）……客が奥の間を見る。
見せる（他）……主人が客に奥の間を見せる。

「見える」「見る」は客側からの表現。「見せる」は主人側からの表現である。そこで自動詞「見える」に使役の助動詞「させる」を付けると、文法的には自動詞が他動詞化され、その結果、意味的には、客側からの表現が主人側からの表現に転化する。だれかが他者に対して何かを見えるようにさせたのである。これは他動詞「見せる」に対応する働きと言えよう。そこで、このような「自動詞＋（さ）せる」の表現価はいったい何か、次に考えてみよう。

自動詞「死ぬ」や「眠る」「泣く」など人間（有情者）主体の行為や現象に「（さ）せる」の付いた言い方は、前の節ですでに触れた。ここでは「船を沈ませる」「卵を立たせる」のような事物（非情物）を対象とした「（さ）せる」表現について考えていきたい。冒頭の「見えさせた」の例も、対象は「ふたりの姿」や「彼」と、人間主体のように一見思われるが、その当人自身の主体的行為を認めたり、放任したり、誘発させたりする前節の〝人間主体の「させる」表現〟とは異なる。その人物を周囲の者に対してどう見られるように仕立てるかという一方的他動行為であって、これが人物「ふたりの姿」や「彼」（有情者）でなく、何か物品や事柄（非情物）であってもいっこうにかまわない。動詞「見える」は当人側の行為や現象ではなくて、傍観者側に属する問題なのであるから。

彼を泣かせた……………泣く主体＝彼
彼を百姓に見えさせた……見る主体＝周囲の人々
　　　　　　　　　　　　見られる対象＝彼

「絵をいかにも実物のように見えさせた」「食卓の飾り付けが料理を豪華に見えさせた」など物主体であっても、表現形式は全く同じである。状態動詞「見える」は、見える対象の有情・非情に関係なく、すべて非情の「（さ）

せる」表現となるところに特色がある。その他の動詞では、右の区別はかなり厳格である。

○有情の「させる」表現

「悪い生徒を立たせる」「年寄りが来たので、座っていた人を立たせた」「生徒を校庭に並ばせた」「校庭を十周回らせた」

○非情の「させる」表現

「コロンブスが卵を立たせた」「矯正して前歯を真っ直ぐ並ばせた」「時間をかけてじゅうぶん蒸気を回らせた」

有情の「させる」は、当人自身の意思によってその事をなすようこちらから仕向けたり命じたりする（または、当人が行為することを認める）使令・許容の表現であった。それに対し、非情の対象は「立てる／並べる／回す」など他動詞を用いて「旗を立てる」「碁石を並べる」「プロペラを回す」のように言うのが本来である。「見張りを立てる」「生徒を並べる」「援軍を回す」などは発想から言って人間を物扱いしていると言っていい。事物の場合は、その物の機能を発揮するよう行為を加える、ないしは機能が発揮できるような状態へと手を加えることである。旗は立てるためにあり、碁石は並べることに目的がある。プロペラは回すことによってその機能を発揮する。動きを機能としない物、たとえば「机を並べる」や「顔を洗う」なども、机や顔がより正常に機能できるよう現状に手を加え修正することである。つまり他動詞による表現は、この場合、そのものが本来有している機能を発揮させようと直接力を貸す行為なのである。

それに対し「自動詞＋させる」は、その事物がこちらの意図する状態となるよう働き掛ける間接的な意思行為である。これは使役の助動詞「せる／させる」の働きに由来する。本来「……させる」ということは、相手の状況にお構いなくこちらの意思に従わせることである。可・不可は二の次にして、とにかく意図するところを実現するようにしむけたり、手を加えたりする。ということは、「……させる」で表される行為には、当人の意思や、その対象の持つ機能・現状などに逆らって強引にある行為や状態を取らせるという含みがあるわけである。

「コロンブスが卵を立たせた」「茶柱を立たせる」
「奇術師が皿を載せた棒を額の上に立たせる」「科学者が雨を降らせる」「鳴かぬなら鳴かせてみしょうホトトギス」

など、いずれも不可能を可能にする工夫や強引さが背後に潜む。その物の性質や現状・場面などから、そうはなりにくい、あるいは、そうなることを予想もしていない状態へと意思の力で導く意識である。もともと立つはずのない卵を工夫によって立った状態へと変えるから「立たせる」なのである。立つのが本来の物（たとえば旗や立札など）は、「立てる」と他動詞で表せばよいわけである。自動詞だけで、対応他動詞を持たぬ語は「降らせる」「走らせる」のように、

(1)他動詞を代用する言い方として、特に工夫意識を持たぬもの（自動詞の他動化）
「台風十号が大雨を降らせた」「山口線にＳＬを走らせる計画」

(2)使令や誘発等の意識を持つ言い方
「雨乞いをしてでも何とか雨を降らせることだ」
「鞭(むち)でひっぱたいて無理に走らせる」「死せる孔明、生ける仲達を走らしむ」

二種の用法を具(そな)えるのであるが、(1)は他動詞と同じ資格で用いられているのにすぎない。なお、右の種類の動詞は「走らす」「降らす」のようなサ行五段活用の他動詞を別に持っている。これが、他動化の「せる」に引かれて、後に「走らせる」「降らせる」の表現もおこなわれるようになったわけであるが、何も助動詞「せる」によって他動化しなくとも、「〜す」形式の他動詞が本来備わっていたわけである。これらの「〜せる」は、(1)の意味で使われることが多い。

「金を浮かす／浮かせる」「耳を驚かす／驚かせる」
「目を輝かす／輝かせる」「腹を空かす／空かせる」
「口を滑らす／滑らせる」「匂いを漂わす／漂わせる」
「本当のところを匂わす／匂わせる」「雷鳴を轟(とどろ)かす／轟かせる」「警笛を響かす／響かせる」「人を惑わす／惑わせる」「心を迷わす／迷わせる」

一方、(2)の意味で「自動詞＋せる」を用いていたもの

が、今度は逆に「せる」に他動化の機能があるところから、五段活用他動詞「〜す」に引かれて「急がす」「怒らす」のような言い方を生んだ。

「先生を怒らせる／怒らす」「子供を死なせる／死なす」「親を困らせる／困らす」「意見を戦わせる／戦わす」「家に来させる／来さす」「妻を働かせる／働かす」「声を震わせる／震わす」「酒に酔わせる／酔わす」「娘を嫁がせる／嫁がす」

他動詞に「せる」の付いたものも、同様に「〜す」の形を生んだ。

「私に言わせる気か／言わす気か」「窓を開けさせる／開けさす」「ニュースを知らせる／知らす」「市場を調べさせる／調べさす」「嘘を信じさせる／信じさす」「おもてを眺めさせる／眺めさす」「事実を認めさせる／認めさす」「仕事をやめさせる／やめさす」

最後に、冒頭の用例について説明しておこう。「見せた」はただその事物や状況をありのままに示すこと。

「太陽が顔を見せる」「ショーウインドーから商品を取り出して客に見せる」「乞われるままに手の内を見せる」「誠のあるところを見せる」

「見えさせた」は、そうでない事実をいかにもそれらしく見せる。もしくは、事実以上（または以下）に見せること。先に述べたように、「自動詞＋させる」は、その物の性質や場面などから見てそうはなりにくい、そうなるはずのない現状を意図的に変える行為であるから、したがって「誠のあるところを見えさせた」は不自然だが、「いかにも誠があるように見えさせた」ならおかしくない。『秀吉と利休』の用例「ふたりの姿をなにか美しい塔のように見えさせた。」「小雨のなかを勤勉に草刈りに出掛ける百姓に彼を見えさせた。」も、〝実際は塔でも何でもないのに〟〝実物よりも美しく〟〝本当は百姓ではないのに〟といったニュアンスが内に込められているからこそ、「……させた」表現を用いたのであると言えよう。

6 「記憶を呼び起こす」か「記憶を呼び起こさせる」か

不可避の現象

他動詞は時たま、特にだれかに命じて何かをやらせるわけでもないのに、「他動詞＋(さ) せる」の形で使われることがある。普通「手紙をあける」を「あけさせる」と使役で言ったら、主体が自分で封を切らずに、だれかに命じて開封させる使役表現か、開封したがっている者に対しそれを許す許容表現となる。「だれかに何かを……させる」と「……に……を……させる」の文型をとるのであるが、この「だれかに」の部分が現れない「……は……を……させる」の形で「……は……を……する」の他動詞表現とほとんど同じように用いられる例も見られるのである。

だいたい他動詞の表す意味とほぼ等価の表現となるのは、「望遠鏡を月のほうに向ける／月のほうに向かせる」と、「自動詞＋(さ) せる」である。助動詞「(さ) せる」を付けることによって自動詞が他動詞化されると見てよかろう。

望遠鏡を月のほうに向ける……他動詞
望遠鏡を月のほうに向かせる……自動詞＋せる

これは〝行為主体〟対〝望遠鏡〟の関係であるから、他動行為と考えられる。もし、この行為をだれか他の者に命じてやらせる場合には、他動詞のほうに「せる」を付けて、

生徒に (命じて) 望遠鏡を月のほうに向けさせる
……他動詞＋させる

としなければならない。それによって他者に対する使役行為が実現する。裏から見れば、この場合、「他動詞＋

させる」形式は使役行為を表すための形式となっているのである。ところが、まれに「他動詞＋（さ）せる」が使役とはならない言い方が現れる。

……こうした生活にあって、彼がいちばん気がおけずに行き来できるのは、肉親を除けば、これら同病者をおいて他にはない。共通の悩みを持つということが、それまではあまり親しくもなかった人たちを引きつけさせるのである。（新島正『ユーモア』潮文社新書）

右の文章の終わりの部分「あまり親しくもなかった人たちを引きつけさせるのである」は「引きつけるのである」と言い換えても、いっこうにさしつかえない。というのは、病友たちにとってこの文章の主人公（彼）は、自分たちを引きつける能動主体なのであるから。「病友たちはこの主人公に引きつけられるのである」と言い換えてもいい。

そこで、ただ他動詞で言う「……を引きつける」と、それに使役の助動詞を付けた「……を引きつけさせる」とではどのような違いがあるのだろうか。他動詞が「せる／させる」を伴った場合は使役表現となるのが一般であるが、「引きつけさせる」のように、動作ではなく、ある特異な状態を述べる言い方の場合は他動性の表現となる。標題の「遠い過去の記憶を呼び起こさせる」や「気を散らさせる」「詩情を感じさせる」「楽しい夢を抱かせる」「心の張りを失わせる」のような精神的な状態のほか、「読ませる小説」「聞かせるのど」「女らしさを失わせる」「不安を伴わせる」のような事物の状態を叙す言い方にも見られる。これらは「自動詞＋（さ）せる」の「はたの者をはらはらさせる」「親を悲しませる」「泣かせる話」「笑わせるな！」などと共通した用法と言えるだろう。対象とする事柄がそうなることによって、受け取る側の精神・感情・感覚をある状態にさせる場合のほか、

納入期限に対する遅れは延滞利子を伴わせますから、予め納入期日には注意をしておく必要があるでしょう。

のような言い方にも見られるが、人間の精神とかかわりのないこのような言い方は、本来の日本語的発想とは言

い難い。「異常気象が物価の高騰を引き起こさせた」とか、「延々と連なるトラック隊の群れが、日をかげらすほどの砂煙を立てさせた」のような言い方（非情の使役）は翻訳調で好ましくない。

けっきょく、自然な「他動詞＋(さ) せる」の用法は、⑴人間の精神活動を直接引き起こす「記憶を呼び起こさせる」「詩情を感じさせる」式の言い方か、⑵そのものの働きが人間の精神や肉体をある特別の状態にするほどの影響力を持つ「読ませる小説」「人を引きつけさせる」「魅力を失わせる」式の言い方かのいずれかである。

では、この「他動詞＋(さ) せる」⑴の言い方はどのような表現性を担っているのだろうか。「人々を引きつけさせる」を〝人々を引きつけるように（その人物が周囲の人に対して）させる〟では、周囲の人が人間的魅力を持たされることになってしまい、意味が通じない。「人々を魅了させる」などもこれと同種の表現で、主体が、人を引きつけたり魅了したりする力を備えていることを述べているにすぎない。別段、魅了されるよう人々に強制しているわけでもない。助動詞「させる」には「警察は事件当日の行動を逐一容疑者に思い出させる」式の強い〝使令〟と（これは「に」格を取る使役である）、「昔のことをふと思い出させる」式の弱い〝誘発〟とがある。〝強いて〟か〝自ずと〟かの違いはあるにしても、どちらも〝ことさら思い出しやすい事柄というわけでもないのに、それを思い出す〟という点では共通している。つまり、「(さ) せる」は、受け取り手である人間が特にその気になっているわけでもないのに、そのような状態になっていく自発性を持っている。「親しくもなかった人たちを引きつけさせるのである」は、〝判断の有無を超えて、人々をいやおうなしに引きつける〟という誘発の意識を添えていると言っていい。ただ「人たちを引きつけるのである」では、「させる」の表す誘発意識——いやが上にもそのような状態へと自ずと駆りたてる意識——は現れない。

記憶を呼び起こす／呼び起こさせる

も、ただ「呼び起こす」では、その要因によって記憶がよみがえるという客観的事実を述べるだけであるが、

「呼び起こさせる」となると、〝避ける手だてもないままに記憶がよみがえってしまう〟という不可抗力、いやもおうもない不可避の現象としてとらえていると見ていいだろう。

7 「子供を乗せる」か「子供を乗らせる」か

許容の言い方

行為をさし向ける対象が「子供」など人間（有情者）である場合、「乗せる」と他動詞を使っても、「乗らせる」と「自動詞＋(さ）せる」の形でも表現することができる。これが「荷物」など物品や抽象的な事柄の場合は、「荷物を載せる」の他動詞表現は可能であるが、「自動詞＋させる」の「荷物を載らせる」は成り立たない。事物は自身の意思で行為することがないから、主体側の一方的な他動詞行為の対象とはなり得ても、自力に頼る自動詞表現はできないのである。同じ「……させる」の言い方でも、「筆を執らせる」のような「他動詞＋(さ）せる」の言い方なら、「筆を執る」のは人間自身であるからもちろん可能であるし、「自動詞＋させる」でも、「勘を働かせる」など〝勘がひとりでに働くよう主体の意思でしむける〟行為なら、事物でも「……を……させる」表現が可能である。

「勘が働く／勘を働かせる」「心が通う／心を通わせる」「わさびが効く／わさびを効かせる」

と、「……が自動詞」表現の成り立つ文である。「子供が乗る」なら言えるが、「荷物が乗る」とは言えないことからも、このことはわかろう。「荷物」は「載る」だから、

荷物が載る／荷物を載らせる

と言えそうだが、実際には言わない。荷物は自身の力や働きとして自然に載ってくることは有り得ないからである。このような事物は他動行為の対象とはなり得ても、自動現象・自動作用の主体とはならない。だから「荷物を載せる」と他動詞表現で述べるよりしかたがない。

そこで話を元に戻して、では「子供を乗せる」と「子供を乗らせる」と二つの表現を比較した場合、どのような違いがあるか、考えてみよう。

「子供を乗らせる」は自動詞「乗る」に使役の助動詞「せる」が付いたものであるから、〝子供が自ら乗ることを（使役主体が）させる〟の意となる。この「させる」がどのような意味で使われているかによって、〝乗ることをさせる〟の意味するところも変わってくる。使役の助動詞が、人間主体の行為・行動を表す動詞に付いたときに添える意味として次の五種が考えられる。

(1)使役
主体が対象とする人物に対して、その人物がある行動を起こすよう命ずる。

「警官が通行人を止まらせる」「子供を塾へ通わせる」「いやがる子供を医者へ行かせる」「悪い生徒を廊下へ立たせる」「外交員に得意客の家を回らせる」「本当のことを自白させる」

(2)許容、放任
主体が、対象とする人物の希望する行動を認めて自由におこなわせる。否定形は、その行動を起こすことを禁ずること。

「座敷の中まで上がらせる」「勉強しない子は遊びに行かせませんよ」「この図書館は自由に閲覧させる開架式です」「子供を暗くなるまでおもてで遊ばせておく」「泣きたいだけ泣かせる」

(3)直接的他動行為
主体が、対象とする人物を一方的にある状態へと導く。相手にとって不随意の状態である。

「足を引っぱって溺れさせる」「催眠術で眠らせる」「無理に飲ませて酔わせる」

(4)間接的他動行為（誘発）

主体の行為や状態が間接的に相手人物にある影響を与える。こちらの事態が結果的に相手人物にある精神的作用を及ぼし、場合によっては行動をとらせることになるのである。

「親を困らせてばかりいる」「人を悲しませる」「見る者をはらはらさせる」「笑わせるな！」

(5)責任、手柄

対象とする人物の独自に取った行為・行動を、こちらの意思によってそうさせたように取る表現法。因果関係のない事実を、こちらの意識的な働き掛けの結果として関係づけることにより、主体側の責任意識や手柄意識が生ずるのである。

「息子を一流大学に合格させた」「夫を社長にまでさせた」「子供を病気で死なせてしまった」

この中で、「子供を乗らせる」のように、対象人物（子供）の意思的行為に基づく現象で、しかも主体の意思によって実現する状況となると、(1)(2)のどちらかに限定される。「父親は子供をバイクに乗らせた」は、(1)父親の命令で子供をバイクに乗るよう仕向けたことか、(2)バイクに乗りたがっている子供に対し、父親は乗ることを認め許したのか、どちらかである。

一方、「父親は子供をバイクに乗せた」と他動詞を使ったらどのような意味になるか。他動行為は主体から対象への一方的働き掛けを基本とするが、その働き掛けの方法には、対象に直接身体的な力を加えて作為する場合と、その他の手段に頼って作為する場合とがある。「体当たりして車を止める」は前者であり、「手を挙げて車を止める」のは後者である。後者は相手（車）の自主的停止を促す手段を作為することにより、車を止めることに間接的に繋がるわけである。

「笛を吹いて通行人を止める」「発煙筒をたいて列車を止める」

このように一つの他動詞が人間（ないしは人間に操られている機械など）を対象とする行為には、直接的行為と間接的行為と二種類があるのであるが、そのどちらの用法をも兼ね備えている動詞は案外と少ない。

主体の直接行動で実現することのむずかしい行為「生徒を集める」「生徒を帰す」「子分を従える」「見張りを立てる」などは、ことばや合図などの仲介手段によって相手を動かす間接行為となるのが普通である。一方、「上手投げで相手力士を倒す」「犯人を押入れの中に隠す」などは、間接行為とするためには「自動詞＋させる」を用いて、「俳優を舞台の上に倒れさせる」「子供を木の蔭に隠れさせる」のように言わなければならない。それによって使役・命令の意図が実現されるのである。（なお、常に「自動詞＋させる」で言って、他動詞表現を持たないものも多い。この件に関しては、第四節「「子供を病気で死なせた」か「子供を病気で殺した」か」を参照されたい。）

相手に行動を促すことを意図しない他動行為「歌手をライトで照らす」「犯人をつかまえる」「従業員を減らす」「写真を写す」「おぼれた人を助ける」「尋ね人を見つける」「生徒を当てる」「客を見送る」「相手を見る」などは、当面の問題とは関係がないのではずしてよかろう。けっきょく、直接・間接両行為の成り立つものとしては、次のような他動詞にしぼられる。

乗せる、出す、動かす、起こす、降ろす、入れる、逃がす、寝かす、など

そこで、「父親は子供をバイクに乗せた」は、直接行為と解すれば〝父親が幼い子をかかえ上げてバイクの上に座らせた〟こととなり、間接行為と解すれば〝子供にバイクに乗るよう言い付けて、うしろの椅子に座らせて一緒に走った〟の意となる。子供自身が乗りたがっていたか、特に乗りたがっていたわけではないかは問題外である。先の「……バイクに乗らせる」が、(1)使役か、(2)許容で、子供自身がバイクに乗ることを父親が命ずる、ないしはバイクに乗ることを許す、使役・許可の行為に表現の意図があったが、他動詞「バイクに乗せた」の間接行為は、子供を車上の人とすることの実現に表現の意図がある。だから、

父親は子供をバイクに乗せて隣町まで行った。

のような同乗の例は、「乗らせる」ではぴったりしない。

子供をバイクなんかに乗せると碌なことがない。

のような許容の意識を含む例では「乗らせる」でもおかしくない。ただし、「乗らせる」には、本人が乗りたがっているのを許し認める意識が強まるのは当然である。

そのため、この「乗る」には、単に〝車上の人となる〟という単純な意味ではなく〝乗って運転する〟の意が濃い。お客としてただ車中の人とさせる「運転手は客を乗せて発車した」のような例では「乗らせて……」ではぴったりしない。同乗を認めるのは「乗せる」であって「乗らせる」ではそぐわないのである。

第二章

受身・可能の言い方

8 「食欲をそそられる」か「食欲をそそらせる」か

自発と誘発

筆者の教えたことのある早稲田大学の『外国学生用日本語教科書・中級』に、大学の研究サークルの学生が、某デパートの部長さんに、デパートの営業販売についてインタビューを試みるという次のような場面があった。

学生「……売り場の配置ですが、だいたいどのデパートでも同じようですね。何か基準でもあるのですか」

部長「いや、基準などありませんよ。要は、いかに多くのお客さまに上まで上がっていただくかです。展覧会や食堂を上にもっていくのはそのためです」

学生「そういえば、特売場も七階か八階ですね」

部長「そうです。エスカレーターで七階あたりまで行くあいだに、いろいろな商品が目について、購買欲をそそられるようにするのです」

この最後の「購買欲をそそられる」の部分に対して、ある外国人学生は、「ここはデパート側の者が話しているのであるから、「購買欲をそそられる」というお客側に立った受身の言い方はおかしいのではないか。なぜ日本語ではデパート側の立場から「購買欲をそそらせる」と客に対する使役の言い方を取らないのか」という疑問を投げ掛けてきた。確かにデパート側の者の発言として、客側の立場で表現をするということは理屈に合わない。しかし、考えてみると、日本語では他者の働き掛けによって自然に、あるいは本能的にそのような状態になる発想を尊重し、自力で他者をある状態にする言い方を好まないようである。

「情にほだされる」「身につまされる」「仲のよさにあてられる」「心をかきむしられる」「悪夢にうなされる」「焼け出される」

など、受け手の立場で表す言い回しが多く、それによって感情性に富んだ陰影のある表現を生み出している。日本語の受身や使役は普通に考えられているほど、それほどドライな表現法ではない。「鼠が猫に食われた」「何が彼女をそうさせたか」式の作為的な能動・受動の関係が日本語本来の受身や使役ではない。「今さらのように思い出される」「あまりのすばらしさに、うっとりさせる」などの例に見られるように、当人の好むと好まざるとにかかわらず自ずとそのような状況に心を駆り立てていく自発ないしは誘発現象が「られる／させる」の発想であった。日本語の受身や使役の表現がこのような〝自発〟に基づく意識であったため、いわゆる自動詞を受けた「子に先立たれる」「親に死なれる」「雨にたたられる」のような人為を超えた自然の成り行きからそのような状況や立場に立たされる〝迷惑の受身〟、あるいは「泣かせるねえ」「観衆をうならせるほどのファインプレー」「聞かせるのど」、「読ませる小説」などに見られる、意思を超えた力によって自ずとそのような結果に追い込む〝不随意の使役〟が生まれるのである。たとえ「られる／させる」と受身や使役の助動詞が使われていても、だれかから何かの行為を直接蒙ったり、だれかに何かをやらせるわけではない。「させる」があるからといって、必ずしも能動者側に立った、人を使役する行為とはかぎらない。右例の「泣かせる」や「うならせる」などは受動者側から見た誘発現象と取るべきであろう。

このように見てくると、「……られる」も「……させる」も極めて似通った、共に受動者側の自発状態を表し得る、共通点を持った表現形式であることがわかろう。先のデパートの部長さんのことばの例も、たとえその外国人学生の言うように、「購買欲をそそられる」を「そそらせる」に置き換えてみたところで、決してデパート側が客に対して購買欲をそそるように仕向けることにはならない。また、商品が客の購買欲をそそるよう働き掛ける意にもならない点に注意したい。

（いろいろな商品に客は）購買欲をそそらせる。

「商品に」は「……によって」ではなく「……に対して」である。このことからも、デパートや商品側から見た表現ではなく、客側に立った表現であることがわかろう。「れる」を使った受身表現では、

（いろいろな商品に客は）購買欲をそそられる。

「商品によって／商品に対して」どちらとも解せるが、「……によって……られる」と取れば商品は購買欲をそそる直接の原因、「……に対して……られる」と解すれば商品は購買欲をそそる対象で、原因はそれら商品が持つすばらしさということになる。間接の原因と言えよう。

「そそられる」がこのように直接原因、間接原因二つの意味に支えられているところから、同じ事実でも「そそられる」と「れる」で表せば、その対象によっていやおうなしに購買欲をそそる羽目に追い込まれる不随意の受身的欲求と、その対象に接することから購買欲を覚える気分がひとりでに湧き出してくる自発的欲求との、二つの意味あいを含ませることになる。

それに対し「そそらせる」と「せる」で表せば、その対象が誘因となってつい購買欲を燃え上がらせてしまう当人側のかなり積極的な欲求となる。このような違いは、「れる」の受身や自発が、意思の手の届かぬ自然の成り行きに従うことであるのに対し、「せる」の許容や誘発が、自然の成り行きに従うことを認め、抵抗しようとしない（もしくは積極的にそうさせる）使役意識に根ざしているためと言ってよかろう。

うまそうな匂いに食欲をそそられる。

は、〝匂い〟の誘惑に負けて食欲をかき立たせてしまう服従意識。

うまそうな匂いに食欲をそそらせる。

は〝匂い〟が必然的に引き起こす食欲を強いて抑えようとせず、燃え上がるに任せること、もしくは、積極的に燃え上がらすこと。以上の違いが意識の底にある。

恩恵の言い方

9 「負うた子に教えられて浅瀬を渡る」か「負うた子に教えてもらって浅瀬を渡る」か

人から何かの行為を受けたとき、私たちは「だれそれに何々された」という受身表現を用いる。こちらに向けられた相手の行為は、その行為内容や及ぼした結果によって良くも悪くも受け取れるものであるが、普通、日本語の受身表現は、マイナス評価として意識された場合に用いられることが多い。いわゆる被害の受身や迷惑の受身と言われるたぐいである。一方が他方からある行為を受けたという単なる受動関係だけを表すのではない。そこに被害者意識や迷惑感情が伴って、日本語の受身表現をいっそう陰影に富んだものにさせている。次に引用した例も、受身表現なるがゆえに、他者にそうさせられた被害者（弱者）の立場が強調されている。

民吉が帰郷して数年後、肥前時代の現地妻があとを追って、母子づれで瀬戸へ来た。他国者に磁器の秘法を盗まれたので、鍋島藩が女房をおとりに民吉をつかまえに来たのだと、瀬戸の人たちは彼を近所の土蔵にかくまい、とうとう会わせずに国へ帰した。（朝日新聞日曜版「日本の年輪」せともの）

君も現実離れのしたそういう夢をみているから女に逃げられたりするんだ。（新島正『ユーモア』）

これを「他国者が磁器の秘法を盗んだので」とか「女が逃げたりするんだ」などと換えたら、そのようにされた被害者側のくやしさが文面に現れてこないであろう。

ところで、このような〝人〟対〝人〟の受身表現は、日本語ではいつでも迷惑や被害者意識のマイナス状態ばかりを表すのかというと、必ずしもそうではない。「仲人に手を引かれた新婦の晴れ姿」や「牛にひかれて善光寺参り」など、決してマイナス状態ではない。

三十二年には思いがけなくもロータリークラブから表彰されることになり、社長とごいっしょに帝国ホテルで面目をほどこしたことは、私の受付生活を通じて忘れ得ない大きな喜びであり、また思い出ともなっています。（篠崎幸「受付係の喜び悲しみ」日本経済新聞）

「弥陀の誓願不思議にたすけられて浄土に生まる」という親鸞の他力本願の救済といい……（『ユーモア』）

「表彰される」や「助けられる」「救われる」「ほめられる」「賞を与えられる」「尊敬される」「感謝される」「善意に支えられる」「重要なポストを与えられる」「総代に選ばれる」「多くのことを教えられる」など、受身形式を取っていてもみな好ましいプラス評価の状態である。他者の好意が及んだり、他者からの恩恵を受けたりするわけであるから、これは〝恩恵の受身〟と呼んでもよかろう。このような受身は、いわゆる恩恵賦与表現「……てもらう」と共通する面を持っている。標題に掲げた「負うた子に教えられて浅瀬を渡る」も「教えてもらって」と言い換えることもできなくはない。しかし、「……られる」と「……てもらう」ではニュアンスがかなり違ってくる。

受身「られる」にはさまざまな場合が考えられるが、受身表現である以上、相手側からこちらへの一方的働き掛けである。「母に用事を頼まれた」「父に小言を言われた」「果し状を突きつけられた」「地獄への引導を渡された」のような、物やことばを伴う場合はもちろんのこと、「相手に無視された」「友だちから軽蔑（けいべつ）された」など特に事物が伴わぬ場合でも、相手の無形の行為や態度・精神・感情などの影響がこちらに一方的に波及するという点では同じであろう。「熱にうなされる」「食欲をそそられる」「情にほだされる」「身につまされる」など肉体・欲望・感情面での現象も、対者意識はなくとも、肉体や心の内部に生じたその力が一方的にこちらに及んでくるという発想から受身表現が取られているのである。しかも、ただ作用や影響を受けるというだけでなく、その力によって当人は受け手側、つまり弱者の側に立たされることになる。そこから被害者意識や迷惑感情も起こるのであるが、これがたとえ恩恵賦与といったプラス評価の場合でも、やはり相手方から恩恵が与えられるということは、受け手の側を弱者（ないしは下位者）の立場に立たせることになるのである。ロータリークラブから表彰されたということは、うれしいことではあるが、表彰する側を上位者と見なし、受け取る側が下位になる。下位の者が上位者を表彰するなどということがあるだろうか。「私は先生にほめられた」も、先生が上位、私が下位という関係に立っている。もし先生が「私は学生にほめられた」と言ったら、何とも滑稽なことであろう。このような場合は「学生がほめてくれた」としたほうが遥かに自然な日本語となろう。対人関係の行為に受身を使うことは、両者間に上下関係を設けることになる。しかも、何度も言うように、相手方からの一方的な働き掛けか、受け手側の意思とは無関係にその働きによって生ずる結果を恩恵としてとらえる発想なのである。

彼の話にはいろいろと教えられる点が多かった。

彼と行動を共にして、何かと教えられた。

というのは、〃彼の話や行動にはいろいろと参考になる点が多かった〃という結果を問題にしているだけで、彼のほうで教えてやろうとか、話し手側のほうで教えてもらおうといった積極的な姿勢は何一つない。ここが「教えられる」と「教わる」の差であり、「教えてもらう」との大きな違いでもある。

次に「もらう」や「くれる」が動詞に付いて補助動詞として使われる場合の働きについて考えてみよう。もともと「もらう／くれる」は相手側から話し手側への物の授受関係を問題とする動詞である。普通は「父が小遣いをくれた」「父から小遣いをもらった」と物の無償の贈与を表すが、店屋で「煙草をくれ」「今日はビールをもらおう」と有償の物にも転用され、さらに「幼稚園で風邪をもらって来た」のような比喩的な言い方まで生む。眼疾の「物もらい」などもこれと同じ発想であるが、このような、こちらの意思とは関係なく一方的にあちらから舞い込む場合は、むしろ「風邪をうつされた」のように受身で言うのが本来で、「もらう」そのものの発想は、〃こちら側の要請に応じて相手側が贈与する。その結果こちら側に利益が生ずる〃ことである。同じ小遣いの授受でも「父が小遣いをくれた」と言えば、当方の働き掛けよりも父の意思から出た行為という気分が強まり、「父に小遣いをもらった」と言うと、当方の積極的な要請に父が応じてといった気持ちが強くなる。したがって、「ぼくは要らないと断ったけれど、父は小遣いをくれた」という相手の一方的授受行為には「くれる」がふさわしい。「ぼくは要らないと断ったけれど、父に小遣いをもらった」では日本語にならない。相手がこちらのためにおこなう恩恵賦与行為にも、この違いが現れる。

父が教えてくれた／父に教えてもらった
父が買って来てくれた／父に買って来てもらった
父が書いてくれた手紙／父に書いてもらった手紙
父が撮ってくれた写真／父に撮ってもらった写真

いずれも「〜てもらう」を使うと、こちらの頼みに応じて相手が動くといった場面状況が濃くなる。「知らぬ間に父が撮ってくれたスナップ写真」これを「知らぬ間に父に撮ってもらったスナップ写真」とすると不自然さが目立つ。もちろん「知らぬ間に父に撮られたスナップ写真」と受身を使えば、被害者意識が出てくるのは当然であろう。そこで、

負うた子に教えられて浅瀬を渡る。
負うた子に教えてもらって浅瀬を渡る。

「教えられて」を使うと、背負った子のほうから自発的に川の浅瀬を知らせてくれるという一方的な恩恵の受容を、「教えてもらって」を使うと、どこが浅瀬か教えてくれと頼む親側の積極的な働き掛けを述べる文となる。もちろん右の文は比喩であって、本当の意味は〝時には、自分よりも年下、未熟なものから教えられることがあることのたとえ〟（『広辞苑』第三版 岩波書店）である。

10 「逃がした魚は大きい」か「逃げられた魚は大きい」か

被害の受身

手に入りそうだった大きな獲物や利益を、すんでのところで取り逃がす結果となったとき「逃がした魚は大きい」と言って悔む。「逃がした魚」は見方を変えれば「逃げられた魚」でもある。このように魚を釣り上げる主体側に視点を据えて他動詞や受身で表現する代わりに、対象側に中心を移して「逃げた魚は大きい」と言い換えることも可能である。あたかも「逃がした泥棒」は結果的に「逃げた泥棒」であるように。

ところで、「逃がした魚／逃げられた魚」と、「他動詞＋た＋名詞」を「自動詞＋られた＋名詞」に置き換えられるのは、人間や動物など自己の意思で自主的に活動できるもの（有情者）が行為主体としてその名詞に立つ場合である。非情の事物「揚げたのろし」は「揚がったのろし」とは言い換えられるが、「揚がられたのろし」とは言えない。人間なら、

家に上げた客／家に上がった客／家に上がられた客

と三形式とも可能である。当人の意思による自主的行為が不可能なおこない——たとえば「死ぬ」なら、自殺のような意思的行為にもなるが、「殺す」の場合は、対象となる相手の人物（被害者・受動者）にとっては非意思的なおこないである。したがって「殺した人／死んだ人」の他動詞・自動詞の対応は成り立っても、「死なれた人」という言い方はできない。「死なれた人」は「親に死なれた人」「夫に死なれた妻」のように、死んだ当人ではなくて後に残された人、つまり遺族である。このように当人の意思を超えた行為や、意思を持たぬ事物に加えられた行為に対しては「自動詞＋られた＋名詞」の代わりに「他動詞＋られた＋名詞」を用いて、

殺した人／死んだ人──→殺された人
(学校に)残した生徒／残った生徒──→残された生徒
出した問題／出た問題──→出された問題

のように言わなければならない。ただし、物品の場合は下段の受身で表すと日本語的でなくなるのが一般である。以上のように、非情事物には他動詞（上段）に受身を付け、有情者には自動詞（中段）に受身を付けて「……された＋名詞」の形を作る。

逃がした魚／逃げた魚──→逃げられた魚

ところで、意思的に行為行動のできる人間や動物の場合、⑴自己の意思で進んでそのような状況に入っていくことも、⑵他者の意思で一方的に入らされることも、どちらも有り得る。自身から入っていく意思的行為⑴の場合は自動詞を用い、他者の意思に従う⑵の場合は他動詞を用いるわけである。

乗った客／乗せた客

なら、「客」は意思を持つ人間（有情者）であるから、⑴⑵どちらも成り立つはずである。

⑴乗る──→乗られた客
⑵乗せる──→乗せられた客

⑴は自動詞ゆえ、客の意思からその車に乗るわけである。したがって、それを受身で表すということは、「客」に対する「相手側」（運転手の側）に立った表現ということになる。〝乗る〟という客の自主的な行為を、運転手の側が自分に結び付けてとらえ、客にそうされてしまったという受け手の被害意識として把握する。いわゆる迷惑の受身と言われる自動詞の受身である。

「親に死なれる」「出掛けようとしたとき客に来られる」「赤ん坊に泣かれる」「妻に逃げられる」「電車で横の人に席に座られる」「忙しいとき従業員に休まれる」「子に先立たれる」「押し売りに家の中に上がり込

まれる」「生徒の父兄に泣きつかれる」「雨に降られる」「天気にたたられる」

自動詞の受身とは、他者の行為や他者に生じた現象が間接に自分に影響が及ぶとして、それを被害意識で受け止める表現である。赤ん坊は母親の意思とは無関係に泣いているのだし、雨は人間の希望や期待とは関係なく降っているのである。その生理現象や気象現象を現在の自分（または当人）にとって不都合をもたらす原因ととらえ、自分（または当人）との間に心理的な因果関係を設定する。他者の行為や現象の影響を間接に受ける受け手（受動者）の側に立つわけである。

自動詞の受身が右に述べたような心理過程を含んでいるため、被害者意識・迷惑意識がおのずと生まれてくる。(1)の「乗られた客」も、〃いま乗ったりされては困る〃あるいは〃そのような人物が私の車に乗ることは迷惑だ〃と考えているにもかかわらず、強引に相手にそうされてしまった、その迷惑な相手という受け取り方である。

一方、(2)「乗せられた客」はどうかというと、これは他動詞「乗せる」を用いているため、乗せる側の行為である。それに受身を添えることによって受動者側（客側）の立場に転化する。自己の意思とは関係なくその車に乗ることを余儀なくされた客である。

「護送車に乗せられた犯人」「トラックの荷台に乗せられた人々」「普通車に乗せられた客」

受身「られる」を用いることにより〃本人の意思に反して〃という受動者意識が添い加わる。ただの自・他動詞「乗った客／乗せた客」にはこのような気持ちは含まれない。「客」のように対象が人間（有情者）であれば、たとえ他動詞「乗せた……」を用いても、乗せる側の意思以前に、乗る客側の意思が働いている。基本は客の意思で乗る行為が実現しているのである。

「逃げた魚／逃がした魚」も、魚が自主的に逃げて行ったのであって、釣り人がしむけたり意図的に水に放ったのではない。（その場合は「逃がしてやった魚」のように、恩恵賦与「……てやる」を併用するのが自然な日本語である。）「逃がしたチャンス」「逃がした優勝盃」など非情物は、むしろこちらの意思に逆らって去って行くのである。結局、「逃がした魚」は「逃げられた魚」に近く、「逃がしてやった魚」は「逃げさせた魚」に近い。前者は魚の意思、後者は人間の意思である。

では、「逃がした魚」と「逃げられた魚」とはどう違うか。他動詞は対象に対する働き掛けゆえ、「逃がした……」と言えば、こちらが捕えようとしたにもかかわらず（こちらの注意をかいくぐって）魚のほうで一方的に逃げ去ってしまったという状況説明。「逃げられた……」は、自分をみじめな下位者側に置く被害の受身ゆえ、魚が逃げて行かないよう手元に引き留めておいた努力にもかかわらず、その手を振りほどいて逃げてしまったという被害者意識である。

非情物「チャンス」は、「逃がしたチャンス」は言えても「逃げられたチャンス」とは言えない。チャンスはこちらからつかまえるものであって、自己の意思で逃げ去るものではないからである。それに対し「妻」は、「妻に逃げられた」は言えるが、「妻を逃がした」とは言わない。夫のもとにある妻が夫の意思に逆らって出奔し、夫は被害者意識に立たされているから、受身「逃げられた」は可能である。夫のほうへと近づく妻を捕らえ損ねるなどということは有り得ないから、「逃がした妻」は成り立たない。これが「泥棒」なら、取り抑えた、または拘留している、あるいはこちらの勢力圏内にいたにもかかわらず逃げてしまった場合なら、「逃げられた……」と受身で言える。逃げて行く泥棒を取り抑え損ねたのなら「逃がした」と他動詞でも言えるわけである。

11 「もう載らない」か「もう載せられない」か

不許可の言い方

同じ事実を「荷台が小さくてもう載らない／もう載せられない」「この程度の荷物ならもっと載る／もっと載せられる」と同じように使う。一方は自動詞、他方は他動詞に可能の助動詞「られる」が付いたものである。文法形式からいうとこのような違いがあるが、意味の面ではどうだろうか。また、このほかの動詞もみな同じように二つの形式間に意味の類似性を持っているのだろうか。「載る／載せる」は自動詞・他動詞が五段活用と下一段活用の対応関係にある。この種の関係にある動詞には、

乗る／乗せる、続く／続ける、付く／付ける、あく／あける、立つ／立てる、育つ／育てる、並ぶ／並べる、沈む／沈める、曲がる／曲げる、挙がる／挙げる、助かる／助ける、まざる／まぜる、重なる／重ねる、始まる／始める、決まる／決める、縮まる／縮める、変わる／変える

など例は多い。ところで「乗る／乗せる」のように乗る行為の主体が人間や犬などの場合は、「乗る」「乗らない」の判断は乗る当人自身の意思によって決まることであり、「乗せる」「乗せない」の決定者（乗ることを命じ許す人間）の判断とは別である。このような、その行為の主体が意思を持った人間（動物も含めて）つまり有情者である場合には、「乗る／乗せられる」「乗らない／乗せられない」両形式は判断の主体が異なってしまうため、意味的に対応しない。ただし、有情者であっても、その当人の意思によって決められる事態でないならば両形式は当然対応してくる。事物と同じ扱いになるのである。

こんな重症ではとても助からない／助けられない

助けようと意図する側（意図主体）と、救いの手をさしのべられる対象（行為対象）とがあって、

⑴こんな重症ではとても助からない。

の自動詞表現は、対象の現状をただ見て取った意図主体の判断。

⑵こんな重症ではとても助けられない。

「他動詞＋可能」は、対象へと働き掛ける意図主体の行動の成否に対する判断。

⑴は主体の行動は考慮外であって、対象事物に対する状況判断だけである。「とても助からない」は対象自身に快癒の見込みがあるか否かを論じているのであって、こちらから救いの手をさしのべる場合を条件としていない。ただし、⑴の自動詞形式にも二種類が認められる。

a、客体的な対象における問題

「氷は沈まない」「飛行機の窓はあかない」「水と油はまざらない」「授業はまだ始まらない」

実現させようと試みたが不可能だったの意味ではない。その事物の有している属性や現状の説明である。

b、行為主体の行動における問題

「なかなかシュートが決まらない」「荷台が高すぎて荷物が載らない」「いくら努力しても彼との差が縮まらない」「腕が痛くて手が挙がらない」「体が固くて手先が地面に付かない」

実現させようと試みた結果を問うているのである。自身の意思的行動を前提とした〝結果の現状〟を見て取るという点では、aの〝客体的な対象の現状〟を見て取ることと基本的には差はない。文型上は、a形式は「……＋自動詞（ない）」、b形式は「……が＋自動詞（ない）」となるところが特徴的である。なお、純粋に客観的なa形式は、⑵「他動詞＋可能」形式に置き換えると、意味に相違をきたすのが普通である。

氷は沈まない……「氷は沈められない」とは普通言わない。

飛行機の窓はあかない……「あけられない」とすると、規則で許されていないというような、外部の条件による結果となり、窓自身の属性ではなくなってしまう。

水と油はまざらない……「水と油はまぜられない」

とは普通言わない。まぜられるけれども、両者の性質上まざらないのである。

授業はまだ始まらない……「始められない」とすると、主体側が授業をおこなうという設定で、外部の条件で始めることが尚早という意に変わってしまう。

このように、(1)のa形式は「自動詞／他動詞＋可能」の間に差が生ずるのである。一方、b形式は、行為主体が実現させようと試みた結果を問題としているのであるから、(2)の意思的な他動詞表現に置き換えても表現事実に食い違いは生じない。

なかなかシュートが決まらない／決められない
荷台が高すぎて荷物が載らない／載せられない
努力しても彼との差が縮まらない／縮められない
腕が痛くて挙がらない／挙げられない

両形式とも意思的な行為・行動を前提としているからである。ただし、(1)自動詞形式は、意思的行為の結果を、(2)「他動詞＋可能」形式は意思的行為そのものを問題としている。だから〝シュートが決められない。その結果シュートが決まらない〟のであり、〝手が挙げられない。その結果が挙がらない〟ことになるのである。なお、(1)の意思性は「荷物を載せようとしたが載らない」のような已然の場合のほか、「荷台が小さいから、たとえ載せようとしても載らないでしょう」といった仮定の場合もあることに注意したい。

最後に、その他の活用形式の場合について触れておく。「回る／回す」のような自他共に五段活用の動詞の場合は、可能の言い方は助動詞「られる」を用いずに「回せる」と下一段活用の可能動詞を用いる。そのため「回る／回せる」の対応で、

首が回らない／首が回せない

のようになる。

怪我（けが）が治らない／怪我が治せないほど症状が重い
糸が通らない／糸が通せないほどの小さな針の穴

痛くて手が動かない／手が動かせない

問題量が多くて、とても時間など残らない／時間など残せない

写真が写らない／写真が写せないほどあたりが暗くなった

自・他の関係が下一段―五段の場合も今と同じような例が見られる。

いくら頼んでも金は出ないよ／金は出せないよ

もうこれ以上ベースアップ額はふえない／ふやせない

可能動詞は、話し手自身の意思や能力、技能、コンディションなどによってそのことがおこなえない（または、おこなえる）という、話し手側に責任を置いた言い方である。それに対し、自動詞で表す言い方には、話し手の意思や希望を超えた客観的条件・理由によってそれが不可能（または可能）な現状にあるという〝外なるもの〟に事態がにぎられているとの意識が潜む。不可抗力と取るのである。したがって、同じ状況を叙するにも、自動詞を用いて述べるか、可能を用いるかによって表現意識（つまりは発想）が大きく異なってくる。同じ断るにも、「もう載せられないよ」と言うと、話し手の気分によって結論を出した感じが濃くなる。不親切でいじわるな態度と取られる恐れもあるわけである。それに対し「もう載らないよ」と言うと、〝こちらは載せてあげたいのだが、事実は載らない状態にある〟という、やむを得なさ、不可能さが強調される。

12 「富士山が見える」か「富士山が見られる」か

可能の言い方

まず次の文章を読んでもらおう。

ガーデンハウスの上が物見岩、そして物見平。ロッジがある。ガーデンハウス、物見岩から荒船山の二百メートルに及ぶという大絶壁が見える。ところが、訪れた十日は深い霧。視界がほとんどなく、荒船山はむろん、牧場で草をはんでいるはずの牛の姿も見られなかった。(毎日新聞「神津牧場をめぐって」)

この文章に出てくる「見える／見られる」は、双方を入れ替えて「……大絶壁が見られる」「……牛の姿も見えなかった」としても別段さしつかえない。いや、本来なら大絶壁が見えるはずのところが、この日はあいにく深い霧にとざされていたのだから、この文章の筆者の目には大絶壁は見えていなかったはずである。だから、ここで「見える」を用いるのはおかしいという説も成り立つかもしれない。むしろ、今日は見えていないが、本来ならこの物見岩から大絶壁が見られるのだ、と、見ることの可能性を問題とするほうが理屈に合っているかもしれない。一方、終わりの「牛の姿も見られなかった」のほうは、〝見えるはずの牛が見られなかった〟と原文どおり可能で表すこともできるし、筆者が現場にいる気持ちになれば〝見たいと思って来たのに、捜しても一頭も姿が見えなかった〟と「見える」を使っても不都合ではない。こう見てくると、日本語では「見える／見られる」どちらを用いてもさしつかえない文脈が普通のように思われる。たとえば、

習った型どおりに所作をしている。くせがなくすなおな点前である。姿勢の正しい胸からひざに気品が見

える。（川端康成『千羽鶴』）

なども「見られる」であっても不自然ではない。ではどのような場合でもこの二つのことばは置き換えが可能かというと、そうではない。たとえば次のような例になると、他方への言い換えは許されない。まず、

「東日本」の閉鎖性は家長制的団結であり、元寇の役や、あらゆる面に現れた防御的性格であり、貧困さは簡素の気風として現れる。文学や芸術などに見られる空想性の欠如も、「東日本」の主導性の文化であることの現れである。（会田雄次『日本文化の条件』）

この想像上の動物にも唐代の写実主義がよく生かされ、いわば象徴性と写実性の融合という中国彫刻の一典型がみられる。（松原三郎『東洋美術全史』東京美術）

現場にあって具体的な対象を直接視野に入れるのではない。その事柄がある面から伺い知られる、見て取ることができる意の場合は「見える」は普通使わない。もっとも、

唐初にあって高祖献陵の石虎のように写実能力のかなり進歩がみられるが、（同）

のような例になると、「進歩のあとが見られる」と言わずに「進歩のあとが見える」という例もよく耳にする。「見える」は対象に接してその様子をキャッチする作用で、右の例でもわかるように、必ずしも視覚による把握とはかぎらない。心で受け止めることも「見える／見られる」であって〝思われる〟〝考えられる〟に近づく。同じ書物からもう一つ例を引いておこう。

土器の技術的発展は、殷周のころに頂点にまでのぼりつめ、その後は様式の変化だけにとどまっているようにみえる。（同）

「……ようにみえる」「……とみえる」「……ものとみえる」等の形で〝思われる〟意に転じている。一つの型にはまった言い回しとなっている。これらの言い方はここでは除外して、いちおう現実に視野に映るという場合

に限って話を進めよう。

「見える」は、見る見ないの意思にかかわりなく、対象がおのずと視野に入ってくる状態である。その点「聞こえる」や「思える」等と共通している。感覚や精神の働きが当人の意思には関係なく外界・内界の事象に感応することである。言ってみれば「見える」という感覚状態への移行は、外界の事象を視覚刺激として受け止めたことによる結果の実現である。このような、作用や現象の結果を表す動詞は、感覚や精神活動では「見える、聞こえる、思える、わかる」などごく限られた語しか存在しないが、一般現象に広げれば、

抜ける、焼ける、融ける、砕ける、裂ける、欠ける、脱げる、剝げる、取れる、割れる、折れる、切れる、売れる

と語例は多い。ただし、これらは、作用を受けた結果の成立を示すだけで、「見える、聞こえる」のような継続状態ではない。

ところで、見えたり聞こえたりする状態は自発的な現象である。そのような状態を起こさせる対象を中心にすれば、

星が見える。

であり、そのような状態を起こさせる場面や環境に視点を置けば、

夜は星が見える。

となる。さらに、そのような状態を受け止める感覚主体の立場に立てば、

私（に）は星が見える。

となる。ただの「星が見える」は、現象を事実としてありのままにとらえたものであり、作為はない。

海が見える／充溢した歓喜で／張りつめたやうな／海面の美しさ（千家元麿『海』）

これも、事実として眼前に広がる海の姿を無作為に受け止めたからこそ、作者の驚きや喜びが素直に伝わってくるわけである。ところが、「夜は星が見える」とか「彼の別荘は海が見える」のように「見える」を成り立たせる状況を設定すると、そこに場面限定という話し手の判断が入り込むため、「見える！」という認識発見の喜びや驚きの躍動感が失われてしまう。「……は……が見える」という文型は、話し手の判断を示す文型ゆえ、どうしても理屈っぽくなってしまう。さらに、見える主体を「私は」「私には」と示すと、見えるという状態がその主体に備わった特権的なものという判断に変わってしまう。これはその主体に備わった一種の能力と見てさしつかえない。「私には星が見える」は「私には星を見る能力がある」つまり「私には星を見ることができる」能力所有の表現となってしまう。能力所有も可能の一種である。もちろん可能表現は一般にもっと広い意味をもっており、「見える」や「聞こえる」なら、そのような能力の所有（内的条件）だけでなく、「夜は星が見える／見られる」のような、その状態成立に必要な外的条件として考えられる制約（この場合は〝夜にかぎって〟という時間的制約）も可能的判断を生み出す。

自発的な結果である〝見える〟〝聞こえる〟状態を意識的に作り出そうとすると、この内的・外的条件をととのえる工夫を施さなければならない。ある特定の条件を設定することによって〝見える状態〟を実現させることが可能となるわけである。

「二度と見られぬ貴重な絵巻」「ふた目と見られぬあばたづら」「少しは見られる顔になりたい」

特定の制限を設けて〝その範囲内では〟と可能を認否する言い方のほか、

「屋上に上がれば富士山が見られる」「窓を開ければ庭が見られる」「冬になれば東京からでも富士山が見られる」「天気がよければ富士山が見られる」「日本へ行けば富士山が見られる」「視力を矯正すれば小さな星でも見られるよ」

条件句を伴って〝見える状態〟を積極的に作り出すのである。可能の言い方「見られる、聞かれる、……」はこのような話し手の判断と作為の結果である。

私たち関西人が東海道線を東上していると、汽車が名古屋を過ぎてしばらくすると、窓から見える農家が急に小さく見すぼらしくなってくるのである。(『日本文化の条件』)

見ようとしなくても自然と窓外の風景が目に映るから「窓から見える」なのである。〝窓からいろいろな物が見えるが、その中の農家が〟の意識である。これをもし「窓から見られる農家が……」としたらどうなるか。「見られる」は可能表現であるから、その可能の成立条件として「窓から」と制限を加える。つまり〝見ることのできる農家〟の可能条件として「窓から」と限定する。先の「窓から見える」が「窓からどうなのか?/窓から見えるのだ」の発想であったのに対し、「見られる」のほうは「どこから見られるのか?/窓から見られるのだ」という逆の発想手順となる。「見える」が自発的であったのに対して「見られる」は作為的である。ことさら「窓から」と条件づけをする知的判断がそこに働いている。

農家が次第に小さくみすぼらしくなっていくと感じ取っていく受身的状況で、「どんな農家か?/窓から見ることのできる範囲の農家だ」と条件をつけることはいかにも不自然でそぐわない。「窓から見られる」と来たら、「窓から見られる農家はいずれも小さくみすぼらしい」と「は」で受けて以下に判断を下す解説文となるのが自然の流れであろう。

自然と目に映る臨場感は「見える」であって「見られる」ではない。先の詩「海が見える/充溢した歓喜で/……」も、有名な、

遠くに見える村の屋根/近くに見える町の軒/森や林や田や畑/後へ後へと飛んで行く(文部省唱歌「汽車」)

も、見える状態に対する作為がないから「見られる」に置き換えるわけにはいかないのである。

第三章

動作・状態を表す言い方

13 「仕事を求めにくる」か「仕事を求めてくる」か

移動の目的を表す言い方

かつて朝日新聞の連載記事「職場パトロール」に駅弁売りのことを扱った一文の載ったことがある。その中に次のような文があった。

駅弁の売り上げは伸びる一方なのに、駅弁売りになる人は減る一方だという。男の販売員はせいぜい続いて二、三年。この道十二、三年なんていうのは大矢さんら四人を除いていない。日本食堂に仕事を求めてくる若い女性も、列車食堂や売店を希望するが、ホームの弁当売りは敬遠すると上野営業所では嘆く。（「売れて目が回ります」）

ここで「仕事を求めてくる若い女性」という部分は、「仕事を求めにくる若い女性」としても、さしつかえない。しかし、同じ文脈に二つの言い方が成り立つとすれば、どこかに相違点があるに違いない。どう違うのだろうか。「求めてくる」のように、他の動詞に助詞「て」を介して付く動詞はいろいろあるが、「求めにくる」と「に」を介して付く語となると、かなり数が限られてくる。「AしにBする」という言い方は、〝Aをおこなう目的でBをする〟という目的達成の行為で、Bには普通、移動動詞が立つ。

見に来る／〜に行く／〜に帰る／〜に伺う／〜に見える／〜に戻る／〜に寄る／〜に回る／〜に降りる／〜に登る／〜にはいる／〜に出掛ける／〜に立寄る／〜に現れる／〜に起きる／〜に立つ／〜に走る／〜に急ぐ

移動行為を前提とした「急ぐ」なども時として現れる。

この中で「来る」と対応する移動動詞は「行く」で、移動の基本をなす語と考えられるから、ここでは「来る／行く」の二つについて考えていくことにしよう。

「来る」か「行く」かの語彙選択は話し手の立つ側によって決まる。話し手側への移動が「来る」なら、話し手側からの移動は「行く」である。これを話し手側への接近と離反と言い換えてもよい。ところで、話し手を中心としたこのような二つの正反対の方向性に、先の助詞「に／て」の使いわけを組み合わせると、次の四通りの言い方ができ上がる。

買いに来る　　買って来る
買いに行く　　買って行く

今、場面を、買い物をする人の自宅と店とに分けて整理すると、面白いことに気づく。問題を複雑にしないため、話し手自身（私）が買い物をすることに決める。下の括弧内が場面である。

A、いま、私は買いに来ました。（店）
B、きのう私は買いに行きました。（家）
C、さっき私は買って来ました。（家）
D、途中で私は買って行きました。（家？）

三人称「客」に替えても、Aは「客が買いに来ました」と〝店〟が場面となるが、Dは「客が買って行きました」と〝店〟が場面となってしまう。その場合、話し手は〝店の人〟ということになるが。しかし、これが〝客〟ではなく〝彼〟であったとすれば「だれが買って行くの？／彼が途中で買って行くことになっています」となり、場面は店ではなくて〝家〟となってしまう。このようにD形式は、行為主体と話し手によって場面はどちらにでもなるのである。

「～に来る／～に行く」は、その目的のために、その場所へと移動するのであるから、目的の場所に話し手が立てば「来る」を、起点側に立てば「行く」を使うのが当然で、場面上の混乱はない。

きみはただあやまりに来ただけか。（室生犀星『あにいもうと』）

こうしてその日も次ぎの日も、多数の男女が入れ代り立ち代り私を見物に来て、同じような事を言ったりした。（長与善郎『地蔵の話』）

もしかしたら美穂が取りに来やしないかと思って待っていたのである。（北原武夫『妻』）

いずれも移動主体は、その目的の場所、話し手の現在位置にやって来るのである。

まさ叔父さんは久し振りで建仁寺の老師にお会いしに行くんだ。（志賀直哉『和解』）

どうだい、そっちの虎を見に行こうじゃないか。（久米正雄『虎』）

第三者なら話し手の位置側から他所へ向かっての移動を、話し手自身なら現在位置から離れるときに使う。

このように「〜に来る／〜に行く」は、はなはだ明解で判断に迷う余地は全くないのであるが、「て」に付く場合は、上に立つ動詞によってその動作のおこなわれる場所がいろいろになるので厄介である。例で見よう。

子供を食う癖の犬かもしれん。それなら返して来いって、家中で非常に憤慨してるんです。（川端康成『禽獣』）

わたしは冷え冷えした夜の風に頬をなぶらせ、半眼を薄く開いて黙然と揺られて行った。（井上友一郎『竹夫人』）

そこへ娘さんが火鉢に火を入れて持って来た。七月といっても山の夜は寒い。（高見順『流木』）

今日おまえのところへ誰か訪ねて来やしなかったかい。（山本有三『女親』）

一遍、そのエジマイクシマの墓のある寺とかへ訪ねて行こう、と思い定めた。（里見弴『見事な醜聞』）

（私ハ）今日の出来事を夢のように回想しながら家へ帰って行った。（谷崎潤一郎『少年』）

とにかく、あなたの活躍の邪魔になるといけないから、私はちょっとそこまで散歩して来ます。（井伏鱒二『集金旅行』）

「返して来る」なら、現在地から他所へ返しに行って再び戻るか、あるいは、どこかからの帰り道に返しに寄って家に戻ることを予想する。要するに、行為と移動とが別々におこなわれるのである。一方、「揺られて行く」「持って来る」となると、特定の地点において何か行為をするわけではなくなる。その時の移動のしかたや状態を述べたもので、このような「〜て来る/〜て行く」は「〜に来る/〜に行く」では言い表せない。次に、「訪ねて行く」「帰って行く」は、訪ね帰ることが移動そのものであるため、二つの行為を分けて考えることはできない。後に続く「来る/行く」は話し手側へか話し手側からかの違いを示すだけになってしまっている。その極端な例が「行って来る」であろう。最後に「散歩して来る」の例であるが、これは移動の状態や移動の方向ではなくて、移動の目的である。〝散歩することが目的で行って来る〟のである。そう言えば、「ちょっとその辺を歩いて来よう」「風に吹かれて来よう」など、状態か目的か微妙なところである。

移動を表す「〜て来る/〜て行く」には、「て」を挟む二つの動詞が表す意味によって、次のように分類することができるであろう。

(1)行為と移動が別々におこなわれる場合

集めて〜、洗って〜、言って〜、置いて〜、教わって〜、買って〜、汲んで〜、支度して〜、調べて〜、食事して〜、捨てて〜、取って〜、残して〜、見て〜、もらって〜

(2)行為と移動が同時におこなわれる場合

A、移動の手段や状態を表す

歩いて〜、泳いで〜、駆けて〜、走って〜、はって〜/(駅まで)送って〜、抱いて〜、連れて〜、乗せて〜、運んで〜、持って〜、おぶさって〜、座って〜、眠って〜、乗って〜、急い

で〜

B、移動そのものを表す

上がって〜、行って〜、降りて〜、落ちて〜、帰って〜、すり寄って〜、訪ねて〜、近づいて〜、近寄って〜、伝わって〜、出て〜、遠ざかって〜、飛び出して〜、逃げて〜、上って〜、登って〜、乗り出して〜、はい出して〜、入って〜、引き上げて〜、ぶつかって〜、戻って〜、（家に）やって〜

C、移動の目的を表す

散歩して〜

この中で目的意識が持てるのは⑴と⑵Cである。したがって、意味が同じになるか否かは別として、原理的には「〜に来る／〜に行く」に言い換えることが可能なグループである。

⑴ 買って来る──→買いに行く
　買って行く──→買いに来る

⑵ C散歩して来る──→散歩に行く

「散歩する」は移動することに目的があって、目的地へ着いてから散歩をするわけではないから「散歩しに行く」とはならない。「散歩に来た」とも言わないであろう。

さて、⑴グループ「買って来る／買って行く」は、前にも述べたように「行って──→買って──→戻る／来て──→買って──→去る」という三段階から成り、買う行為は目的の最終段階ではない。そのため「〜に行く／〜に来る」とは内容的にずれが生ずるわけであるが、これが「買う」ではなくて別の動詞だったら、事情はまた違ってくる。たとえば「求める」なら、「仕事を求めて・来る」で、「来て──→求める」つまり〝求める〟行為は最終段階となる。〝仕事を求めて（会社に）やって来る〟のである。そこで「仕事を求めて来る」と「求めに来る」とが内容的に重なってくるわけである。では、どう違うのだろうか。

「求めて来る」は、一見「捜して来る」や「調べて来る」などと同じように見られるが、このグループは〝捜して、それからそこにやって来る〟という行動の順序性を表す形式である。「求めて来る」のような〝まずやって来て、それからそこで何かを求める〟という行為の順序とは逆である。そこで「求めて来る」を「捜して来る」などと同じグループに入れるのは間違いであることがわかる。やはりこれは「どこそこに仕事を求めて、来る」と解するほうが理屈にかなっていよう。とすると、「どこそこに」の「に」は「求めて」に係っていくことになる。「求める」行為の帰着点を「に」が示すと言い換えてもよかろう。そこで、

職業安定所に仕事を求めて来る。

は、〝職業安定所の中に自分の仕事場を求めて、やって来る〟という意味になる。職安（ハローワーク）に就職するためにやって来るわけである。

一方、「求めに来る」のほうは、「捜しに来る」や「調べに来る」と同じで、〝求めるという行為を成就する目的でそこにやって来る〟ことを表す。「どこそこに」の「に」は「来る」に係ると見ていい。そこで、

職業安定所に仕事を求めに来る。

のほうは、〝自分の働き口を求める目的で職安の窓口にやって来る〟ことを表す。どこかいい職場の斡旋を求めてやって来るのであって、職安に勤めるわけではない。「て」と「に」、わずか助詞一つの違いが、表す意味を大きく変えてしまうのである。

14「暗くなってくる」か「暗くなっていく」か

話し手側の意識と状況の変化を表す言い方

妻の痛みは段々烈しくなって来た。（志賀直哉『和解』）

おまけにだんだん咳がひどくなっていったりするのが不安なので……（北原武夫『妻』）

誰かに腹癒せしてやるため一つ一つ相手を訪問して慰藉料をとりたてて行けば、次第にその技術もうまくなってくるだろう……（井伏鱒二『集金旅行』）

今年も年賀状をよこしましたのに、一年一年だんだんその字が拙くなって行くのはおかしな話ですわね。（同）

この日から、美穂の死は、私の中で一種違ったものになってきた。（『妻』）

時造の印象は、この出来事のために、モヨ子やそで子婆さんの胸の中で、急速に親しみ深いものになっていった。（石坂洋次郎『草を刈る娘』）

同じような状況の変化を表すのに「……なってくる／……なっていく」二種の言い方が現れる。右に掲げた例では、その「くる」や「いく」を入れ替えても特に不自然にはならない。「……てくる」も「……ていく」も、それほど意味に違いはないようである。ところが次のような例になると、かんたんに「いく／くる」を入れ替えることができなくなるのはなぜであろうか。

私は美穂が急に可哀想になってくるのだった。

（『妻』）

あれもこの頃だいぶ元気になって来たようだが。（堀辰雄『風立ちぬ』）

私の財布の中には今二円七八十銭の金しかありません。一体どうなって行くんでしょう。（平林たい子『施療室にて』）

凍てついた地平の果に、君の乗った汽車がだんだん小さくなって行くのを見送りながら……（田村泰次郎『肉体の悪魔』）

これらの例が「……てくる／……ていく」のどちらかに固定しているということは、この二つの表現にはもともと本質的な違いがあって、それが文脈によっては、はっきりどちらか一方しか該当しないのだということになる。したがって、冒頭に掲げたような、場面のあいまいな文脈ではどちらの言い方も成り立つが、「……てくる」を用いるか「……ていく」を用いるかで当然表現意識に差が出てくるはずである。一体どのような場面規定のときに「……てくる」になり「……ていく」になるのだろうか。この両者は表現意識にどのような違いがあるのだろうか。

本動詞「来る／行く」は、話し手を中心とした移動動詞として使い分けがなされている。すなわち、話し手側への接近には「来る」、話し手側からの離反は「行く」、第三者側から他の第三者側への移動も「行く」が用いられる。もちろん実際の用例ではこのような単純なものではなく、これに聞き手の位置が加味され、また、話し手自身の表現時の意識によっても使い分けが違ってくるのであるが、基本のところは以上の通りである。この「来る／行く」が助詞「て」を介して他の動詞に付く場合も、その動詞の表す動作や現象に対して、それが話し手の立つ側とどのような関係を取っているか、話し手の立つ側に対する動作のおこなわれ方を示している。具体的に説明すれば、話し手側に向かって来る現象には「……てくる」を、話し手側から遠ざかって行く現象には「……ていく」を用いる。たとえば、此の月に対してわたしの眼前にほうふつと現れてくるものは何よりもその女どものまぼろしなのです……（谷崎潤一郎『芦刈』）

其内祖父が自分の心裡に蘇って来た。（『和解』）

私は生まれて来た事を決して厭には思わなかった。（長与善郎『地蔵の話』）

あとから怒号のように腹痛がよせて来る。（『施療室にて』）

彼はその金を見ると嬉しさと悲しさとで涙が出て来た。（広津和郎『訓練された人情』）

計算に間違いがなければ、それは太陽が東の空に出て来るようにさっと（答ガ）出て来るのが何より安心で、いい気持ちなのであった。（野上弥生子『哀しき少年』）

自分側——自分の脳裏や肉体に、あるいは内部から外部へ、また、この世の中へと何かが出現し生起する発生現象は当然のことながら「……てくる」である。その反対に、

見ていると、不思議に凄惨な感じが消えて行って、滑稽な感じがしてきた。（高見順『流木』）

急に何もかもが自分達から失われて行ってしまいそうな、不安な気持ちで一ぱいになりながら……（『風立ちぬ』）

その瞬間、ぐっと左舷が持ちあがって顛覆し、見る見る沈んで行く。（哀しき少年』）

菊戴の死んでゆくのを、ただぼんやり眺めていた。（川端康成『禽獣』）

自分側、この世の中から去っていく消滅現象は「……ていく」である。これは「行く年、来る年」や「いく

秋」「人が逝く」の「くる／いく」と同じ〝時や事物の去来〟を言うのであるが、このような具体的な去来や出現・消滅現象ではなく、ただ事柄が進行し、状況が変化する場合にも、話し手中心の「くる／いく」表現が使われる。いわゆる補助動詞としての用法である。

私たち日本人は、事態や現象の具体的成立を動詞そのままの形で表さない。ただ「雨が降る」と言えば、「あしたは雨が降る」のような未来の予想もしくは予告となり、現実に雨降りが始まったことの意にはならない。「雨が降ってくるぞ」「雨が降ってきた」のように「……てくる」を付けて具体化する。同様に、「生きる」と言えば、「生きる／死ぬ」というはなはだ漠然とした抽象的な意味を表すだけであるが、「これまで生きてきた人生」「生きていくということは並大抵のことではないんだよ」のように「……てくる／……ていく」を添えることによって、実際に生活し人生航路を歩むという具体的意味が加わるのである。これは前に述べた去来や出現・生起の場合と全く同じである。「こちらへ走る」とか「あちらへ歩く」と言ったら日本語らしさは失われてしまう。「走って来る」「歩いて行く」と「来る／行く」の助けを借りて話し手中心に述べるところに日本語の特徴があると言ってよかろう。

そこで、同じ現象でありながら次のように「……てくる／……ていく」が使い分けられているのは、その現象に対する話し手の意識やとらえ方の違いに由来すると考えるのである。

　然しそれも段々薄らいで来た。（『和解』）

　濛(もう)々たる土煙があがりました。その土煙が薄らいでゆくと、細い鉄骨だけが残り、そこに男の姿がまた現れて……（豊島与志雄『白蛾』）

　するとみるみるH氏の周囲の事情が変わって来た。（『流木』）

　所が書いて居る内に其父の顔は段々変わって行く。（『和解』）

　古泉自身が健康を害したといい出したその二年ほど

前から、……その出来ばえがますます冴えてきた事であった。（宇野浩二『枯木のある風景』）

古泉の才能や気力がますます冴えてゆくように思われる反対に、その肉体が逢うたびごとに衰弱してゆくように見えた。（同）

まず「……てくる」は事柄の生起・出現であるから、新たに何かが開始されたり、すでにある現象なら、その度合いの上でにわかに状況変化が起こるという場合である。「するとみるみるH氏の周囲の事情が変わって来た」のは、変化が新たに起こったの謂（いい）で、「変わり出した」「変わり始めた」と言い換えることもできる。

なかなか整理がつかず、放鳥の籠（かご）を眺めながら、彼はいらいらして来た。（『禽獣』）

私も息苦しいほどじっとしながら、そんな嵐がひとりでに衰えて来るのを待ち続けていた。（『風立ちぬ』）

熱が出て来たのは注射が効いて来たからだろう。（石川達三『深海魚』）

（私ハ）急に美穂が可哀想で腹が立ってきた。（『妻』）

いずれも新しい状況の出現や、新たな状況への変化である。それに対し「……ていく」には、すでに生じている事態の進展・進行意識が強い。〝……つつある〟の進行形に相当する表現である。

それは彼女の体をじりじり衰えさせて行くものにちがいなかった。（『風立ちぬ』）

彼女の夫婦生活は、次第に荒んで行くらしかった。（『禽獣』）

年々年寄って行く父の不幸な其気分に心から同情を持つ事もあった。（『和解』）

「……てくる」が事の開始、「……ていく」が事の進行を表すところから、話し手の意識としては、「……てくる」を使えば、新たに生じた事態を迎え受け止める気分となり、「……ていく」を使うと、すでに生じている事態の進行を見つめる気持ちとなる。そのため、時間的な事柄なら「だいぶ寒くなってきた」「これからもどんどん寒くなっていく」のように、過去→現在には「……てくる」、現在→未来には「……ていく」を使うのが自然である。

これが二十年の間夢を描いて積み重ねて来た私の人生の成果か。（『施療室にて』）

私自身のこれまで君にとって来た行動が悔まれた。（『肉体の悪魔』）

広田はかつて旅の世渡りもして来て見聞があった。（滝井孝作『積雪』）

家中の者が皆晴々して、これから楽しく暮らして行けるのですからね。（『和解』）

順吉も今後は又親子として永く付合って行きたいと言う希望だと言うし……（同）

これから先までそれを続けて行くのは馬鹿気ていると思うんです。（同）

今の俺が生きて行くには、そうするより外はないのだ。（久米正雄『虎』）

当然「どこ」のような不定詞を受けて事態が進行する文は、不確かな彼方へと進む事態を見送る意識が強まるから「……ていく」となる。

どこまで硬直していくか、捨てて置いたら泣きだすかも判らない。（丹羽文雄『鮎』）

どこまで自分は堕落して行くのだろうというような文句が……（『肉体の悪魔』）

このままこの女に商売をやられてはどこまで伝染して行くか分からない。（『深海魚』）

このように話し手側から離れて事態が進行する意識は、手放しにしておいたら話し手自身の手の届かぬ所へと進んで行ってしまう、あるいはもはや進路を食い止めることのできない手遅れ意識が生じてくる。さらに大勢として変化の流れに押し流されていく、話し手の意思を超えた力として事態をとらえることにもなる。

ヒノキがネズとされて、どんどん伐られて行く。（『流木』）

やはりあれはあの通りの運命を辿って行くべきもので、吾々の小細工ではどうにもならない……（『深海魚』）

そういう所を通り抜けなければ向うへは行けないすべての大勢ならば、やはり、それに従って行かなければならないのが、運動する者の道だ。（『施療室にて』）

「……ていく」には、このような外なる力、話し手の意思を超えた厳然たる事実として傍観する意識が添っている。それだけ「……てくる」よりは客観的な眺め方をしていると言うべきだろう。話し手自身の感情や感覚について述べる主観的な文では「私は……になっていった」と表すより「私は……になってきた」と言うほうが自然なのも、「……ていく／……ていった」を用いると、自身の意思や力を離れた客観的な事実としてとらえる意識が強まるからである。

私の中には、それをもうはっきりと信じてしまっているみじめな気持ちが、だんだんひろがってくるのだった。（『妻』）

そこで逆に、自身の心境や感覚を「……ていく」で表すことによって、第三者的に自己を眺める客観的な描写態度が生まれるのである。

其作物の発表が生む実際の悲劇を考えると、自分の気は必ず薄暗くなって行った。（『和解』）

以上いろいろと述べたように、「……てくる／……ていく」の表現意識には次のような対照的な違いが認められるのである。

○「……てくる」

話し手側への接近意識→事態の出現・生起意識→過去に生じたことを現在迎える気分→事態の進行を受け止め、コントロール可能と考える段階意識→意思的・主観的状況として把握→話し手自身の問題意識

○「……ていく」

話し手側からの離反、ないしは話し手と無関係な移行意識→事態の消滅、ないしは事態の進展→現在進行中の事柄が未来へと継続していく気分→こちらの力を超えて事態がどんどん進んでいく段階意識→客観的な状況として把握→自身のことも第三者的にとらえる客観的態度

そこで標題の「暗くなってくる／暗くなっていく」に戻って、この二つの表現の間にも、以上見てきたようなさまざまな違いが認められる。

(1)発生現象「急に暗くなって……」は「きた」で受けるのが自然である。それに対し、

(2)事態の進行「あたりはどんどん暗くなって……一方だ」は「いく」となることが多い。

(3)過去から現在に及ぶ現象「だいぶ暗くなって……たね」は「……なってきたね」となるが、

(4)現在から未来へと進む「夜更けとともにあたりはますます暗くなって……」は「いく」となることが多い。

(5)不定疑問の段階へと進行する意識のときは「いく」である。「一体どこまで暗くなっていくのでしょう」

(6)事態を自身の問題として受け止める意識のときは「くる」である。「暗くなってきたら明かりをつけなさいね」

その逆に、

(7)自身とは直接関係のない外部の客観的事態には「いく」が多く使われる。「エネルギー節約ということで街はさらに暗くなっていく」

15 「窓があけてある」か「窓があいている」か

行為の結果としての現状を表す言い方

窓が開放状態にあるという同じ状況を、私たちは、ある場合には「窓があけてある」と言い、ある場合には「窓があいている」と言う。日本語の動詞は「ある、いる、聳える、見える」のような状態性を表すものは終止形で現在も未来も表すが、「あける、あく、立てる、立つ、消す、消える」など動作性のものは、そのままの形で使うと原則として未来の動作となってしまう。「窓をあける」という他動詞は、「窓をあけなさい」「今、窓をあけるよ」のように未来の予定や予想か、「毎朝、私が窓をあける」「人は明るくなると雨戸をあける」〝いつでも……するものだという〟恒常的事実となる。〝だれ……することになっている〟という日常的事実、自動詞「あく」にも、「特急列車の窓はあかないが、普通列車ならあく」のような恒常的事実の用法もあるが、普通は「次の駅では右側のドアがあく」「もうすぐ店があく」と、未来を表すのが一般である。

このように動作動詞が生の形では未来表現となってしまうため、現在の存在を表す状態動詞「ある／いる」の助けを借りて「……てある／……ている」の形を取って、現在表現の欠を埋めているのである。いわゆる補助動詞としての用法である。

もともと「ある／いる」は状態を表す動詞であるから、たとえ動作性の動詞であっても、「ある／いる」が付くことによって状態化される。「歩いている」は〝歩く動作が目下進行中の状態〟を言うのであって、〝歩き歩くという歩き続けていく動作そのものを示すのではない。時の流れを「過去―現在―未来」と分けた場合、「過去」と「未来」は時の幅を持っており、その時間帯の中での事の生起や開始・終了にも、また、継続にも使えるのであるが、「現在」は時の流れを〝今〟の瞬間で切ったもので、その時点での事の生起や開始・終了といった瞬間作用は、「現在」ではなく「完了」となってしまう。継続行為や継続状態のみが、その時点での現在の事実として把握される。そのため「……てある／……ている」で表される「現在」は、現在継続中の動作や状態である。

一般に「……てある」は他動詞に付き、「……ている」は自動詞にも他動詞にも付く。文型的には格助詞「が」を取る例と、「……は……を」を取る例とに分かれる。しかし、他動詞だからといって必ず「を」の格助詞を取るとは限らない。「……てある／……ている」の代表的形式は次の三種五類である。

(1)「……が他動詞である」

……「窓があけてある」

(2)「……が＋自動詞ている」

a「窓があいている」

b「山が聳えている」

c「雨が降っている」

(3)「……を＋他動詞ている」

……「窓をあけている」

標題の問題に入る前に、予備知識としてまず右の三種五類の違いと特徴とを知っておく必要がある。

(1)「窓があけてある」

他動詞であっても「を」の格助詞を取らない。〝窓をあける〟という意思的な他動行為のおこなわれた結果、対象に起こった状況変化（開放状態）が現在まで引き続き残っているという〝結果の現存〟である。その後変化をせずに継続している残存状態を現時点で眺める意識である。

(2)a「窓があいている」

窓があくという作用の生起した結果（開放状態）が現在まで引き続き残っているという、これも〝結果の現存〟である。aに立つ動詞は瞬間作用・瞬間動作の自動詞で、その作用や動作が成立した結果、何か感覚的にとらえられる状況変化が起こり、それが現在も残っている場合である。同じ自動詞でも「水が流れる／汽車が走る／風が吹く／鳥が鳴く」など継続性の作用や現象・行為などは〝結果の現存〟にはならない。「木が倒れている」「木の葉が落ちている」「虫が死んでいる」など、作用・現象・行為が生じた結果、その作用主体に状況変化が起こり、その変化した状態が後々まで形態的に残る場合である。

b「山が聳えている」

「聳える」など状態性の自動詞が来たとき生ずる意味で、その状態が現在持続することを表す。

元来、〝状態〟は〝動作〟と違って持続性があり、現在も含めた時間帯における継続状態である。したがって、存在を表す「ある」「いる」や、「英会話ができる」「彼は泳げる」「このネクタイははですぎる」などは今さら「……ている」や「……てある」を付けなくとも現在状態を表すわけであるが、状況変化を踏まえた状態動詞「見える、聞こえる、わかる」や、

「茶色い髪をしている」「この飾棚はなかなか凝っているね」「変わっている人」「ばかげている話」「目がくりくりしている」「実にしっかりしている」「点滴注射で持っている」「山が聳えている」

などは「……ている」を付けることができ、付けることによって、そのような状態が現在持続中の気持ちを表すのである。

c「雨が降っている」

継続性の動作動詞が立つと、現在その作用や現象・行為がおこなわれつつあるという〝継続進行〟となる。〝結果の現存〟を表すaとの差は、上に立つ動詞の動作性の質の違いによるのであるが、同じ「立っている」でも、「旗が立っている」と言えばaの結果の現存〝立てた状態にある〟、「先からもう五分間も片足で立っているんだよ」と言えばc継続進行〝立ちつづける〟意となるように、表す意味によって同じ動詞がaにもなればcにもなる。

(3)「窓をあけている」

他動表現「窓をあける」に「ている」が付いたものである。対象に対する他動行為（窓をあけること）が目下おこなわれているという意思的行為の進行を表す。(2)aでは「あく」は瞬間動作動詞であったが、(3)では「あける」行為は時間的長さを持った継続性の行為としてとらえられている。その継続的行為の現在進行形が(3)「他動

詞＋ている」である。

さて、作用や行為が目下進行中という〝継続性〟と、その作用や行為によって生じた〝結果の現存〟との関係を、自動詞・他動詞に分けて眺めてみると、面白い事実があることに気づく。

	継続進行	結果の現存
自動詞	―	(2)窓があいている
他動詞	(3)窓をあけている	(1)窓があけてある

四通りの表現法が必要なところ、「……ている／……てある」表現が三種しか持ち合わせがないため、自動詞の継続進行形が欠落してしまっている。そのため「窓があきつつある」のような「……つつある」形式で表すようになったが、元来「……つつある」は、

あけつつある／あきつつある

のように対応し、特に「あけている」と対応する形ではない。「窓があきかけている」など複合動詞で代用することもあるが、これは(2)結果の現存である。西欧語の現在進行形に引かれて「あきつつある」のような言い方を好むが、「あく」のような瞬間性の自動詞の継続進行形式は日本語の発想には存在しなかったのである。

ところで、上の表の下段〝結果の現存〟を表す言い方に自動詞と他動詞の二種類がある。自動詞はその主体自体に生じた現象、他動詞は他者の意思や作用によって起こされた現象である。そのため、自動詞による表現には、その主体に生じた現象を現状の客観的事実としてとらえる意識がある。「木が倒れている」「栗の実が落ちている」「空が晴れている」などは皆このような意識に支えられた文である。一方、他動詞による文は、他者からの働き掛けによって作動した現象という意識があるため、「他動詞＋てある」にも〝行為主体の意思的な働き掛け〟といった気分が底に流れる。確かに「台風が木を倒した」「自動車がぶつかって木を倒した」と言えば、他動詞ではあっても自然現象である。しかし、このような自然現象の場合はむしろ「台風で木が倒れた」「自動車がぶつかって木が倒れた」と自動詞で表現するのが自然な

日本語であろう。他動詞「倒す」は「樵（きこり）が木を伐（き）り倒した」「ボデーへの強烈なパンチで相手を倒す」「平幕が横綱を倒す金星」のように有情者（人間）の、それも意思的な行為がほとんどである。このように他動詞表現が意思性を秘めるため、「窓があけてある」の「他動詞＋てある」も、〝だれかが何かの目的から意識的に窓をあけた。その結果、現在窓は開放状態にある〟という目的意思による行為の結果の現存となる。「窓があいている」にはこのような意思性は考慮の中に入っていない。風か何かでひとりでに開いてしまったことも、また、泥棒などが押し入ったため開け放たれてしまった、自分がしめ忘れたなど、〝あける目的から開け放たれたのではない。ひとりでにあいた。もしくは意に反して開放状態にある〟という非意思性が強調される。米に古米を混ぜるような意思的行為の結果なら、

この米には古米が混ぜてある／古米が混ざっている

どちらも可能であり、〝米屋が古米を混ぜた。だから、この米には古米が混ざっている〟という不随意性・不満感が加味される。自分の意思を超えた、事実のマイナス状態（しかも他者の意思によって作られたマイナス状態）だからである。

ところで、非意思的事実、たとえば「この米には石が混じっている」は、「この米には石が混ぜてある」とはならない。「他動詞＋てある」は意識的行為の結果を表す形式だからである。このことからも「自動詞＋ている／他動詞＋てある」の意識差が理解されよう。同じ事実に出会って、これを、

ヒョウタンがぶらさがっている／ヒョウタンがぶらさげてある

どちらで言い表すかによって話し手の受け取り方に違いが生ずる。「ぶらさがっている」と言えば普通、棚になっているヒョウタンの実を見ての表現、「ぶらさげてある」なら、だれか人の手によってつり下げられたヒョウタンを見ての表現となる。どぎつい例だが、

死体がぶらさがっている／死体がぶらさげてある

同じ状況に遭遇しても、「ぶらさがっている」と言えば眼前の事実を事実として受け止め、自殺行為の結果などと考える気持ちが強い。他動詞を用いた「ぶらさげてある」では、他動行為をおこなう他者の存在が設定されるため、その他者による意図的行為の結果と解釈する。他殺行為と取るのである。

「鍵が掛かっている／掛けてある」「電灯がついている／つけてある」「ネジがはずれている／はずしてある」

いずれも、そうなっている事実（自然）と人為的結果の差が見られる。「……が＋自動詞ている／……が＋他動詞てある」共に感覚でとらえられる外在する客観的事実（三人称の事実）を述べる表現形式で、話し手自身の行為や心中・意図を表す形式ではないことにも注意したい。（自身の行為を表す「他動詞＋てある」については次節十六を参照されたい。）

なお、その自動詞に対応する他動詞が存在しない場合は、自動詞に使役の助動詞「（さ）せる」を付けて他動詞化させ、それに「てある」を付けて、この「他動詞＋てある」形式と同等の表現をおこなっていることも知っておいてよいことだろう。

封を切ってみると、間余（けん）の画仙紙に一行五、六字の大ぶりの文字を同じ自在な筆で走らせてある。（井上靖『猟銃』）

16 「窓があけてある」か「窓をあけてある」か

意図的行為の結果を表す言い方

まず次に掲げる二つの例を見てもらおう。

周囲の壁にいろいろな額が掛けてある。正面左手の壁に一きわ大きなボッチチェリの「春の比喩」が掛けてある。卓子（テーブル）の上に五、六冊の書物、原稿用紙、其他文具がある。卓上電燈在り。基の横にアネモネの鉢。花の前にデカルトの肖像が小さな額に入れて、立てかけてある。銘は奇麗な模様のついた紙で掩うてある。

（倉田百三『父の心配』第二幕　詞書き）

ちゃぶ台の上には、私がお湯へ入る前には見なかった青硝子の花瓶が置かれ、一茎のコタツバナを活けてあった。（井伏鱒二『コタツ花』）

前者『父の心配』の例では、「額が掛けてある」「「春の比喩」が掛けてある」「デカルトの肖像が立てかけてある」と一貫して「……が……てある」の形で情景描写が進められている。後者『コタツ花』では「コタツバナを活けてあった」と「……を……てある」形式が使われている。「……てある」表現は前節でも述べたように、格助詞「が」を取って「……が＋他動詞てある」の形で〝行為の結果の現存〟を表す。目的意識に根ざした第三者の行為の、その結果を現状としてとらえる表現である。

眼前の情景をそのまま叙する文を現象文という。現象文は、先の例文で言えば「卓子の上に五、六冊の書物、原稿用紙、其他文具がある」のような、現在話し手が位置している場面の情景や状況をありのままにとらえた文で、「……が＋述語」文型となる。何気なく発する「雨が降っているぞ」「風が冷たい」「もう時間がない」「机の上にメモが置いてある」など、外在する事柄・場景が普通であるが、自身についての状況も自分を対象化した現象説明として「腹が空いた」「足がしびれた」と言えば現象文になる。

「……が＋他動詞てある」文も、他者の作為的行為の結果を現状としてとらえる文であるから、現象文の一種と言っていい。話し手の外に実存する事態や情景をあるがままの事実としてとらえているからである。先の「額が掛けてある」「肖像画が立てかけてある」「花が活けてある」等が現象文であるならば、「が」を主格にとって「……が＋述語」形式となるのが本来の姿であろう。「……が……てある」文型が自然な形であって、「……をてある」文型は現象文の原理にはずれるわけである。しかし、現実には先の『コタツ花』の例のように、「他動詞てある」が「が」を取らないで「を」を取っている例も案外と多い。

「部屋を空けてあります」「席を予約してある」「代わりのランナーを立ててある」「切り札を用意してある」

など決して不自然な日本語ではない。これらを日本語の文法原理に反するものとして排斥してもよいものだろうか。「……を＋他動詞てある」の形は、現象文本来の「……が＋述語」の形式に従わぬ誤用と片付けるべきか、それとも、別に一つそのような「てある」文型を設けて、「……が……てある」とはまた違った表現価を持つ形式と考えるのが隠当なのだろうか。

朝日新聞「暮しとことば」欄に、かつて「並べてある」の標題のもとにこの問題が採り上げられたことがあった。

店先に「本が並べてある」と「本を並べてある」のどちらがよいいいかただろうか、ちょっと考えてみよう。

「店員が本を並べている」のように、主語が人間や動物の場合は「ている」を使うけれど、主語が「本」のように人間や動物以外のものだと、「本が並べてある」「本が並んでいる」のように、「てある」と「ている」の二通りを使う。

そして、動詞が「並ぶ」のように自動詞の場合は

「ている」をつけ、「並べる」のように他動詞の場合は「てある」をつける、というように使いわけられている。

戸が「あいている」と「あけてある」。あかりが「ついている」と「つけてある」。お湯が「さめている」と「さましてある」。表札が「かかっている」と「かけてある」などはその例だ。

ところで、「並べる」は他動詞だから、当然「本を並べる」となるはずだ、という類推から、「本が……」でなくて「本を並べてある」とか「絵を飾ってある」などという人が少なくない。

が、「本を並べてある」は、「本が（だれかが並べたままの状態にして）ある」くらいの意味で、「本」は「ある」にかかって、「並べる」には直結していないのである。どうしても「本を並べて」としたければ、「本を並べている」と「いる」を使ったほうがいいだろう。この場合は本を並べる主語が隠されており、本を並べる主語はむろん人間だからだ。（昭和四十五年八月二十一日朝刊）

この説明によると、主語が人間や動物（有情者）の場合は「……が……を……ている」の形で「を」の格を取るが、物や事柄（非情物）が主語に立つ場合は「……が＋自動詞ている」「……が＋他動詞てある」と、動詞の自他によって「ている／てある」が使い分けられる。したがって、非情物「本」が主語に立って他動詞「並べる」が続くときは「本が並べてある」と「……が……てある」形式となるのが正しい。「本を並べて……」と「を」を使いたければ、人間を主語に立てた「だれかが……を……ている」文型を使用すべきなのだと言う。さらに、一般に「……を……てある」が普及しているが、これは他動詞に引かれた助詞の誤用であろうと解釈するのである。

朝日新聞「暮しとことば」欄の筆者の見解は以上の通りであるが、はたしてこの主張は正しいであろうか。主語が人間や動物の場合は「……が……ている／……を……ている」、その他の事物は「……が……ている／……が……てある」であると言うが、「コンピューターが計算をしている」「太陽がすべての人間活動を支えていると言っても過言ではない」「……とすると、このオモチャは、自然のエネルギーを巧みに利用しているという点で、古今東西を通じてオモチャの最高傑作と言ってよいだろう」（ロゲルギスト『第三物理の散歩道』岩波書店）などは右の主張に反する。しかし、このことはまずおくとして、主語が事物だから「……が……てある」文型、「を」を使うなら人間を主語に立てて「……が……を……ている」文型にすべきだという主張のほうが問題である。

先にも言ったように、「……が……てある」で表される現象文は、話し手がキャッチした外在する現象を述べた文である。だから「鍵が掛けてある」と言えば、(1)話し手が実際に鍵の掛かっているドアや蓋に接しての発話である。眼前の現象で、だれか他者が鍵を掛けたのである。ところが、これとは別に、(2)自身の行為――話し手自身が前に掛けておいて「鍵が掛けてあるから、あけて入りなさい」と他者に伝える場合がある。これは、a、仮に聞き手の側に立って鎖錠状態にあることを〝鍵が掛けてある〟と受け止める発想。b、話し手の立場から〝前もって鍵を掛けておいた。その結果、鍵が掛けてある状態となっていますよ〟という鎖錠行為に重点を置いた発想の、どちらかである。aはむしろ「鍵が掛かっているから、あけて入りなさい」と「自動詞ている」形式を用いるほうが日本語として自然である。

「果物が冷蔵庫に入れてあるから、三時になったら出して食べなさい／果物が冷蔵庫に入っているから、三時になったら出して食べなさい」「ガスがつけてあるから、時々注意してね／ガスがついているから、時々注意してね」

対応する自動詞がない場合、たとえば「タイムスイッチが仕掛けてあるから安心だ」のような例は、「……を……ておく」を用いて、「タイムスイッチを仕掛けておいたから安心だ」のように言うと話し手自身の行為が強調されて自然な日本語となる。

さて、右の(2)の諸例はいずれも行為主体者が何かの目的のために事をおこなった結果、現在「鍵が掛かっている」とか「冷蔵庫に入っている」とか「ガスがついている」など、ある状況となっているのである。このような目的意識に根ざす当人の行為は、他者による行為の結果

(1)とは違って、その行為主体（私）が発想の背後にある。〝私がある目的から何かをおこなった。その結果、ある状況になっているのだ〟という意識である。裏返して見れば、〝それがある状況になっているのは、……という目的からおこなった私の作為の結果だ〟つまり「私は……を……にしてある」という発想である。現象文「鍵が—掛けてある」のような、「私」が意識の中に現れず、客体内での事実関係（現象）を「私」（主体）がキャッチするという発想形態とは違う。まず「私」が客体化され「私は—してある」という判断がなされる。その判断の内容として〝何をどのように〟と補足が加えられる。「私は—掛けてある／何をどのように？／鍵を泥棒よけに」「私は—はずしてある／何をどうして？／電話が掛かって来ないよう、受話器を」

「今日は皆出掛けるので、泥棒が入ることを懸念して（私は）貴重品ダンスには鍵を掛けてある」「（私は）今電話が掛かって来ると都合が悪いので、受話器をはずしてあるんです」

これを「鍵を掛けている」「受話器をはずしている」と「ている」に換えると、いつもの習慣的行為となってしまう。「他動詞＋ている」は、今おこないつつある〝現在進行〟か、さもなくば反復・習慣・一般的事実を表すからである。〝例外なくいつも〟の気持ちである。

（私ハ）出掛けるときは貴重品ダンスには鍵を掛けている。

（私ハ）都合の悪いときは受話器をはずしているんです。

これに対して「てある」は、現状は過去においてだれかが作り出した結果だという〝結果の現存〟である。行為主体の側から見れば、前もって意図的にその事をおこなって結果を残してあるという〝結果の蓄積〟である。「ている」は現在進行か普遍的事実。「てある」は過去の行為の結果で個別的事実である。

「……は……を……てある」は、行為主体（私）が現状もしくは未来のある状況に対処する目的から前もって意図的にある手を打ってあるという行為の結果を述べる文型である。「私は……してある」という事前の作為的行為の目的として「何を、どのように、なぜ」という意図説明が、右の〝状況対処〟の発想を導いていると言ってもよかろう。行為主体の側から見た「てある」意識であるから、聞き手（二人称）や第三者（三人称）を主体として立てることも、もちろん可能である。

あなたは、電話が掛かるのがいやで受話器をはずしてあるんですね。

アウトラインに当たるものが、〝文章の型〟としてあらかじめ用意されていることがある。すなわち同じ目的の文章がしばしば書かれる場合に、その目的に適合した型式を利用できるようにしてある。（樺島忠夫『文章作法』日本経済新聞社）

見かけは鳥が水を飲んでいるような動作を続けるわけであるが、実は内部は巧みなガラス細工になっていて、内部の空気をぬいてエーテルを入れてある。（『第三物理の散歩道』）

鳥の体は巧妙なガラス細工でできていて、内部の空気をぬき、代りにエーテルを入れてある。（朝日新聞「おもちゃのからくり」昭和四十五年八月八日）

後の二例は共に、絶えず首を振る水飲み鳥のおもちゃ（平和鳥）の仕掛けを説明した文章である。両例とも「エーテルを入れてある」と「……を……てある」を用いている点が面白い。はたしてこれは偶然の一致であろうか。今もし、この文章が「エーテルが入れてある」となっていたら、それは、この筆者がガラス細工を切り開いてみて、実際にそこにエーテルが入っている状況に接して〝おや、ガラス管の中にエーテルが入れてあるぞ〟という現体験から発せられた言葉となる。「……が……てある」は現象文だからである。一方「エーテルを入れてある」と原文通りに読むと、エーテルを入れた製作者の意図を察知して、〝この水飲み鳥の考案者は、鳥が絶えず首を振るように、科学的原理を利用して、このようにエーテルをあらかじめガラス管の中に入れてあるのだ〟と、考案者のねらいとして読みとる。「……は……を……てある」表現は〝その人物はある目的から……を……してあるのだ〟という話し手の判断の文となるからである。「……は＋述語」形式の文は判断文である。「AはBだ」「AはBする」と「は」で結び付く文は、Aに対してそれがBであるとかBをおこなっているのだという話し手の判断を下す表現である。対象とした事実や事柄Aに対して、それはBであると、その背後に潜む道理や意図を見抜いて断定を下す話し手の判断である。「エーテルが入れてある」というような、見たままの現状を述べる現象文とは根本から異なる。〝ある道理や意図に基づいて、考案者はわざわざガラス管の中にエーテルを入れてあるのだ〟という話し手の推量した判断内容を述べる文である。そのため、このような「……を……てある」形式の文は、道理や意図を種あかしする「……だから、……は……を……してある」「……が……を……てあるのは、……だからだ」「……は……を……てあるから……だ」「だから……を……てあるのです」の理由説明の文となることが多い。

「いくら人に貸すのはきらいだといっても、部屋を遊ばせてあるとはもったいない」「敵が襲ってくる危険があるから、見張りを立ててあるのです」「大勢客が来るというので、いろいろな物を買い込んである」「事件を放置してあるのは、真犯人をおびき寄せる一つの手なのだ」「たくさん資料を集めてあるから、どんな難問が寄せられても立ちどころに解答できます」「地震に備えて非常食を用意してあるとは準備がいいね」

「僕は手が洗ってある」などとは言わない。他者のなした眼前の事実なら、「たらいの中にシーツが洗ってある」と言えるが、自分の手を見て「手が洗ってある」と言うことは有り得ない。自身の行為は、ある目的意思に基づいた結果であるから、「もう手を洗ってある人は、もう一度洗う必要はありませんよ」「次は家庭科の時間なので、私はちゃんと手を洗ってある」のように、以後に起こる事柄に備えて事をなすという状況設定の場合であり、このような状況はまさしく「……は……を……てある」の理由説明文の発想に合致する。標題の「窓があけてある／窓をあけてある」も、「が」を使えば、開放状態にある窓を見ての事実認定。だれかが窓をあけたのである。一方、「を」を使えば、行為者がある目的に備えてわざわざ窓を開放状態にしてあるという手回しのよさを述べる文となる。日本語の格助詞は、話題の取り立て意識が強まると、しばしば「は」に取って代わられる。「……を……てある」もご多分にもれず、「……は……てある」の形で使われることが多い。

「(私たちは)ちゃんとあなたの席は空けてあります」「一応困らない程度の英会話は身に付けてあるから、不意の海外出張にもあわてることはないでしょう」「遠足があるというので、水筒とリュックサックは買ってあるが、靴はまだ用意してない」

終わりの例文のような対比強調の「は」は、「を」で表すと不自然になる。「……リュックサックを買ってあるが、靴をまだ用意してない」と言うのは熟さぬ言い方である。

「……てある」の打ち消し「……てない」は、「……が……てない／……を……てない」よりも「……は……てない」となるのが普通。一般に否定文は「が」や「を」など格助詞を用いず「は」で表されるものである。

「特急券は買ってあるけれども、指定席券は買ってない」「英語の宿題はまだ調べてありません」「旅行先の地図を用意してある／地図は用意してない」

この点に関しては三十三節を参照されたい。

17 「花瓶が置いてある」か「花瓶が置かれている」か

〝客観性・普遍性・状態化〟を目ざす表現

自動詞と他動詞とが対になって存在するとき、たとえば「倒れる／倒す」とペアでそろっている場合、自動詞には「ている」、他動詞には「てある」を付けて「倒れている木／倒してある木」のように言うことができる。ところで、自動詞に使役「(さ)せる」を付ければ他動詞化され、他動詞に受身「(ら)れる」を付ければ自動詞化される。そこで、この複合形式をそれぞれ自・他動詞と置き換えてみると、「倒されている木／倒れさせてある木」となるわけであるが、実際には「倒されている木」(他動詞＋受身ている)とは言うが、「倒れさせてある木」(自動詞＋使役てある)は使わない。「木」のような非情の事物が動作・作用の主体となる場合には一般に使役表現は成り立たないからである。(「立たせてある棒」のように、そうなりにくい物を実現する場合にはこの形式が使用可能となる。このことについては、第五節を参照されたい。)したがって、普通は次のような三つの形式が並立するわけである。

（隠れている部分　／隠してある部分
　隠されている部分／――――

（出ている茶菓　／出してある茶菓
　出されている茶菓／――――

しかし、対応する自動詞があるにもかかわらず、この「他動詞＋受身」形式を用いるのは、それなりの理由がある場合を除いては、決して好ましいことではない。

東京の街を歩いてよく気にかかるものに、要所々々の交番に出されている交通事故についての掲示がある。

(新島正『ユーモア』)

彼らの人生における目的は三十年五十年後の将来の一点にかけられており、その成否にすべてがかかっている。（同）

「出る／出す」「かかる／かける」共に対応自動詞があるのだから、「交番に出ている掲示」「将来の一点にかかっており……」でいっこうにさしつかえない。意味的にも両者でずれは生じない。ところが、他動詞のみで、対応する自動詞を欠く場合には、この「他動詞＋受身ている」形式が効力を発揮する。受身「（ら）れる」の力を借りて「ている」表現が可能となるのである。

その墓地はたかいポプラの繁みに囲まれていて、はしり疲れると私はそこの卒塔婆の文字などを読み読みしながらぶらついた。（太宰治『思い出』）

睫毛（まつげ）の長い眼はやたらに大きく、長く引いた弓形の眉で囲まれていた。（大岡昇平『武蔵野夫人』）

照りのいい黄味がかった顔色の額がややひろく、厚肉の形のよい鼻を中心に眼も口もゆっくり間隔をとって置かれているので、神経質な印象はどこにもなかったが、……（円地文子『女坂』）

これら「囲む」「置く」の例は、自然の状態を述べる「ている」であって、これを「その墓地は高いポプラの繁みに囲んであって……」「長く引いた弓形の眉で囲んであった」「眼も口もゆっくり間隔をとって置いてあるので……」のように「てある」で表すことは許されない。「てある」では、他者の意思的な動作の結果となってしまうからである。ところが、

私たちの脳裡（のうり）に刻みつけられている数多い歴史上の人物を、こういう観点から眺めてみるのも興味のあることである。（『ユーモア』）

それは井戸端の水はけに沿うて、垣根のように植えつけられて居るのであった。（佐藤春夫『田園の憂鬱』）

のような、行為・動作に基づく状態の場合なら、意思性の有無は別として、「脳裡に刻みつけてある歴史上の人物……」「垣根のように植えつけてある……」と「てある」形式でも表現が可能となる。過去に生じた行為や作用の結果として、それが現状に形をとどめている場合なら「ている／てある」どちらも成り立つのである。

では、「他動詞＋受身ている」形式を使うのが好ましいのはどのような場合であろうか。先にも触れたように、対応自動詞がある場合には「出されている」を用いず「出してある──→出ている」のように「自動詞＋ている」で表すのが本来である。対応自動詞が無い場合でも、動作性の〝行為の結果〟を表す例なら、わざわざ「植えつけられている」と言わなくとも「植えつけてある」でじゅうぶん間に合う。「脳裡に刻みつけられている」のような無意思性の現象なら、「てある」表現と内容が違ってくるから、この形式を用いる意味はある。次に「日本は海に囲まれている」のような動作を前提としない状態表現、これはどうしてもこの「……られている」形式を用いなければ表すことができない。

以上のほかに、この「受身ている」形式がどのような場合に多く使われているかと言うと、それは次に掲げるような、なされた結果が形態的にとらえ難い現象を述べる文においてである。

脱線は文字通りの自殺行為を意味する。しかもこの軌道は人類に向けられていたのでもなく、世界をめぐるように出来ていたのでもない。

病を養う彼の周囲は新しい病友たちで賑わった。マイシンやパスのような新薬のまだ発見されていない頃のことである。

私たちの平面的生活においては、目的というものは、いつでも手段、方法の先にあるものとして考えられている。

如何に現実というものが、……明日のためという虚名のもとに、いとも手軽く扱われているかということに思い当たるだろう。

人の心を新鮮にし、人の心を豊かにし、よろこばしてくれる散歩道は何もこれでなければいけないという一つの道に限られていない。

今日、文明は一つの行きづまり状態にぶつかっているということが多くの人々によっていわれている。

新たなる自我の再発見が求められている。文明はそれによってのみさらに新たな生命によみがえるであろう。

仏典の教えはこういう矛盾にみたされているといっても過言ではない。……しかもそれがすべて仏教の名において説かれているのである。

経典の中にはいたるところに、驚くべき世界が、けんらんたる表現をもって描き出されている。

社会的な発言の機会の多い立場にある人たちがそうだから、一般大衆が、そういう観念にならされているのもやむを得ない。

いずれも新島正氏の『ユーモア』(潮文社新書)からの例であるが、新島氏の文章には受身表現が極めて多い。受身の例文の宝庫と言ってもよかろう。同書には何と、「他動詞+られている」の例がすべてで五十七例も現れているのである。それはさておき、「受身ている」表現はどのような時に用いられる形式だろうか。まず例を見よう。

「大事な問題が残されている」「……な状態に追いこめられている」「憤激を買われている」「苦悶の中にほうり出されている」「不平等によって救われている」「人にさげすまれている」「生甲斐(がい)としてうけとられている」「いとも手軽く扱われている」「……になり果てる運命を負わされている」「遺憾なく象徴されている」「希望がこめられている」「人に知られている」「不思議な世界に立たされている」「意志と知恵とに委ねられている」「条件反射的な仕方で処理されている」「技

術が近代化されている」「いかにもとり残されているといった感じ」「コクと味わいが秘められている」「人間として育てられている自分」「その中に啓示されている自然の心」「奥底にたたえられている求心的なユーモア」「重要な位置が与えられている」「一つの思想にとりつかれている」「国際ペンクラブ大会が東京で開かれている」「そのような信仰は今日失われている」「二つの概念が「即」のかたちで結ばれている」（以上『ユーモア』からの抜粋）

これらの例からもわかるように、「……られている」は、ある具体的行為の結果生じた個別的な事実ではない。

(1)一般的な事実、普遍的な状況、言ってみれば社会的な現象である。〝人々によって……されている〟の意である。

海洋の下では、カンラン岩、すなわちカンラン石と輝石を成分とする超塩基性岩石でできていると考えられている。（浅田敏訳『移動する大陸』講談社現代新書）

今日、文明は一つの行きづまり状態にぶつかっているということが多くの人々によっていわれている。（『ユーモア』）

(2)目下進行中の諸活動も、日常的な現象としてとらえる。

「一日十五トンのゴミが捌かれている」「交通事故によって大勢の命が失われている」「生活の中の大部分は、この家畜やウナギの条件反射的な仕方で処理されているといっても、いいすぎではないのではないか」（『ユーモア』）

(3)特定の行為や作用も、社会や集団・自然などによる活動として考え、個人を超えた事実としてとらえる。

第二十九回の国際ペンクラブ大会が東京で開かれているが……（『ユーモア』）

(4)特定の事物についても、社会的な事実としてどのような状態にあるかを問題としている。

「そのような信仰は今日失われている」「マイシンやパスのような新薬のまだ発見されていない頃のことである」（『ユーモア』）

(5)個人的な問題の場合も、その個人が社会や自然の中に置かれている現在の状況や扱われ方としてとらえる。ある特定の時のことではなく、日常一般のこととして述べる態度である。

「育てる親としての自分よりも、人間として育てられている自分を感ずるのである」「若いものの出たあと、家には親たちがポツンと、如何にもとり残されているといった感じで……」（『ユーモア』）

(6)客観的な事実として現在の状態を述べる。ただし、「道に出されている標識」のような、目でとらえられる形態的な現象、唯物的な認識ではない。もっと精神的な事柄の呈する状態である。

「仏典の教えはこういう矛盾にみたされているといっても過言ではない」「ユーモアという言葉には、どこか人間味豊かなという、無意識的な実感が秘められているようである」「人生は懐疑なしではすまされぬようにあらゆることが配置されている」（『ユーモア』）

先に述べた「日本は海に囲まれている」などの「囲まれている」も、他者に包囲された状態にある現状を、未封鎖部分のない、逃げ場のない、他者に抑え込まれた状態としてとらえるかなり精神的な状態認識であると言えよう。

さて、以上見てきたように、「他動詞＋受身ている」表現に共通する特徴として、〝客観性、普遍性、状態化〟の三点を挙げることができるだろう。個別的事実も一般化され、個人の主観も客観化される。そのため、この表現形式を逆手に取って、普遍性・一般性を要求する文章（公的な文章、新聞記事、論説文、解説文など）で多用される。「……と言われている／述べられている／論議されている／宣伝されている／書かれている」のような

「……られている」表現をとることによって、〝筆者の主観ではない、だれしもがそうであるような、社会一般の傾向として現れている事実である〟という根拠や普遍性が与えられるのである。ただ「……と言っている／述べている／論議している／……」では特定個人の言動を伝える文でしかない。さらに、筆者の個人的な意見も、この「……られている」表現を用いることによって、論拠が一般化されるため、婉曲的な断定としての表現効果が発揮される。こうなると一種の修辞技巧となる。

「花瓶が置いてある」のような具象的状況は「花瓶が置かれている」と言い換える必要はない。しかし、〝今そこに〟という眼前の個別的事実ではなくて、〝だれでも、どこでも〟という一般的・普遍的事実なら、

昔は香炉だったが、今はだいたいどこの家でも床の間の装飾としては花瓶が置かれています。

のように言うことができる。思考によってキャッチされる事柄、抽象的な事実が「……られている」本来の表現対象であるから、右の「花瓶が置かれています」は「花瓶が使われています」の意であって、現実に床の間に据える行為ではない。このことからも「……られている」が「……てある」とは本質的に異なることがわかるであろう。

18 「彫刻が施してある」か「彫刻が施されてある」か

視覚的にとらえられる現状の言い方

二蔵の店は入口の構えを粋向きに改造されてありました。土間も奥の二つの部屋も見違えるほど立派に改造されていましたが、年増の女が一人いるだけでおかみがいないのでがっかりでした。（井伏鱒二『珍品堂主

人』)

日本人にとって、自然はそのままの姿で恩寵の母胎であった。だから私たちの祖先にとってはこれに働きかけ、これを作り変えることよりも、与えられてあるものの中に啓示されている自然の心というか、神の恵みというか、それに静かに思いを潜めることに生活の重点があったのも自然である。(新島正『ユーモア』)

「他動詞＋られてある」は「他動詞＋てある」「他動詞＋られている」と共通する面を持っている。右の例でも、初めの「改造されてありました」は、「改造してありました／改造されていました」と言い換えてもおかしくない。後の「与えられてあるものの中に……」は、「与えてあるものの中に……」では具合が悪いが、「与えられているものの中に……」なら、さほど不自然でもない。この例の場合は、「与える」ことは〝自然の恵み〟であって、特にだれかが、だれかに授与する意思的な行為ではないから、「与えてある」と「てある」表現が使えないまでである。「他動詞＋てある」形式は意思的行為の結果を表し、自然の作用の結果は「ている」を用いなければならないからである。

さて、意思的な「他動詞＋てある」に対応する非意思的な状況の表現は、第十五節で見てきたように「自動詞＋ている」であった。この対応する自動詞がない場合は、他動詞に受身の助動詞「(ら)れる」を付けて自動詞化させ、それに「ている」を付けることによって代替表現をおこなっているということは、前節で見た通りである。

他動詞＋てある ─┬→ 自動詞＋ている
　　　　　　　　└→ 他動詞＋られ・ている

このように「……られている」表現があるにもかかわらず、一方では「……られてある」の形もおこなわれ、「改造されてありました／改造されていました」とほぼ同じ意で並用されているというのは何故であろうか。先に見たように意思的な行為の結果なら、「改造してありました」と「……てある」も可能だとすると、これら三者の差はどこにあるのだろうか。わかりやすいようにもう一度図で示すと、

他動詞＋てある ─┬→他動詞＋られ・てある
　　　　　　　　└→自動詞＋ている

「他動詞＋られている」も「他動詞＋られてある」も共に「自動詞＋ている」に代わる表現である。「窓があいている」など「自動詞＋ている」形式は、開放状態にある窓を意思を超えた一つの現象として意識する表現態度である。「窓があけてある」の〝目的をもった意思的行為の結果〟とは全く異なるものと言わなければならない。そこで、その代替表現である「……られている／……られてある」も、たとえ意識的になされた行為の結果であっても、話し手はあくまで事実として受け止める態度で臨んでいるはずである。その証拠に、

……桑島辰也の勧めをそのまま受けて学生時代の三年の生活が埋められてある京都へ、別段それ以外にこれといって用事も持たないで出かけてみることにしたのであった。（井上靖『玉碗記』）

のような、「埋めてある京都……」とは置き換えられない、つまり非意思的な状態にも「……られてある」が使われているのである。この例などはむしろ自動詞を使って「埋もれている京都……」と言い換えてもいいくらいである点からも、「他動詞＋られてある」形式は「自動詞＋ている」形式の表現意識に通じることがわかろう。だいたい、対応する自動詞がある場合には、

父のからだは白絹の布で覆われていた。その上に立派な一と腰がどっしりと悪魔除けにのせられてあった。（室生犀星『幼年時代』）

と言わずに、「のっていた」もしくは「のせてあった」と言うのが今日一般であろう。右の例は大正時代の作品であるから、当然今日では日本語自体が変わってしまっているわけであるが。

「……られてある」は「……られている」と形式面では似通う。しかし、「他動詞＋られている」は、前節でも述べたように〝客観性、普遍性、状態化〟を目ざす表現形式であって、個別的な現象や個人的な事実について使われた場合も、それが一般的な事柄、日常的な事実と

なる。

ここでは青年と老人が同居し、被告と原告が手を握り、富豪と乞食が同じ食卓をかこんで盃をくみかわすという非常識が、いとも自然に行われているのに気づくだろう。(『ユーモア』)

〝そのような非常識が毎日行われている〟という日常性を表している。日常性、普遍性は、

「行われている」「扱われている」「向けられている」「うけとられている」「生かされている」「秘められている」「委ねられている」「説かれている」「与えられている」「育てられている」「隠されている」「慣らされている」「失われている」「結ばれている」「処理されている」「言われている」「考えられている」「売られている」「買われている」「宣伝されている」「論議されている」

のような、目でとらえ難い現象や行為となることが多い。

彼の奇妙な祈禱はこんな風にして行われた。それはこの時のみならず常にこうして行われてあった。(佐藤春夫『田園の憂鬱』)

この例なども、現在なら「行われていた」と「……られている」を用いるところだろう。動作「おこなう」のような、形態として定着しない行動は「……ている」を用いるのが自然だし、しかも「常にこうして……」という日常性を表すのは「……られている」形式の特徴なのであるから。(『田園の憂鬱』も大正時代の作品である。)

それに対し「……られてある」で表される状態は、このような抽象的な行為・行動ではない。

橋に近い別の映画館の赤い広告文字が、白く横に延びたカンバスに、一字一字鮮明に塗られてあった。(武田泰淳『風媒花』一、橋のほとり)

柱には幻怪な埃及(エジプト)彫刻の首だけの写真がピンで止められ、その下にはどこから手に入れたのか与謝野晶子

の……（中略）……短冊が横っちょにはりつけられてあった。……壁には映画俳優のブロマイドや……美人画等が点々と貼られてあった。（石坂洋次郎『若い人』四十五）

肉付きのいい褐色の肩には何の符呪（まじない）か判らぬ異形の彫刻が施されてある。（井上靖『敦煌』一）

衣桁の傍に小さい机が置かれ、その上にさっき景子が剪り取ったはちすの白い花が一輪、青磁の首の細い花瓶に挿されてあった。（井上靖『黯い潮』四）

いずれも過去におこなわれた行為の結果で、視覚的にとらえられる具体的な状態である。もちろん、視覚的にとらえられる現状といっても、必ずしも物体とは限らない。

速水は山田巡査の後から、三百尺もあろうかと思われる断崖を、そこにじぐざぐに付けられてある小道に沿って、磯へ降りて行った（『黯い潮』二）

のような例から、さらに言語行動の結果、

そこには全く予期せぬことが綴られてあったのである。（井上靖『猟銃』）

「猟銃」の中に書かれてある人物は、恐らくかくいう自分であろうと想像するがいかがであろうか……（同）

のような例まで見られる。これらに共通している点は、〃なされた行為の結果がいずれも感覚や知覚によって把握できる状態に定着している個別的な事実である〃ということである。最後の例「『猟銃』の中に書かれてある人物」も、〃作者が作品の中でいろいろと描いている諸種の人物〃という意味ではなくて、その作品の中に提示された一人の人間（『猟銃』の主人公）という特定の一個人の人物像を言うのである。「……られている」は一般論としてそのような行為が成立していることを述べ、「……られてある」は、その行為が成立した結果ある具体的な事物が今そこに存在するという、行為の結果創（つく）り出された新しい事態の提示に目的がある。

前の方には、この城下町の昔からの慣例のようになっている物見遊山に用いられる重詰の御馳走がひらかれてあった。（室生犀星『性に眼覚める頃』）

現在そこに蓋をとった重箱の料理（結果の事物）が存在するからこそ「……れてある」文となる。これが「……ひらかれていた」では、人々が皆、重箱の料理を開くことをしていたという行為そのものに重点が置かれてしまう。特に結果の事物（重箱の料理）が目の前にあるという設定は必要でなくなる。こうした意識の違いがあるため、

心中という言葉をきいた瞬間から、二個の肉体が一本の紐で縛られてある幻想が彼を苦しめていたが……（『黯い潮』二）

も、「縛られてある」と言えば、今、眼前に縛られた二個の肉体がちらついて見えるという、外在する事物の幻影に重点が置かれ、「縛られている」と言えば、自身がだれかに現在縛られているという受動的な行為の幻覚に重点が置かれてしまう。「られてある」は客観的な存在として述べる態度である。その点では「……てある」と共通するわけであるが、第三者の行為の結果を眼前の事実としてとらえる現象文「そこに薪（まき）が縄で縛ってある」「重箱の蓋がひらいてある」は「……られてある」でも言い換えられるが、自身の手回しよくおこなった行為「薪は（私ガ）すでに縄で縛ってある」「（私ハ）重箱の蓋はひらいてある」は言い換えることができないのは当然であろう。「……られてある」は受動事物の側に立った表現、「……てある」は受動事物側の表現にも、行為者側の表現にも、どちらにもなるのである。

19 「眼鏡を掛けた人」か「眼鏡を掛けている人」か

現在の状態を形容する言い方

私たちが人を説明するときに「ほら、あの眼鏡を掛けた人、あの人がねえ……」とか、「赤い服を着た人が青木さんです」のように言う。「美しい人」とか「元気な人」とかいうような状態形容のことば（形容詞や形容動詞）による叙述法もあるが、「落ち着いた人」「外国へ行った人」「私を訪ねて来たかた」「私が習った先生」のように動詞を使ってその主体や人物の特徴を説明することもできる。動詞は、状態の変化や、作用や現象、動作や行為などを表す語であるから、その作用や動作を経たことによってそのものが特徴づけられていると見るわけである。最初の例で言えば、眼鏡を掛けていることがその人の属性となっていると見なすわけである。

属性は、その主体に現在備わっている特徴的なものである。「外国へ行った人」と言っても、〝いま外国へ出掛けて行った〟という動作の完了を表すわけではない。かつて外国へ行ったことがあるという経験の保持が、その者の他と区別される特徴面としてとらえられているだけである。このように、「動詞＋た＋名詞」の属性所有表現には、

(1)「落ち着いた人」のような、意思を超えた状況（状態性と作用性とがある）がその主体に現在も存続している場合

(2)「眼鏡を掛けた人」のような、その行為（動作性）の結果が視覚的状態として現在存続している場合

(3)「外国へ行った人」のように、過去においてなされた行為が、その主体の経験として無形の特徴をなしている場合

以上の三種が見られる。もちろん、必ずどれか一つになるというわけではなく、例は悪いが、「殺した人」という場合、殺された被害者(2)とも、殺害行為をなした加害

者(3)ともなるというように、文脈次第でどちらにも解せる例も多い。

さて、(1)の状況表現は、その主体の本来帯びている状態を表す場合が多い。先行する動詞の意味によって次のa～dの四種に分けることができる。

a、「た＋名詞」形式しか持たないもの

「主だった人は皆そろった」「表だったことはきらいだ」「こうした場合」「大それたこと」「ふとしたはずみ」「ちょっとした工夫」「れっきとした家柄」

これらはいつも「た」を伴って名詞に係る連体修飾句の言い方しかしない語である。「主だつ人」とか「主だっている人」とは言わないし、「……は主だつ」とか、「……は主だっている」のような文末表現にもあまり用いられないようである。ここに掲げた語はほとんど「た＋名詞」形式に固定しているため、連体詞と見る説もあるくらいである。

b、「た＋名詞／ている＋名詞／……する＋名詞」形式

「外交に適した人」「日本とは異なった文化」「また違った面を有する」「川に沿った一本道」のように、「適した人／適している人／適する人」と三種の言い方の可能なもの。

c、「た＋名詞／ている＋名詞」形式

「先の尖った鉛筆」「ワサビの効いたすし」「ざらざらした肌ざわり」「親に以た子」「変わった建物」「苦みばしった顔」「しゃれたネクタイ」「ばかげた話」「しっかりした人」「砕けた人物」「ありふれた品物」「ふとった人」「やせた人」「整った顔立ち」「澄んだ目」「曲がった針金」「小麦色に焼けた肌」「冷えたジュース」のように、「尖った鉛筆／尖っている鉛筆」と二様の言い方は成り立つが、連体形に直接する「先の尖る鉛筆」の言い方は成り立たないか、成り立っても意味が違ってしまうもの。「変わる建物」とか「砕ける人物」という言い方はない。「ふとる人」や「曲がる針金」の言い方はあるが、〝その可能性を有する〟意で、現在の状態説明ではない。

d、「た＋名詞／……する＋名詞」形式

「そういったこと」「土地に因(ちな)んだ名まえ」「災い転じて福となるといった話」のように、「そういったこと／

そういうこと」と二様の言い方は成り立つが、「そういっていること」の言い方は成り立たない。このdグループの表現は一つの慣用的な言い回しとなっている。

次に、(2)の、過去に生じた行為や作用の結果が現在、主体の特徴として視覚的状態となって残っている場合について見よう。これは自動詞と他動詞とが成り立つ形式で、その在り方から次のe・fの二種に分かれる。

e、「た＋名詞／ている＋名詞」形式

これには「座った人」「落ちた栗のいが」「積もった雪」のような自動詞の立つ例と、「赤い靴を履いた女の子」のような他動詞の立つ例とがあるが、いずれも過去に、ある（瞬間）動作や作用がおこなわれて、その結果が動作主の姿や状態を変えて一つの属性として現在に及んでいる場合である。過去になした行為や受けた作用の結果、動作主の現状が新しい状態に置き換わり、現在も存続していると判断されるときの表現である。したがって、動作の時を表す副詞や名詞が修飾語として先行すれば、右の表現は属性所有から、動作の完了表現へと転化する。

{椅子に座った人（主体の現在の状態）
{いま椅子に座った人（主体の完了動作）
{赤い靴を履いた女の子（主体の現在の状態）
{さっき赤い靴を履いた女の子（主体の完了動作）

状態性から動作性へと転ずるわけである。このように、同じ「……した＋名詞」形式でも、文脈によって二様に意味が転ぶ。これが「……ている＋名詞」形式では、修飾語が付いても付かなくても、現在状態にしかならない。

{椅子に座っている人（主体の現在状態）
{いま椅子に座っている人（主体の現在状態）

過去「さっき椅子に座っている人」とは言えないのである。ここのところが「た＋名詞／ている＋名詞」両形式の第一の違いである。

先行動詞が瞬間性のものでなく、継続動作・継続作用を表すものである場合は、「た＋名詞／ている＋名詞」両形式に明らかな違いが生ずる。

「降った雨／降っている雨」「泣いた赤鬼／泣いている赤鬼」(浜田広介)、「本を読んだ人／本を読んでいる人」

「た＋名詞」形式を用いると、主体の過去の経験⑶となり、「ている＋名詞」を用いると、現在の行為・作用の進行（いわゆる現在進行形）となる。これが第二の相違点である。

f、「た＋名詞／てある＋名詞」形式

同じ他動詞を用いても、「赤い靴を履いた女の子」は〝履いている状態〟を行為主体（女の子）の属性としてとらえている。一方、〝履いた状態〟を、その行為を受けた対象（靴）の側の属性としてとらえることも可能である。被行為側中心の表現であるから「履かれた靴」と受身で表してもよいところを「てある」を用いて、「これはもう履いてある靴だ」のように言う。「他動詞＋ている」の受身形は「……られている」ではなくて「……てある」である。「履く」のような、結果が後に形として残らない動詞は次の⑶となるが、その物の特徴として視覚的にとらえられる動詞は、

「削った鉛筆／削ってある鉛筆」「閉じた蓋／閉じてある蓋」「磨いた鏡／磨いてある鏡」

のように、被動作物の属性となる。動詞の連体形を直接名詞に冠せた「削る鉛筆」の言い方をすると〝未来の予定〟を表し、属性表現とはならなくなる。なお、fは意思的な行為の動詞に限られ、無意思性の「落とした金」のような例は「落としてある金」と言い換えることはできない。

⑶過去の経験を表す「た＋名詞」

動作性動詞＋「た」が連体格に立つ場合で、その完了した動作が主体にとって無形の経験として残ることを表す。「車に乗った人」を、現に今乗っている人物を指して言うならば⑵の〝視覚的な結果の現存〟であるが、すでに車に乗った経験者を指すならば⑶〝無形の経験〟となる。

（写真を見て）「その、車に乗った人はだれですか」……………………⑵

（目的地に着いてから）「車に乗った人は一人三百円

払ってください」　　　　　　　　…………………(3)

「流感にかかった人」「風邪をひいた人」のような、外見からそれと症状のわかるような状態の場合は、〝今現にそうなっている状態〟(2)とも、〝過去にそうなったことがある〟(3)とも、どちらにも解せるのであるが、現状からはそれと察することのできない過去の状態は(3)となるのである。

「注射をした人」「教科書を買った人」「試験に落第した人」「負けた試合」「人から聞いた知識は不正確である」

与えられた現実に宿された意味は無限であり、それこそは私たちにとっての糧であって、事実の中に価値は円満に具足されているとする。（新島正『ユーモア』）

「与えられた現実」は、与えられることが過去において実現したのであるから(3)であり、「現実に宿された意味」は、現に今その意味が宿されているのであるから(2)である。視覚的にはとらえられなくとも、知覚としてとらえられる現状も(2)である。(3)と(2)との違いは、〝過去の事実〟の(3)は「ている」で言い換えられないが、〝現状〟の(2)は言い換えられるという点である。写真の中の車中の人物を見て「その、車に乗った人はだれですか」と聞くことは、いっこうにさしつかえない。一方、目的地に着いて車を降りてから「車に乗った人は一人三百円払ってください」と言うべきところを「車に乗っている人は……」と言い換えることはできない。

では一体、(2)の「車に乗った人」と「車に乗っている人」とでは、どのような違いがあるのであろうか。すでに述べてきたように、「乗った人」は、過去におこなわれた行為の結果が固定して現状に及ぶという、すでに完了した行為・作用が状態として残存する〝状態化した行為の化石〟である。（この「乗る」は「乗り込む」という瞬間動詞。）それに対し、「乗っている人」は、「ている」の表す継続進行状態から、現に今車中の人という状態が続いているという具体性と臨場感とを伴う。（この「乗る」は〝車中にいる〟という継続動詞。）したがって、絵や写真を見てなら「車に乗った人」で自然だが、実際に路上で見掛けた光景なら「車に乗っている人」のほうがより自然であろう。「た＋名詞」が固定観念の非場面的用法であるのに対し、「ている＋名詞」が〃今現に……しているところの〃という臨場意識を持つところから、平生の恒常的状態には「た＋名詞」が、たまたまその折にことさら取られた一時的状態には「ている＋名詞」がぴったりする。冒頭の例に戻って、「眼鏡を掛けた人／掛けている人」も、人物説明などで、その人物の属性として普段の特徴を述べるには、

　ほら、覚えてるかなあ……髪が長くて眼鏡を掛けた、先生がいたでしょう。あの先生が担任の山本先生。

のように「た」がぴったりする。現状説明の、

　ほら、あそこにいる黒のサングラスを掛けている人、あれが犯人です。

や、その時だけたまたま取った（と把握する）状態の説明、

「あそこにいる、僕のサングラスを掛けている人が兄です」「あの廊下に立っている、私の鞄を持っている人が秘書の中山です」

などには「ている」が適する。「白い杖を持った人」は盲人だが、「白い杖を持っている人」は必ずしも盲人とはかぎらないのである。

第四章 叙述の態度を表す言い方

20 「ありがとうございます」か「ありがとうございました」か

確認の言い方としての「た」

人から物をもらったり世話を受けたりしたとき、私たちはお礼のあいさつをする。日本語では日常生活においていろいろなあいさつ語が使われているが、感謝のことばは他の外国語でも普通に用いられるあいさつの代表であろう。しかし、日本語のあいさつの多くは述語形式でもっておこなわれ、この点が多くの外国語と違うところである。

「ありがとうございます」「おめでとうございます」「ご苦労さまです」「お疲れさまです」「行って来ます」「いただきます」

「……ございます／……です／……ます」で結ぶ文の形式を取っているため、「……ございました／……でした／……ました」と言い換えのきく場合も出てくるはずである。事実「どうもありがとうございます／どうもありがとうございました」と両形が見られ、私たちはそれらを日常普通に使っている。「ありがとうございました」のほか、「おめでとうございました」「ごちそうさまでした」など「た」を付けてあいさつを交わす言い方がある反面、「お早ようございました」とか「行ってきました」「いただきました」などとは言わない。帰着後の報告としてなら「行って来ました」と言うこともできるが、これはあいさつ語ではない。ふつうの文である。出発前に「行って来ます」とは言っても、「行って来ました」とは言わない。あいさつ語は一種の感動詞のような働きを持つ句で、その一部分を他の語と入れ替えることはできないのが本来である。ある状況に対してどのようなあいさつ語を用いるかはだいたい決まっていて、あいさつの形はほぼ固定しているが、日本語の場合、述語形式のあいさつ語が多いため、丁寧体「ありがとうございます」に対し、普通体として「ございます」を省いた「ありがとう」のような言い方も並行して使われている。しかし、「行って来ます」を「行って来る」とは言わないように、普通体にする可能性も限定されているのが現状である。このように「……ございます／……ございました」「丁寧体／普通体」の言い換えが可能な反面、それの不可能な場合もあるという具合で、あいさつ語の使い方はかなり複雑である。

入試合格や結婚を知らされて「それはおめでとうございました」とは言えるが、だからといって「新年おめでとうございました」とは言わない。同じ「ありがとう」にも「ございました」とか「明けましておめでとうございました」の言える場合と言えない場合とがある。このように、「た」の付き得るあいさつ語にも、その使われる場合や状況によって「……た」形式が不可能なことも起こるのである。一体どのようなときに「……た」が可能で、それはどのような表現意識に根ざしているのであろうか。

一般に「……ます」は現在、「……ました」は過去というふうに思われている。しかし、そうだとするならば、「あなたの分も買って来ました」の謝辞には、「それはどうもありがとうございました」と、「た」を付け、また、昨日のことのお礼にも「昨日は本当にどうもありがとうございました」と言わなければならないはずである。しかし、実際には、右の二つの場合、つまり完了と過去の事柄に対して、

それはどうもありがとうございます。
昨日は本当にどうもありがとうございます。

と「……ます」形で言うことも許される。「……ございました／……ございます」が全く同じ場面の謝辞として使われているというのはどういうわけであろうか。完了や過去のことに対して「……ます／……ました」両形式が可能なように、現在や未来のことに対しても両形式が並用される。「あなたの分も私が買って来ることになっていますから、ご心配なく」の返事として、「それはどうもありがとうございます。じゃ一つよろしくお願い致

します／それはどうもありがとうございました。じゃ一つ……」と両方とも言えるのである。その他のあいさつ語、たとえば、「おめでとう」も、

「お陰さまで合格いたしました」「それはおめでとうございます／……ございました」

「娘は来月結婚することになっているんです」「ああそうですか、それはおめでとうございます／ああそうでしたか。それはおめでとうございました」

「ごちそうさま」も同様である。

「お口に合うかどうかわかりませんが、これ持って参りました」「それはどうも、ごちそうさまです／それはどうも、ごちそうさまでした」

一体なぜこのように二つの形式が両立するのだろうか。「た」が付くと付かないとによって表現意識の上にどのような差が生ずるのだろうか。日本語の「た」は、はたして過去や完了を表すと言ってよいのかどうかも、右の問題と深い関係があると思われる。

よくラジオ放送などで、出し物の前後にアナウンサーの声で、出演者や題目の紹介をする次のようなことばが聞かれる。

きょうは「暮らしの注意」の第十一回目として、東京医科大学教授の足立幹彦さんから「つゆどきの暮らし」についてお話を伺うことにいたします。……

……ただいまのお話は東京医科大学教授の足立幹彦さんでした。来週は「暮らしの注意」の第十二回目として東京家政短期大学教授の新田則子さんから「夜具の手入れ」についてお話を伺うことにいたします。それでは来週のこの時間まで、さようなら。（早稲田大学『外国学生用日本語教材書・中級』）

スピーチの前後に付された言葉で、前者は「……お話を伺うことにいたします」後者は「……足立幹彦さんでした」と文末形が使い分けられている。一見これは、一方はスピーチの前だから未来形の「いたします」が使わ

れ、他方はスピーチがすんだあとだから「……でした」と過去形が用いられているように思われがちである。しかし、それは正しくない。なぜなら、両者のテンスを入れ替えて、

　きょうは……足立幹彦さんから「つゆどきの暮らし」について、お話を伺うことにいたしました。ただいまのお話は東京医科大学教授の足立幹彦さんです。

としてもいっこうに差しつかえないし、正しい日本語である。つまり、右の「……ます／……ました」「……です／……でした」は叙述内容の成立する〝時〟とは直接には関係のない使い分けと言ってよい。では、「……た」にするか否かは事実としての〝時〟とはいっさい関係ないかと言うと、そうとも言い切れない。「あした行きます／きのう行きました」など動作性の行為は「……ます／……ました」の使用が固定していて抜き差しがならない。それに対し、状態性の事柄や心理的な作用には、

「あした試験ある？／……あったかしら？」「火曜日はあいてますか。そうですねえ……（と手帳を見て）来週の火曜はだめです。会議があります／会議がありました」（僕は来年、外国へ行くことにします／……行くことにしました」

事実の成立する〝時〟とは関係なく「……た」の使用が可能である。〝時〟とは無関係な事柄、たとえば、

「北村先生のお宅は横浜だったかしら」「彼の家にファックスあったかな」「あなたはどなたでしたか」「あの人は犯人ではなかったよ」「君は中国語がわかるんだったね」

などは、〝過去〟というわけにはいかない。ただ、その事柄が間違いなく成立することを問題としている意識にすぎない。試験や会議が間違いなくおこなわれるのだという決定ずみの意識、つまり〝確定〟の観念が「……た」の表現を取らせたと見られる。事柄の確立確定は必ずしも〝時〟の観念を伴うとは限らない。先生のお宅に

ファックスのあることを「ファックスあったかな」と問うのは、以前ファックスがあったかどうかを聞いているのではない。現在の状況として問題にしているだけである。だから永遠に変わらないことにも「火星に衛星あったかしらね」などと「……た」が使えるのである。

「あの人は犯人ではなかった」「やっぱり彼が犯人だった」

のように、事実の発見も、そのことが間違いのない事実だという確定意識であり、事実の強調意識にもなっていく。

「あっ、ここにあった！」「あ、わかった」「まあ、驚いた」「あきれた！」「何だ、夢だったのか」

発見は認識の確定である。その事実や事柄が動かし難いものとして話し手の意識の中で確立したことの表現として「……た」形式を取らせている。遠くに電車の姿を認めたとき、まだ電車は自分の所まで来ていないにもかかわらず、「先生、電車が参りました」「やっと電車が来ましたよ」「あっ！　電車が来た。危い、早く逃げろ」など「……た」の形で表現をおこなう。これらの例からも、日本語の「……た」文型の使用が、事柄の成立の了・未了によるのではなく、表現者の認識の未確定・確定に左右されていることがわかるであろう。古い日記を読んで「若いころは月に三度も四度も映画を見に行っている」と言えば、事実をそのころの生活状態として叙しているにすぎないが、「月に三度も四度も映画を見に行っていた」となると、そのころの生活状態を今の時点で再発見し、忘れていた事柄を現在の意識の中で〝確かなもの〟としてとらえ直す確述表現となる。回想も、時間的に隔たった事柄に対する認識の確定行為である。

日本語の「た」が、確述意識（その事柄が間違いなく成り立ったものとして述べる意識）の現れであることから、先の例「足立幹彦さんからお話を伺うことにいたします」も、「いたします」では未確定意識、つまり予定の事柄だが、「いたしました」とすれば確定意識ゆえ、既定の事柄――〝決定した〟という気持ちを含む――となる。

「ただいまのお話は足立幹彦さんでした」も、「今話した人はだれですか／足立幹彦さんです」のような単なる断定表現とは違って、すでに終わったスピーチを回想する意識で発せられたものである。さらに「た」は話し手の強い確述意識が働くから、〝ほかでもない足立幹彦さんその人であった〟とか、〝大方の予想とは違って、実は足立幹彦さんだったのです〟などの気分が添うこともあるのである。

このへんで標題の問題に戻ろう。日本語のあいさつ「ありがとうございます」「おめでとうございます」も、「……ございました」と「た」を付けて言うと、その感謝や祝福の気持ちが間違いなく述べられる状態になったとの意識の上で発せられる言葉となる。相手の親切な行為や幸せな状況を確かなものとしてとらえ、間違いなく感謝や祝福の気持ちが成立したのだという確述意識に根ざしているわけである。それだけ「ありがとうございました」「おめでとうございました」には、しみじみとした心で噛（か）みしめながら述べるという気分が伴うわけである。入学や結婚のように、祝福すべき状態の生起が不確定なものには、間違いなく今相手方に祝福状態が成立したのだと認識して「おめでとうございました」と「た」の確述表現を用いることもできる。しかし、新年のあいさつのような、話し手も聞き手も共通のめでたい状態における祝福には、右のような不確定要素は存在しないから、確述意識も成り立たない。「明けましておめでとうございました」とか「新年おめでとうございました」とは言えないのである。

確定的な言い方

21 「用事があります」か「用事があるのです」か

漱石の小説『三四郎』に次のような一節がある。

「じゃ、なんでいらしったの」

三四郎はこの瞬間を捕えた。

「あなたに会いに行ったんです」

三四郎はこれで言えるだけの事をことごとく言ったつもりである。すると、女はすこしも刺激に感じない、しかも、いつもの如く男を酔わせる調子で、

「お金は、あすこじゃ頂けないのよ」と言った。三四郎はがっかりした。

二人はまた無言で五六間来た。三四郎は突然口を開いた。

「本当は金を返しに行ったのじゃありません」

美禰子はしばらく返事をしなかった。やがて、静かに言った。

「お金は私も要りません。持っていらっしゃい」

三四郎は堪えられなくなった。急に、

「ただ、あなたに会いたいから行ったのです」と言って、横の女の顔を覗き込んだ。（『三四郎』十）

この文章の二人の会話には「の」もしくは母音の脱落した「ん」が何度も出てくる。「会いに行ったんです」「返しに行ったのじゃありません」「会いたいから行ったのです」口を開けば「の」や「ん」が飛び出す。何でこうも「の」を愛用するのであろうか。だが、一歩退いて、もしこの場合「の」を使わないとしたら日本語として不自然になりはしないか、と考え考え読み進めてみると、意外と「の」が表現上重要な役割をしていることがわかるのである。（と筆者もつい「の」を使ってしまうのである。）たとえば初めの、

「じゃ、なんでいらしったの」
「あなたに会いに行ったんです」

を「あなたに会いに行きました」としたら、とんちんかんな返事となってしまう。「なんで」「なぜ」の質問に対して理由説明をするからこそ「行ったんです」と答えたのである。もし「会いに行きました」としたら「何しに行きましたか／あなたに会いに行きました」と、ただの回答となってしまい、理由説明とはならない。終わりのほうに出てくる例、

「ただ、あなたに会いたいから行ったのです」

のほうは、質問に対する回答ではないから「会いたいから行きました」でもおかしくないが、理由の「から」を受けた叙述であることを考えると、やはり「行ったのです」が効いている。このように「……のです」は、理由説明の意識が働いているときにまず用いられる。田中君がいないのを見て「おや田中君は?」「早退したのです」と友だちが説明する場合、あるいは、遅れて教室に入って「すみません、バスが来なかったのです」と言い訳をする場合、いずれも理由説明の気持ちである。

理由ではないが、聞き手や読者がまだ知らない事柄を説明するときにもこの意識は働く。相手の知らないことを噛(か)んで含める説明的文体と見てもいいだろう。

火星面の大たい八分の三ぐらいの部分が、うす黒い模様になっていまして、これは月の模様なんかと似ていて、永久的な模様なんです。雲やなんかではないのです。詳しい火星の地図ができているくらいで、いろいろな模様がありますが、大シルキスといって、三角形を倒(さか)さまにしたような大きな模様、あれが、一番みやすいのですが、その他の模様も、形やなにかは詳しく調べられています。(ラジオ東京社会部編『科学への招待』「火星拝見」法政大学出版局)

母親が子供に「あちらに着いたらまずご挨拶(あいさつ)をするんですよ」と言い聞かすのも、相手の気づかぬ点に気づかせ、教え込む説明意識の現れである。自身が気づいたり、自分に納得させたりするときに用いるのもこの意識が自

身に向けられた結果と考えられる。

「あ、わかった！　三角関数を使うんだな」「これでいいのだ」「余計なことに気を回してはいけないのだ」

と自分の心で納得したり気をひきしめたりする場合はよくあることである。他人に対して向けられれば、高圧的な押しつけとなりやすい。自分が納得し正しいと信じたことが「……のだ／……のです」であるから、それを他人にも強制することは、相手に判断や選択の余地を与えないで一方的に結論を認めさせることになる。

「黙って言う通りにやっていればいいのです」「社長がいいと言えば、それでいいのです」「勉強が出来さえすればいいのだ」

話し手が自分の主観的な信念として間違いなくそうだと押しつけることは、一種の命令文である。

「早く逃げるのだ！」「さ、車から降りるんだ！」

「めそめそ泣いてないで説明するのです！」

その事柄が間違いのないこととする確述的態度が「の」や「ん」を使わせているわけであるが、このような主観的判断でなく、外界の状況や場面、話題の内容等から確定的なものと判断した場合も「……のです／……んです」が使われる。

相手が帰り支度をしているという確かな状況があるからこそ「お帰りになるのですか」と「の」を使う。帰るかどうかを推し量る拠り所がなければ「お帰りになりますか」と聞くしかない。すでに動かぬ状況や証拠があれば、

「午後は用事があるのでしたね」「答えられないところを見ると、調べて来なかったのでしょう」「おや、雨が降っているんですね」

と「……のです」が使える。

相島　カラスが火の粉をくわえていって、火事を他へ

うつしたなどといいますが、ああいうことが実際にあるんですか。

鈴木　ええあるらしいです。たとえばカラスがローソクの火のついているのをくわえて、自分の巣へと持っていくとか、屋根の上へ落とすとかして、火を発するという話が昔の書き物にのっています。

相島　カラスはずいぶんいたずらなんですね。（『科学への招待』「火災の科学」）

未確定の事柄を確認する場合（疑問文）や、相手の話に同調する場合に「の」がよく現れる。これも話材を、話し手の外なる確定的な事実として眺めていこうとする立場から使われたものである。裏を返せば「のです」でとらえられた事柄は、話し手の意思による自由な判断を許さぬ客観性をもった話材だと言ってよかろう。

抹香（まっこう）というのは、大体、香じゃなくてお寺で香をたいているとき、火が消えないようにする材料で、香じゃないのです。いいにおいをしているわけがないのです。（『科学への招待』「においの正体」）

自分の考えを押しつけて相手に自由な選択や決定を許さぬ「……のです」の発想が、結局は自分の手の届かぬ客観的事象の説明に用いられるという面白い結末になったわけである。標題の「用事があります」も、「あるのです」に換えると、〝私の意思ではどうしようもない既定の事実として〟という前提となる。そこから、想起「しまった、忘れてた。今日は僕は用事があるのだ！」理由の発見と納得「なぜかわかったぞ。彼には用事があるのだ！」断りの理由説明「早退させてください。用事があるのです」理由を問う質問文「なぜ用事があるのですか」状況の理由判断「早退したところを見ると、彼には用事があるのだ」相手の説に賛同して「おっしゃる通り、やっぱり彼には用事があるのですね」そして何が何でも自説を主張する「だれが何と言おうと彼には用事があるのだ」という信念のことばともなる。これは〝だからあなたもそう思わなければいけない〟という説得の表現でもある。そして最後には、動かし難い証拠のことば「だって彼にはアリバイがあるのです」まで、実にさまざまな含みを持った表現法なのである。

22 「奇麗じゃないか」か「奇麗だねえ」か

感嘆の表現

確認の気持ちが同意を求めることへと移っていくのである。

「そこにいるのは次郎じゃないか?」「お前には少しむずかしくないか?」「僕の帽子知らないか?」

と言えば確認であるが、太郎だと思っていたのに次郎であることがわかって、

なんだ、次郎じゃないか!

となると、〝発見〟となる。聞き手への質問が自身へと言い含める表現に方向転換しているわけである。さらに、この言い含め意識が聞き手へと向けられれば、

打ち消し表現はしばしば感嘆文となる。叙述内容を「ない」で打ち消せば単なる否定文であるが、それに疑問の助詞「か」を付けることによって、ただの否定疑問から確認・勧誘・婉曲・感動・驚嘆へと意味は発展する。「その本あまり面白くありませんか」と言えば、面白くないことを相手にただしているただの否定疑問にすぎないが、これを「その本そんなに面白くないのか」とすると、話し手が自分自身に言い聞かせる表現ともなる。面白かろうと期待していたにもかかわらず、面白くないらしいと知って〝そうか。期待したほどには面白くないのか〟と、発見した事実への落胆ぶりがニュアンスとして伴ってくる。打ち消しプラス「か」は話し手の微妙な心理が添い加わる感情表出の形式となりやすい。期待した予想を相手に投げ掛け、相手の返事を待つことは、その予想や期待を相手にも認めさせる気持ちへと発展する。

何を言ってるんだ。お前は太郎じゃない、次郎じゃないか。

の説得に、さらに、

あそこに見えるのは富士山じゃないか。なかなか見事なもんじゃないか。

自分の意見を相手に押しつけ、認めさせる〝念押し→確認→同意を求める〟気持ちとなる。さらに同意を求めるだけでなく、相手に行動を促すところまで発展すれば勧誘表現となる。動詞が「ない」に先行する場合である。

映画でも見に行かないか。

……海山千里に／風が吹く／もろこし畑も／日が暮れた／にわとりさがしに／行かないか（野口雨情「もろこし畑」）

動作性は勧誘表現へと移行するが、状態性や「何は何だ」の断定表現はむしろ話し手の一方的な気分の表出に終わり、聞き手の行動を引き出すところまで進まない。積極的な場合でせいぜい聞き手に同意を求める程度で、普通は話し手の〝発見意識→驚嘆・感動〟といった一人相撲に終わってしまう。

娘さんが帰りかかるとき、初めて私は驚くべきものを見た。彼女は頭髪にリボンを結び、縞のスカートをはいていたが、その足許にじゃれついているのは私が飼っていたピー公ではないか。（安岡章太郎『犬の年齢』）

もうススキの穂が出て、高原はすっかり秋の気配である。その中をハイキングすること自体、ロマンチックではないか……。（毎日新聞「神津牧場をめぐって」）

このように「……ないか／……ではありませんか」の表現意識は種々の相を示すのであるが、その最終段階の「奇麗じゃないか！」は感嘆表現であるため、肯定表現の流れである「奇麗だねえ／奇麗だこと／奇麗なものだ」などと表現内容の点で差がなくなるわけである。ただし「奇麗だねえ」は、奇麗な対象に接して自然に発する感嘆の気持ちの流露か、さもなければ「この花、奇麗でしょう」と言われて同意するときのことばである。一方、「奇麗じゃないか」は、「あんまり奇麗じゃありませんが」と言われたのに対し「そんなことないよ。とても奇麗じゃないか」と相手の言を否定して述べるときまず用いる。これは予想に反して意外にも奇麗であったよという発見の驚きの気持ちに支えられている。「あまり奇麗じゃないが」という相手のことばが与える先入観の否定とも言える。さらに、自らがその対象に美を発見して相手に共感を求めれば、

どうだ、僕の部屋とってても奇麗じゃないか。

「奇麗だろう」と有無を言わさず認めさせる同意の押し売りとなる。このような意識は「奇麗だねえ」形式にないと言ってよかろう。

23 「悲しく思う」か「悲しいと思う」か

情感作用の内容を示す言い方——主観的・非分析的か客観的・分析的か

奈良近郊でも私の特に好ましく感じたところは、薬師寺付近の春であった。（亀井勝一郎『大和古寺風物誌』新潮文庫）

だんだん日が経つにしたがって、私のああした悪戯（いたずら）がほんとうに行われたかどうかということさえ疑わしく思われた。（室生犀星『性に眼覚める頃』）

「悪く思わないでね」とか、「彼の好意をありがたく思う」「死んだ祖父が懐しく思い出される」など、思ったり感じたりした印象を「……く感じる／……く思う」と形容詞の連用形によって示す表現法がある。動詞に直接係っていても、「そんなに固苦しく考えないでください」「やかましく言えば……」「うるさく言うと……」のような、考え方や言い方を〝どのように〟と修飾する働きではない。その対象をどう感じたり思ったりしているか、情感作用の内容を「……く感じる／……く思う」と直接示す言い方である。だから、同じ事実を「好ましいと感じたところは……」「疑わしいと思われた」「悪いと思う」「ありがたいと思う」のように、引用形式で間接に示すこともできるわけである。このように情感内容を連用修飾の形で直接示すことができる動詞はそう多くはない。「うれしく感じる」「うれしく思う」とは言えても、「うれしく考える」とは言わない。「感じる」「思う」に比べて「考える」は理知による分析的な思考作用だからであろう。

「懐しく眺める」「楽しく心に描く」「ありがたく頂戴いたします」「お便りうれしく拝見いたしました」など、これに近いが、「懐しく思う」のような〝思うことの内容〟イコール〝懐しさ〟の関係ではない。〝何かを眺めた結果、懐しさを催す〟〝何かを心に描いた結果、楽しさが生まれる〟という結果に伴う副次的な情感であって、行為の内容や対象は、懐しさや楽しさとは別に存在している。この点が「懐しく思う」と「懐しく眺める」とでは違う。

前の庭はきれいに掃いてあって、柘榴の蔭にはおいらん草が裏町の庭らしく乏しい花をつけているのが、わけても今日はなつかしく眺められた。（『性に眼覚める頃』）

一方、「感じる」「思う」に係ってその情感内容を示す形容詞はあんがいと多い。まず「……しく感じる／思う」とシク活用になるものには、

あさましく、いまいましく、いやらしく、疑わしく、

恨めしく、羨ましく、うれしく、おかしく、固苦しく、悲しく、くやしく、恋しく、好ましく（好もしく）、寂しく、すばらしく、楽しく、頼もしく、懐しく、苦々しく、憎らしく、望ましく、ばかばかしく、ばからしく、恥ずかしく、欲しく、見苦しく、むずかしく、むなしく、珍しく、やさしく、喜ばしく、わずらわしく、若々しく

などがあるが、これらのほとんどが主観的な感情状態を表す形容詞である。「望ましい、見苦しい、むずかしい、珍しい、やさしい、若々しい」などはかなり客観的な状態形容の語ではあるが、「大きい」や「重い」などと違って、情感作用の多少加わった主観性の勝った形容詞であることに変わりはない。しかも「若々しく見える」のような「見える」を除けば、他はみな感じたり思ったりする精神作用である。シク活用にはこのような情感性の語が多いが、ク活用にも、

ありがたく、面白く、かわいく、汚く、くだらなく、くどく、（人を）けむたく、心強く、心細く、心やすく、快く、子供っぽく、しつこく、せつなく、つまらなく、つらく、情なく、憎く、はがゆく、めでたく、面倒くさく、もったいなく、良く、悪く

など、やはり精神作用の語がある。「子供っぽく見える」など「……く見える」表現を除けば、おおむね感じ思う主体側の精神内容を表している。以上挙げたような感情形容詞に好んで現れるということは、「……く感じる／……く思う」表現が精神の主観的な情感作用を強く表す言い方だということを物語っていると思う。これに対し、「……と感じる／……と思う」は、

こどもが扁桃腺の手術を受ける。「痛い」と言うとこどもがいやがるだろうと思って「何でもないのよ」なんて言っておく。（日本放送協会編『言葉の魔術』講談社）

このようなことからもわかっていただけたと思うのですが、……（江木武彦『会話成功法』廣済堂ブックス）

「できると思えば何でもできる」「奴にはとてもかなわないと感じた」「外見がよくないので、どうかなと感じられる向きもありますが……」

のように、感じ思う内容を具体的に取り出して叙述する言い方も可能なように、分析的で客観的なとらえ方である。「……と言った」「……と述べる」「……と書いてある」などと同じで、感じ思う内容の具体的説明である。だから「見える」のような直観的で非分析的な作用は内容を伴わないから「……と見える」の言い方をしない。「子供っぽいと見えた」とか、「若々しいと見える」の言い方はしない。（「見える」を〝思われる〟〝らしい〟の意で用いる言い方はこれとは別である。）「相手が大人に見える」と断定の助動詞「に」を用いるか、「相手が大きく見える」と形容詞連用形を用いて表さなければならない。

さて、「……く思う」が主観的で非分析的、「……と思う」が客観的で分析的という傾向があるため、標題の「悲しく思う／悲しいと思う」も、「……く思う」形式を使えば、

悲しく
うれしく
恨めしく
はがゆく
心細く
……　｝思う

と、思う気持ちの状態を総括的に〝どんなだ〟と叙述する。

「父の死を悲しく思う」「夫の仕打ちを恨めしく思う」「いくらやってもうまく行かないので情なく思った」「だれもいないので心細く思う」

など、そのような感情を催す原因や理由を示す「……を……く思う」「……ので……く思う」といった単純な文型しか現れない点からも非分析的な表現姿勢が窺(うかが)えると思う。

これに対し「……と思う」は、「父の死を悲しいと思

う」のように、外見上は「……く思う」と相似た文型に思われるが、

「どんなに嘆いてもやはり父の死は悲しいと思う」

「あれほどがんばったのにうまく行かなかったとは情けないと思う」

のように「……は悲しい」「……とは情けない」と述語で受けて、全体を〃「……」と思う〃で括る構文である。このような構文からもわかるように、「……と思う」は「思う」行為の内容をどんなであると「　」の中で取り立てて説明する態度であると言えよう。

「悲しいと思う」は、思う気持ちの状態説明ではない。思う内容の説明である。

24 「いま三時半ごろだ」か「いま三時半ぐらいだ」か

不確かな時の表現

ベルが鳴った、一時だ。仕事再開である。あと三時ごろまで作業は適当に続くだろう。というのは、そのころになったら少しの休憩をはさまなくてはいけないということだ。（島崎敏樹『幻想の現代』岩波新書）

早ければ明日と考えたのは、これまでの空襲の速度、編隊夜間爆撃の準備期間の間隔が早くて明日ぐらいであったからで、この日がその日になろうとは伊沢は予想していなかった。（坂口安吾『白痴』）

右の文章の「三時ごろまで」のところは「三時ぐらいまで」、「明日ぐらい」のところは「明日ごろ」と置き換えても間違いとはいえない。多少の不自然さはあるが、「ぐらい」や「ごろ」が使えない文脈ではない。

「帰りは何時ごろになるの／帰りは何時ぐらいになるの」「来週ごろから寒くなるでしょう／来週ぐらいから寒くなるでしょう」「九月十日ごろを目安にして完成を急ぐ／九月十日ぐらいを目安にして完成を急ぐ」

と、どちらを用いてもあまり差がないように見える場合も多い。一体この二つの言い方にはどのような意味の違いがあるのだろうか。

「ごろ」は「ころ」（頃）で、「ころあい」である。「ころあいを見計らって出掛ける」とは、〝だいたいその時刻に近い時間になったと見当をつけて出掛ける〟ことであるから、「ころ」は厳密な時点として示すのではなく、ほぼその時間に近いおよその〝時〟として、ぼかして述べるとき使う語であることがわかる。それとはっきり断定できる〝時〟であるなら「三時に出掛ける」とか「九月十日に完成する」あるいは「あさって行く」「来年帰国する」と直接表現すればよいわけである。「ごろ」は「三時ごろ／三時半ごろ／正午ごろ」と時点を表す語に付くだけでなく、「あさってごろ／来週ごろ／来月ごろ／十二月ごろ／さ来年ごろ／一九五〇年ごろ／十八世紀ごろ」と、時間幅のあることばにも付く。「朝ごろ」とか「夜ごろ」とは言わないが、

早くともあすの朝ごろになる。
遅くともあさっての夜ごろには着くだろう。

と、時点を現実の時として指定すれば「ごろ」が使える。ということは、ただ〝時〟をぼかして表現しているのではない。特定の時を指すのだが、その時点の前後も含めたかなりの許容範囲をもった時間帯として提示しているのである。このような幅を持たせた言い方が必要となる理由は、推量意識に基づく時の判断だからである。それとはっきりわかる時点や、いつとはっきり断言できる時期であるなら、わざわざ「ごろ」など使う必要はないのだから。授業が三時半に終わるとわかっているのに「三時半ごろ終わります」と「ごろ」を用いるわけは、時をあいまいにさせる何らかの理由がある場合にかぎる。たとえば、その先生はあまり時間に厳しくない先生だとか、

よその学校のことで話し手にとってあまり自信がないとか、あるいは聞き手に敬意を表してわざわざあいまいな形で伝達するなどである。時計があれば「今、何時ですか」の質問に対して「三時半だ」と「ごろ」を使わずに答えられるが、時計がなければ、何かの根拠に基づいて時刻の判定を下さなければならない。

「あれから一時間ぐらい経ったから、たぶん三時半ごろだ」「腹が空いてきたから、きっと十二時ごろだろう」「いつも通る郵便屋さんが来たから、もう三時ごろにはなっている」

このような薄弱な根拠か、あるいは勘によって下す判断ゆえ、「三時ごろだ／三時半ごろだ／たぶん二十分過ぎごろだ／十二、三分ごろでしょう」と分刻みあたりまでの推定が限度である。「十二分十三秒ごろだ」のような細かい推定は普通しない。「いつごろ／何年ごろ／何月ごろ／何日ごろ／何時ごろ／何分ごろ」は自然だが、「何秒ごろ」は普通の場合使わない。「ごろ」はその時点を含めた前後の時間幅として示すあいまいさを残す発想ゆえ、秒単位まで下げてしまうと人間感覚としてあいまいさが消えてしまうのであろうか。右に述べたように、外界の薄弱な根拠か勘によっておよその時として示す場合のほか、

「私の計算によれば、ロケットが火星に到達するのは、およそあすの午後三時ごろだ」「今晩の月の出はだいたい七時ごろです」「私は毎朝六時ごろには目が覚める」「七時ごろになったら起こしてください」

「祖父は大正六年ごろまで生きていたので、私は何回か会っている」（石川達三『草莽(そうもう)の歴史』）

あまり当てにならない事柄や、厳密な時刻の出しにくいおよその時間でしか示せない場合にも「ごろ」を使っている。たとえば、不確かな知識、毎日の習慣、その都度多少の時間のずれが起こり得るような事柄、およその目安として時を示すような場合などである。

ところで、現在三時半を指している時計を見ていながら、その時計の指す時刻に自信が持てない、つまりその

時計が当てにならないからといって、

　今、三時半ごろだ。

と言うであろうか。この場合は推定に基づく時刻判断ではないから、「ごろ」は使えない。時計の針の指す位置が〝およそ三十分前後のあたり〟と位置（つまり時点）のぼかし表現を取っているのであるから、この場合はむしろ「三時半ぐらいだ」と「ぐらい」を用いるのが自然だろう。「ぐらい」は「位」で〝位置〟である。およその目安として数値やレベルを示すとき用いる語で、時刻のほかにも、

　「十分間ぐらい待て」「十人ぐらいいる」「十円ぐらいする」「十メートルぐらいの長さ」「十キログラムぐらいの重さ」

と種々の数量単位に使われる。時刻よりはむしろ量を持った事物・時間をはかるとき用いるほうがぴったりする。事物の数や量をおよその見当として示すのであるから、「三」以上の数値に付くのが普通であるが、判断があいまいな場合であれば、「一人分ぐらい何とか都合してくださいよ」「二人ぐらいなら無理をすれば乗れるだろう」のように「一」や「二」にも続き得るのである。

　このように「ぐらい」は、その事柄に対して正しく判断しようとしても、どうしてもあいまいになってしまうとき用いられる語であるから、たとえば年齢に対して用いるとすれば、他人の年齢を推定したり、何歳のことかはっきり断定しきれないような場合に用いるのが普通である。

　その子は十五か六ぐらいでした。（佐藤春夫『お絹とその兄弟』）

　見おろしたところ、十八九ぐらいの年ごろだろう。（石川達三『深海魚』）

　四十ぐらいの女と男のようだった。（坂口安吾『白痴』）

おれはもんの十七くらいの時まで、もんの顔を見ない日はなくもんと飯をくわない日がなかった。（室生犀星『あにいもうと』）

もし年齢に「ごろ」を使ったら、「男も二十歳ごろはずいぶんと無茶をするものだよ」のように、年齢をある時間帯として取り上げる気持ちとなる。年齢の推定ではなく、人生の一時期をさす意識である。だから、

私は四十位からやっと物になり出したので、……（武者小路実篤『ある彫刻家』）

も「くらい」を用いれば、物になり出したおよその時期の見当として「四十」と言い、「ごろ」を用いれば、その前後を含めた一時期として「四十歳ごろ」と広く示す。かなり時間幅があると見ていいだろう。

「一般に思春期ごろの娘は……」「人生も中年ごろになると……」「十日ごろの月」「四月ごろの暖かさ」いずれも、その前後の時期を含めた広い範囲と考えられる。ところが次のような場合には「ごろ」では具合が悪い。

あの人は何歳ぐらいだろう／二十歳ぐらいだな

年齢の推定値として〝ほぼ二十歳〟〝二十歳程度〟と回答している場面だからである。

そこで標題に戻って、「三時半ごろだ／三時半ぐらいだ」も、三時半を挟むその前後の時間帯としてかなり幅を持たせて示す意識のときには「ごろ」が、三時半にほぼ間違いないが、そう言い切るには多少不安が残る場合には「ぐらい」が用いられると見ていいだろう。

25 「税金を払わなければならない」か「税金を払わなければいけない」か

義務・当然の言い方

人間は常に自分を取り巻く自然環境や社会のおきてに支配されて生活していると言っていい。環境や社会は支配者であり、われわれ人間は支配される弱者の側に立たされている。その上、宗教や道徳といった内部意識によって厳しく自己を束縛している。実に人間とは不自由な存在であるが、このような、人間を束縛する自然条件や規則・法律・慣習・規律・戒律・道徳観、さらには他人との約束事や付き合いだけではなく、人間は自ら進んで自分にさまざまな仕事や責任・ノルマを課す。それは時に日課となり、習慣となり、また生活パターンともなって、ほとんど意識しないまでに慣らされてしまうが、もとはと言えば自己に強制したことにほかならない。よく「型はめ」とか「型にはめる」と言うが、社会が文化的になればなるほど意識的に自分を外部・内部のいろいろな型にはめていくところに、人間の悲しさがあると言っていいだろう。

朝はある時間になれば、もう起きなければならないと眠い目をこすり、やれ会社に遅れないようにとか、赤信号では止まらなければならぬとか、物を買えば買ったで代金を払わねばと乏しい財産をはたく。家にいればいたで、食事の前には手を洗わねばとか、手紙が来れば返事を書かなくてはと、絶えず神経を擦り減らしている。寒くなればそろそろ冬服を出さなくてはと考え、正月が近づけば年賀状を書かなくてはと年中追いまくられて暮らしているのが実情だろう。このような責任や義務を表現するのに、日本語は「……なければならない／……なければいけない」と二つの形式を持っている。細かく見れば、

A、……なければならない／……なくてはならない／……ねばならぬ

B、……なければいけない／……なくてはいけない

「ならない」系統と「いけない」系統との二つの形式があると言える。「ねばならぬ」は文語法による古い言い方で、口語系の「ない」と文語系の「ず（ぬ）」との両方が打ち消しの助動詞として並用されている結果と言える。もっとも人によってはこの両者をチャンポンに組み合わせて、A形式を、

A、……なければならぬ／……なくてはならぬ／……ねばならない

のように言う例も見られるが、好ましいことではない。B形式を「……ねばいけない」とした例はあまり見当たらないようである。

さて、本来の形「……なければならない」と「……なければいけない」との間では、どのような使い分けをしているのであろうか。

鎌田　それからゼロ点、あそこを針がはじめから指していないときがありますね、途中からはじまっている、のせないときにね。

相島　だから買物にいったら何ものせないうちに秤がちゃんとゼロを指しているか、ガチャンと勢よくおくかどうかということを監視しなければならないですね。

鎌田　もう一つは、やはり自分の家庭にちゃんと秤をもっていて、ときどき買って帰ったものをはかるということをやらなければいけない。（ラジオ東京社会部編『科学への招待』「測定器の科学」法政大学出版局）

「監視しなければならない」「はかるということをやらなければいけない」と両方の例が出てくるが、注意してみるとそこに微妙な違いがあることがわかろう。その差を際立たせるために、今「だれが」という行為主体を補ってみると、前者は、店屋備え付けの秤の針に対して、

……ということを私たちは監視しなければならないですね。

と読み取れる。後者も「私たちは……ということをやらなければいけない」とも解せるが、また、この文の話し手（鎌田氏）が読者に対して、

買って帰ったものをはかるということを、あなたがたは皆やらなければいけない。

と言い聞かせ注意を促していることばとも取れる。つまり「なければならない」は、当人が自分に対してそのようにする必要があると感ずる義務感、「なければいけない」は、他者に対してある行為を強要する責任の賦課意識である。ただし、この責任賦課が自分自身に向けられることも稀にある。その場合は〝絶対にそうしなければいけない〟という強い責任表現となる。

どうせ女性週刊誌の記事というものは知れているし、そういう手合いの取材にふりまわされた島の人たちへの償いのためにも、私は私なりにまじめにつくします、という気概を見せなければならなかった。（大城立裕『竜宮』）

どの車も必ずふだんは右側のレーン（右側通行の場合）を通らなければならない。ただし、前の車を追い越すときにかぎって左側のレーンを使ってよいが、追い越したらまた必ずもとの右側のレーンに戻らなければならない。（ロゲルギスト『続物理の散歩道』「人の流れ・車の流れ」岩波書店）

相島　飼育する場合に、ずいぶん御苦労がおありでしょう？

鈴木　動物の身になってみるということが大事でしてね。人間が考えて一番ほしいような状態、つまり、こういうようにやったら楽じゃないかと思うことがあったら、まずやってみる。動物の身になってやらなければいけませんね。（『科学への招待』「実験動物のために」）

同じ義務感でも、初めの二例「なければならない」は当人自身の問題、後の「なければいけない」は対聞き手

意識で述べられたものということになる。

十五日までに税金を払わなければならない／払わなければいけない。

前者は、期限内に納めるべきだという単なる納税者の義務意識。後者は税務署の指定もしくは督促状などにより、万一遅れた場合には絶対許してはもらえないのだという対税務署意識に根ざした責任感である。また、もし対聞き手意識で発話されたのなら、「あなたは十五日までに税金を払わなければいけませんよ」という命令・強制表現となる。同じような表現形式でありながらこうも発想に違いが生ずるのかと思うと、ことばの持つ不思議さに感心させられるではないか。

26 「少し酔ったようだ」か「少し酔ったらしい」か

推量の言い方

何かが何かに似ているとき私たちは「まるで子供のようだ」とか「あたかも眠っているようだ」と「よう」を使って表現する。本当はそうではないのに、それに非常に近い状態だと見立てるところに比喩表現の特徴があるのであるが、比喩の場合はその事物の様子を説明する効果的な手段として似た状態のものを引き合いに出すわけである。真っ赤な顔を形容する手段として「まるで酒に酔ったようだ」と表現するのであって、当人は本当に酒を飲んだわけではない。一方、酒を飲んでその結果、当人が酒酔い気分になったと感ずれば「少し酒に酔ったようだ」と、やはり「ようだ」を使って表現する。「ようだ」を使ったからといって比喩的に述べているわけではない。酒を飲むことによって、今までと違う〝酔いの状態〟へと近づいたことを〝酒に酔ったような気分になった〃と感知したのである。「酒に酔った」と断定的に述べず、「まるで酒に酔ったような感じだ」と比喩的に表すことによって、その断定が不確かなものとなる。真の酔い状態に入ったかどうか断定しにくい、酔ったようにも感じられるというあいまいさを残した表現なのである。このような不確かな断定は見方を変えれば推量とも取れる。同じ酔い心地状態に対して「少し酔ったようだ」とも「少し酔ったらしい」とも言えるのは、このような理由によるのである。ところで、

四人の子供たちは各々独立していたので、彼女の心にかかる重荷は何もなかったが、日々の生計は乏しかったようである。（石川達三『草莽の歴史』）

私の家の庭は、決して広いとは言えないが、秋から初冬にかけてはいろいろな鳥がやって来る。近所に馬事公苑があって、そこに集る鳥のうち、多少毛色の変ったのが、往きか帰りかに立ち寄ってくれるのである。あるいは馬事公苑に住みついているのが、気晴しにやって来ることもあるらしい。（井上靖『セキセイインコ』）

右の文の終わりのところに出てくる「乏しかったようである」「やって来ることもあるらしい」は、それぞれ入れ替えて「乏しかったらしい」「やって来ることもあるようである」としても一向にさしつかえない。これらの文脈は、文中の人物や鳥の状況についての筆者の類推だからである。つまり、当人が自身の感覚として〝どうも……という感じがする〃と述べる場合は「ようだ」も「らしい」も、どちらも使えるということである。これが、

そのとき彼は三十五歳だったが、はじめて会う人の目には、彼の白髪だけが映るのだろう。何度か顔を合せていれば、彼等の想像する伊川の年齢も、少しずつ本当の年に近づいて来るのだが、最初は彼の現実の年よりも、二十歳も上に見えるらしい。（沢野久雄『見知らぬ人』）

明らかに他者側の問題に対する推測であれば「らし

い」が使われて「ようだ」は使えない。「らしい」は本来は外部に判断の根拠となる事柄があって、それに基づいて下す推量判断である。

春過ぎて夏来たるらし白妙の衣ほしたり天の香具山（万葉集）

白妙の衣がほしてある様を見て、春が過ぎて夏が来たらしいと判断を下しているのである。外部にある何かを手掛かりとして事の実情を推しはかるということは、外から入った情報をもとにした判断であるということだ。

宮本正道氏によると、ジャワ語にもこのような文体の別が見られるといい、イェスペルセンによると、同様の文体の別がビルマ語にあるらしい。（金田一春彦『日本語』岩波新書）

言語を媒介とした情報なら伝聞の「そうだ」に言い換えられる。ただし、「そうだ」は、情報源の話をそのまま他者に伝達する意識であり、話し手自身の主観的判断は入らない。新聞に「今度の地震は大きかった」と書いてあったから「大きかったそうだ」と口移しに伝えているだけの話である。「らしい」は、新聞で伝える被害状況の大きさなどから推定して、たぶん大きな地震であったのだろうと判断し、「大きかったらしい」と「らしい」を使ったのである。「そうだ」には話し手（仲介者）の責任はないが、「らしい」には責任がある。「大きかったらしい」と言っても、実際はそれほど大きくなかったという場合もじゅうぶん有り得る。「らしい」は外からの情報や手掛かりをもとに下した主観的な推定であるから、信憑性は高くない。

「急にあたりが暗くなったところを見ると、どうやら一雨来るらしい」「雨戸がすっかり閉まっている。留守らしい」

外面から伺える状況をたよりに下す判断で、外界の現象ばかりでなく、自身のことにも言う。

「頭がずきずきする。風邪を引いたらしい」「背中がちくちくする。虫にでも刺されたらしい」「皆が笑うところを見ると、顔に泥でも付いているらしい」

ここまで来ると、「らしい」は「ようだ」と極めて近くなる。どちらを使ってもあまり差のない文脈と言えよう。しかし、次のような場合にはもはや「らしい」は使えない。

「ぼくもきょうのことは……」

見合いをするつもりなどはない、と菊治は言おうとしたが、口に出なかった。のどがこわばるようだ。

（川端康成『千羽鶴』）

その時の自身の内発的な肉体感覚で、何かの根拠を手掛かりにした客観的な判断ではないからである。

もう一度菊治はあいさつをし直して、顔を上げると、令嬢がはっきり見えた。菊治は少し上がっていたらしい。着物のはなやかな色彩が目にあふれて、はじめ一人々々の見分けはつかなかったのだ。（『千羽鶴』）

上がっていたらしい根拠を「はじめ一人々々の見分けはつかなかったのだ」と後で述べている。似たような状況でも、「ようだ」を用いるか「らしい」を用いるかで判断の在り方に違いがあると見ていいだろう。

第五章

語順の入れ替わる言い方

27 「先生も賛成らしかった」か「先生も賛成だったらしい」か

確かさ意識を示す「た」

根本がなにをやったのか、警察ははっきり教えてくれなかったが、口ぶりからいって詐欺横領のたぐいの犯人であるらしかった。（阿部牧郎『二十年目の偽証』）

あとで、絹子は、両手を耳に当て、顔を背向けたりしていた。とても自分がそんな声を出したとは信じられなかったらしいのだ。（川上宗薫『置き忘れ』）

右の文の終わりの部分「犯人であるらしかった」「信じられなかったらしいのだ」のところは、「らしい」と「た」の位置を入れ替えて「犯人であったらしい」「信じられないらしかった」としても日本語として文意は通じる。「らしい」や「かもしれない」「ようだ」などと「た」との承接は、どちらが先に来ても文法的には成り立つ。しかし、日本語として正しいからといって、両者の文意が同じだとは限らない。たとえば次の文、

そのころの大井町の家が、いまはどの辺にあたるのか見当も付かないが、近所に立会川という小さな川があり、涙橋という橋があったらしい。（石川達三『草莽の歴史』）

の最後のところを「涙橋という橋があるらしかった」とすると、涙橋という橋の存在に対する現在の推定となってしまい、原文の、昔のことについての物語とは主旨が違ってしまう。「橋があったらしい」は〝以前は橋があった〟という過去表現を「らしい」で推量する。〝私は知らないが、人々の話から推して、どうやら以前はそこに橋があったというのが事実らしい〟である。一方、「橋があるらしかった」は〝そこに今、橋があるらしい〟

という現在推量の表現を「た」で受け止める。〝私は知らないが、人々の話から推して、どうやら現在そこには間違いなく橋があるらしい様子だった〟である。過去のことを「らしい」と推量するか、推量したことを「た」で受け止めるかで意味が分かれることは理の当然であるが、初めに出した二つの例文のように、文脈によってはどちらの形式をとってもあまり意味に違いの出て来ない場合が起こる。これは一体なぜなのであろうか。

一般に過去や完了の助動詞と呼ばれている「た」は、文脈によってさまざまな意味を持つ。現に「橋があったらしい」のほうは過去の事実を述べているのに、「橋があるらしかった」のほうは現在の状況を言っているだけで「た」が過去や完了として働いていない。その証拠に前者は「橋が昔あったらしい」と言えるのに、後者にはそれが言えない。代わりに「橋が現在あるらしかった」と「現在」を入れることは可能である。それは、

(橋が昔あった) らしい。

(橋が現在あるらしい) かった。

と、「た」が受ける部分を考えてみれば一目瞭然であろう。では、後者の例の中で使われている「た」は一体何なのであろう。「らしかった」と「た」を使っていても、「以前はそこに橋があるらしかった」のような過去の意味にはならない。「以前はあるらしかったが、今はあるらしくない」などナンセンスである。とすると、この「た」は過去を表しているのではないのではあるまいか。

一般に「た」は時の助動詞として、過去や完了を表すものと考えられているが、この考えは早急に正さなければならない。「た」を過去を表す語と考えるかぎり、右のような文章の問題を解決することはできない。英文法などにはテンスという概念があるが、これを直ちに日本語に導入して、ほぼテンスに当たると思われる「……する／……した」の対応を取り上げ、「た」は日本語の時制を左右する助動詞であると安易に考えがちである。しかし、これは、はなはだ危険である。時制の区別でうまく説明のつく場合はよいが、「た」の使われる表現がすべて時制にあずかっているわけではないから、そのような文に遭遇したとき説明に窮してしまう。やはり、日本語の問題は、日本語の発想の分析の中から説明の手掛か

りを求めていかなければならないであろう。そこで日本語の「た」の発想についていて次にかんたんに触れておこう。「た」には、

明治初年の廃藩置県で祖父は失職し、東京に出てきていろいろな仕事に手を出してみたが、いわゆる武家の商法で、みんな失敗した（『草莽の歴史』）

父が職を捨てて上京したとき、私は小学校の一年生であった。（同）

のように明らかに過去のことを表す場合が多い。しかし、学生が、

あした英語の試験があったかしら？

と言うときの「た」は、あしたの話で、明らかに過去のことではない。「やっぱり君だったのか」とか、「まあ、あきれた！」「こりゃ驚いた」目が覚めて「なんだ、夢だったのか」「あ、ここにあった！」のような驚きや発見の喜び等を表すときにも「た」はよく使われる。「来週の土曜日はあいてますか」の質問に対し、手帳をひっくり返しながら、

土曜はだめです。大事な会議がありました。

と未来のことに対して「た」を使うのも、同じように、気づかなかったことへの発見と考えてよかろう。まだ電車は駅に到着していないにもかかわらず、遠方から近づく電車を見て「電車が来ましたよ」と「た」が使えるのも、〝間違いなく電車がやって来たのだ〟という確認意識（広義の発見）の現れである。その事象が間違いなく成立しているかどうか不確か（または未知）であったものが、現時点ではっきり認識できたという〝確かさ〟意識が「た」の発想の支えとなっている。

「あなたはどなたでしたか」「あなたは森田さんでしたね」

と質問や確認の表現に「た」を用いるのも、〝ほかでも

ない、どの人であったか〃間違いなく森田さんその人であることを今認識した〃という確かめや確かさ意識の現れと見ていいだろう。だから、時とは全く関係のない右のような文にも「た」は使われるのであって、これを時制の観点から解釈しようとしても説明できない。

「A先生のお宅に電話はあったかしら」と聞かれ、電話帳で調べて「あ、ありました」と答える問答は、決して以前A先生の家に電話があったかどうかを問題としているのではない。現在、設置されているかどうかを問うて「あったかしら?」と言い、「ありました」と現在も電話のあることを確認している。〃あることを今、間違いなく認めた〃の意味の「た」であって、〃かつてあった〃という過去の「た」ではない。「た」の使用は、話し手が話題の事象に対して確かなこととしてとらえる心理作用の結果である。したがって、事柄として過去を表しているような例でも、過去のことだから「た」が用いられているのではなくて、過去のことはすでに話し手にとって確かなことと認識された事柄だから「た」で表されているのだと考えるほうが理にかなっている。このように考えることによって、同じ「た」でも、ある場合には過去や完了を表し、ある場合にはそうではないという矛盾が解消される。そこで、このような見地から先の「らしかった／たらしい」の差を考えてみると、

菓子折りの包み紙と名刺を較べてみると、どうやら森本家はS市で文政時代から続く菓子屋で、千代子夫人が持ってきてくれたのは、店の自慢の品であるらしかった。（三浦朱門『若い母』）

秋田市、十和田湖、鹿角郡毛馬内をまわって親戚知友に会い、最後に大湯温泉にゆう女を訪ねて行った。何年かぶりのこの二人の邂逅はよほど楽しいものであったらしい。（『草莽の歴史』）

「らしかった」は、推量した事柄に対して現在それが間違いなくその通りであると話し手が自身で納得する気持ちで述べる。右の例文で言えば、いま手もとにある菓子折りは、間違いなく店の自慢の品であるらしいと思われたわけである。「らしい」という推量が現在話し手にとっては動かない事実としてしっかり心に定着したと考

えてよいだろう。それに対し「たらしい」は、そのような状況であったということが真実のところらしいと推量的に述べるあいまいさを残した言い方である。右の例文で言えば〝種々の点から考えて、この二人の邂逅は相当に楽しいものであったと推定される〟の意である。その事態がすでに生じた、あるいは間違いなくそのような事態であったという〝事態の成立〟を「……のだ」で断定するまでには至らず、あいまいさを残した「らしい」で推量的に濁した表現と言っていいだろう。

「出掛けるらしかった」は、あいにくその時、その人はどこかへ出掛けるところらしく思われたという判断。あるいは「来週京都へ出掛けるらしかった」のように、その人は後ほど、どこかへ出掛けるつもりらしく思われたという判断である。「出掛けたらしい」は、あいにく留守なので、その人は今どこかに出掛けているらしいという推量。あるいは、「先週京都へ出掛けたらしい」のように、過去にどこかへ出掛けたことがあるらしいという推量である。

28 「会えないはずだ」か「会えるはずがない」か

予想・予測と〝当然の帰結〟の違い

ホテルの前でタクシーを拾った。髪の黒い俺を見たら、あの女はなんと言うだろう、と思った。しかし彼女は、旅行中であった。郷里に用事が出来て、帰っている。まだ何日間かは、会えないはずであった。（沢野久雄『見しらぬ人』）

この文章の終わりのところの「会えないはずであった」を「会えるはずがなかった」としたら文意はどのように変わるであろうか。また、そのように変えて右の文脈の中で使ったら、正しい日本語と言えるだろうか。

日本語には「はず」のように、打ち消し「ない」と組み合わさったとき、どちらが先になっても表現として成り立つという語がいくつかある。前後の順序が一定していないと取るよりも、それぞれを前に出す言い方があるため、二つの表現で揺れているように見えるのである。

来ないはずだ／来るはずはない
来ないつもりだ／来るつもりはない
来ないわけだ／来るわけはない

ここでは話を複雑にしないため、他の語はおいて、「はず」についてだけ考えてみよう。「はず」は、

①《具体的な内容を示す限定の語句を受けて》事が当然そうあるべきだの意を表す語。予定。道理。「あした着く――だ」「そんな――はない」(以下略)『岩波国語辞典』第四版)

とあるように、話し手の外にある事柄に対して、それがほぼ間違いない事実だとかなり確信的に判断するときに用いる。自身のことについて「つもり」を用いず、

私は来年、大学へ進むはずだ。

と言ったら、自分の意思ではない、だれか第三者の意思ないし規則によって進学が左右されているような場合を想像するであろう。たとえ話し手自身のことであっても、自身の意思の外のことでなければ「はず」は使えない。

「さっき薬を飲んだから、もうそろそろ熱も下がるはずだ」「じゅうぶん予習しておいたから、かなりいい点が取れるはずだ」「この時間に家を出れば、じゅうぶん列車に間に合うはずだ」「一つ前の電車に乗れば遅刻するはずはなかったのに」

事の成り行き、諸般の事情で結果が支配される場合である。自身の身の上のことであっても、自分の意思ではどうにもならないことだからこそ「はず」が使えると言ってよかろう。そこで、いちおう「はず」は三人称主体(彼・物・事)について下す話し手の判断と仮定して、

その判断がどういう状況に対して下されるのかを検討してみることにする。まず、

「もうそろそろバスは来るはずだ」「北海道はまだ寒いはずだ」「今日は午後から雨のはずだ」「夜はもっと静かなはずだ」「こんなはずじゃない」

と、動詞や形容詞などに直接続く場合や、名詞に「の」を介して続く場合を考えてみよう。

(1)未来それがほぼ間違いなく実現すると確信的に断言する場合

「もうそろそろバスは来るはずだ」「あと十分でスイッチが作動するはずだ」

(2)話し手とは別の場面での事態を、現在間違いなくそうなっている、または、すでにそうなったと確信的に述べる場合

「北海道はまだ寒いはずだ／もう寒くなったはずだ」「速達で出したからもう届いているはずだ」

(3)その条件が成り立てば当然ある結果となる、または、なったと確信的に述べる場合

「この道を真っ直ぐ行けば駅に出るはずだ」「因数分解すれば答が出るはずだ」「あの飛行機に乗っていたら、私も事件にまき込まれたはずだ」

(4)他者の行動や状況について、思い込んでいた話し手の判断を示す。その判断（予想や予定）とは異なる真実や現状を知って不審に思う場合によく用いる。

「おかしいな、五時間めは試験のはずだったのに」「計算機の結果ではマイナスのはずなのに、答が違う」

(5)事の原因や真相を知って、現状を了解し納得する場合

「寒波が来てるんじゃ寒いはずだ」

このうち(1)〜(3)は、ある根拠や条件からの当然の帰結として結果を予想する場合。未来の結果(1)か、現在・過去の結果(2)か、仮定的な結果(3)かのいずれかである。(4)

は条件からの当然の帰結が現状と食い違っている場合。⑸は条件の真相を知って、現状が当然の帰結であったと悟る場合である。

このように、「はず」には五つの段階、大きく見れば⑴〜⑶、⑷、⑸の三つの段階があることがわかった。そこで次に、「はず」と「ない」との組み合わさった形式をこの分類基準に当てはめて考えていこう。

まず「……ないはずだ」形式を考えよう。これは初めに叙述内容を「ない」で打ち消して、その否定的内容に対して「はずだ」と判断を下す言い方である。問題を「はず」にのみ限定して考えれば、これは肯定的内容に対して用いる場合と本質的には変わらない。肯定を受けようと否定を受けようと、それは叙述の内容上の問題で、「はず」自体は断定的にその内容をとらえているわけである。だから「はず」の意味するレベルも、先の基準の⑴〜⑸すべての段階にわたると理屈からも考えられる。

⑴明日の会議ではたぶん彼とは会えないはずだ。（未来の予想）

⑵時間からいっても、出迎人はまだ旅行団の一行と会えないはずだ。（現在の推測）

⑶まだ釈放されていないから、家族とは会えないはずだ。（既定条件による予測）

事前にアポイントメントを取っておかなければ会えないはずだ。（仮定条件による予測）

⑷病人とはまだ会えないはずだったのに、会わせてもらえた。（予想外の事実）

このような、未知の結果に対する予想や予測を表す用法がある一方、次のような場合が「……ないはず」形式には備わっている。

⑸待ち合わせ場所を間違えたのか。それじゃ会えないはずだ。（真相の了解）

これに対し「……はずはない／……はずではない」形式はどうだろうか。この形式は、叙述内容に対して「はずだ」と予測的な判断を下しておきながら、最後にそうではないと全体を否定する。予測的な推量状態を否定す

るということは、結局〝そうではないのだ〟と自信を持って断定することである。だから、

「今から行ったって会えるはずはない」「待ち合わせ場所もわからないのに会えるはずがないでしょう」「彼は今日は欠席するのだから、会えるはずはない」

と、はっきりした根拠や理由にもとづいた断言となる。このような「はず」は予想や予測ではなくて、〝当然の帰結〟と言っていい。「そんなはずはないでしょう」この発言から、あやふやな状況を感じるであろうか。よほどしっかりした証拠でも握っているからこそ言えることばなのである。そこで、冒頭の例に戻って、

まだ何日間かは、会えないはずであった。

彼女が戻って来て会える状態になるまでには、予定から推してまだ幾日間かはあることになっているという外的状況を述べた文である。〝会えない状態〟は、話し手から見ればあくまで〝はず〟であって、決定ではない。したがって、あるいは急に状況が変わって会えることになるかもしれない。そのような可能性を残した表現と言ってよかろう。だから「会えないはずであったが、実は会えることになった」のようなどんでん返しの結果⑷〝予想外の事実〟も有り得るわけである。一方、

まだ何日間かは、会えるはずがなかった。

とすると、〝会える〟という予定を「なかった」で打ち消すことから、会える可能性を全く否定することになる。〝現在、彼女は郷里に帰っている。そのはっきりした理由によって、たとえ彼女に会いたくても、会えるはずは全くなかった〟と、会えないという未来の事柄を、既知のこととして断定的に述べる発想と言えよう。

29 「面会できないほど重症だ」か「面会できるほど軽症じゃない」か

比喩的に程度を示す言い方

ある状況を説明するのに、それぞれの状況に合った形容詞や副詞がない場合、私たちは比喩によって間接にその状況を相手にわからせようとする。状態的な様子には「……ような／……ように」を使って「飛ぶように売れる」「火がついたように泣く」と形容し、程度を強調するには「ほど」を使って「掃いて捨てるほどある」「のどから手が出るほど欲しい」のように形容する。状態とか程度とかここでは便宜的に分けたが、実際に使っているときにはそれほどはっきり区別しているわけではない。「身を切られるような思い／身を切られるほどつらい」「手がちぎれるような冷たさ／手がちぎれるほど冷たい」つらさや冷たさの状態は同時に程度性を備えているのであるから、はっきり状態だ程度だと分けることはできないであろう。

節子は其処にいるのかいないのだか分らないほど、物静かに寝ている。（堀辰雄『風立ちぬ』）

廊下がトンネルのように長く、ずっと向うを歩く人たちは男か女か分らない程小さかった。（壺井栄『廊下』）

静かさや小ささの程度を形容しているのが、結果として状態形容となっている。「ほど」は「程」で、程度である。「目は口ほどに物を言い」「口ほどにもない奴だ」と名詞を受けて比喩的に程度を示す言い方もあるが、多くは「腐るほどある」「降るほどある」と動詞を受けて用いられる。

ところで、この「ほど」が「……できないほどAだ」と可能の否定形を受けた場合、Aに反対語Bがあれば

「……できるほどBではない」と否定を文末に移し換えることが可能となる。

目に見えぬほど小さい──→目に見えるほど大きくない

新聞が読めないほど暗い──→新聞が読めるほど明るくはない

しかし、これはあくまで原理的には可能ということであって、実際には必ずしも「ない」を文末に移し換えることができるとはかぎらない。

恥ずかし気も起らぬ程腹立ちの方が強かった。（志賀直哉『和解』）

これを「恥ずかし気が起るほど腹立ちのほうが弱くはなかった」と言い換えることはできない。逆の方向の場合も同じで、

あたし、母さんが考えているほど、ひどい女になっていないわ。（室生犀星『あにいもうと』）

「母さんが考えていないほど、いい女になっているわ」では意味が全く違ってしまう。つまり、多くの例では、言い換えが不可能か、可能でも意味に違いが生じてくる。ということは、このような言い換え表現は意味を歪（ゆが）めてしまうため、叙述の内容によっては文として成り立たない場合が起るということである。文法や文型を表現の形式としてのみ考えてはならない。表す内容や意味が基本となって形式化されたものとしなければ、右のような言い換えの問題は解決しない。そこで、打ち消しプラス可能の場合も、言い換えることによって意味に差が生まれると見て検討することが得策である。

新聞が読めないほど暗い。

暗さの程度を説明するたとえとして「どの程度の暗さか／新聞が読めないほどの暗さだ」と言ったのである。「読めないほど」というのは、あくまで〝程度〟の問題であって、「新聞が読めない暗さ」とはっきり規定した

わけではない。

我慢できないほどの痛さ／吹き出したいほどのおかしさ／心臓が止まるほど驚く／痛いほどよくわかる／涙が出るほどうれしい／死ぬほどつらい／手足のふしぶしが抜けるほどだるい

いずれも程度強調として用いられた修辞法の一種で、実際に心臓が止まったり手足のふしぶしが抜けたりするわけではない。誇張法と言っていいだろう。「新聞が読めないほど」も、実際には新聞が読めるかもしれない。言ってみれば新聞を読むにもかなり努力を要するほどの暗さなのである。一方、

新聞が読めるほどの明るさではない。

は、〝読もうと思えば読める程度の明るさ〟を「ない」で否定することによって、不可能を決定的にさせる。〝全く読めない〟つまり真っ暗だと断定的に述べることになるわけである。標題の「面会できないほど重症だ／面会できるほど軽症じゃない」も、前者は、かなり重症だがまだ幾分かの余裕を残した段階、後者は、完全に重症だと断定した余裕のない段階なのである。

30 「母だけに話す」か「母にだけ話す」か

限定表現の意図はどこにあるのか

助詞同士が承接する場合、普通はその前後の順序は決まっている。しかし、時にはどちらが先でもよい場合がある。たとえば、

自分に近い少数の人だけにしかわからぬ事とは知っていた。（志賀直哉『和解』）

抽象的で、君にだけわかっても、僕にはさっぱりわからんから、……（宇野浩二『枯木のある風景』）

の「だけ」と「に」は、同じ「わかる」に係っていても「だけに／にだけ」の両形式が見られるという具合にである。これは何も「だけ」と「に」に限ったことではなく、

貫治の部屋からだけ、戸の隙間からあかりが洩れていた。（壺井栄『廊下』）

自分は父とだけの不愉快な関係からそう言う気持ちまで犠牲にするのは少し馬鹿々々しい気がした。（『和解』）

ご立派な方ほどそうでしたので、外見だけで人を判断してはならないことを教えられました。（篠崎幸『受付係の喜び悲しみ』）

なども、「だけ」と他方の助詞との位置を入れ替えても、現代語として多少の落ち着きの悪さは感じられるが、特に不自然な日本語とは言えないであろう。

「ばかり」にもこれも同じことが言える。

そんな愚かなことばかりに気をとられていた。（田村泰次郎『肉体の悪魔』）

望岳荘の主人は将棋にばかり夢中になって……（井伏鱒二『集金旅行』）

世間の人は私が彫刻ばかりに心を奪われているのを怒っているのです。（武者小路実篤『ある彫刻家』）

この頃のおれは自分の仕事にばかり心を奪われている。（堀辰雄『風立ちぬ』）

「だけ」や「ばかり」「のみ」などは、格助詞「に、へ、

と、で、から」と結び付いて「だけに／にだけ」「ばかりに／にばかり」「のみに／にのみ」のように二種類の言い方を作るのである。他の格助詞「が」や「より」は、

ニュースだけが真実なんだ！（坂口安吾『白痴』）

その人のこえばかりがきわだってよく徹りまして、……（谷崎潤一郎『芦刈』）

と、「だけが」「ばかりが」のように常に副助詞が格助詞に先行する。「を」は、

小屋の閉場（はね）るまでその踊子ばかりを眺めている間……（北原武夫『妻』）

教師の言葉は三分の一もきかないで下をばかりみつめていた。（阿部知二『地図』）

と、まれに「をばかり」の形も現れるが、今日一般にはこのような場合は「下ばかり見つめていた」と直接用言に係る言い方をとって、格助詞「を」は出にくい。

その男から慰籍料だけ受取ってきれいに追いかえしてやる。（『集金旅行』）

さて、問題をはっきりさせるために、「だけ」に限って見ていくことにしよう。

(1)Aだけに……する。
(2)Aにだけ……する。

「だけ」は限定を表すが、右の(1)は〝他のものB・C・D・E……は不要・無関係としてまず排除し、Aのみに限定する。その限定したAに対してどうするか？……するのである〟という限定した事物に対して向ける行為を述べる形式と言えよう。A・B・C・D・E……と考えられる多くの中から、E・D・C・Bと順に消去していって、A一つだけを残し、そのAに該当する事態が何であるかを以下で種明かしする意識である。「Aだけに……するのである」の述語部分「……する」に表現の意図があると見てよかろう。

万葉集をただ支配者だけに許された自由な心情の表現と解釈することも不賛成である。（会田雄次『日本文化の条件』）

水を汲んで来たりする彼が、軽蔑だけには鋭く逆立つ刺をもっていた。（野上弥生子『哀しき少年』）

最も内省の稀薄な意志と衆愚の妄動だけによって一国の運命が動いている。（『白痴』）

ある事物（右例では「自由な心情」や「逆立つ刺」「一国の運命」）が成立するのは、そっくりすべてその対象A（右例では「支配者」「軽蔑」「意志と妄動」）においてであることを表す。

これに対し、(2)は、この行為・事態は他のものB・C・D・E……に対しては当てはまらないが、特定の対象Aにおいてのみ常に成り立つという、行為の成立する対象や範囲の限定と言えよう。〝BやCには該当しないが、ただ一つAには……する〟の気持ちである。事態がまず先にあって、その事態の成立する対象や範囲としてA・B・C・D……多くの中からただ一つAを拾い上げる意識である。「Aにだけ」の部分に表現意図がある。

医者はその交渉にだけ来たような調子であった。（『廊下』）

ただ趣味にだけ生きる人であると思われた。（『集金旅行』）

素子が自分の個性にだけ立てこもって二人の距離をひらいてゆくようなのが……（宮本百合子『広場』）

表現を、〝問題提起〟と〝解答〟の二つの部分に分けて考えたとき、(1)は「Aだけに……する」の「Aだけに」が問題提起、「……する」がその解答である。ある対象に対して特定の行為や事態が起こることを述べる文は、具体的で個別的な内容となりやすい。

……それからお昼も親戚の方だけにはなあ。私が用意しときますたい。（檀一雄『父子来迎』）

その時一回限りの行為である。一方、(2)は「Aにだけ……する」の「Aにだけ」が解答部分である。その事態が成り立つのはAにおいてだけであるという、事柄の実現成立する対象事物・場所・人などを述べる文は、概念的で普遍的な事柄や、習慣的行為、真理、約束事などとなりやすい。〝その対象においてはいつも〟である。

あそこの倶楽部(クラブ)は僕にだけは幾らでもゲーム代を貸したからね。(『集金旅行』)

今はなにも申しませぬがわたしにだけはどうかお隠しなされますな……(『芦刈』)

以上の特徴がはっきり際立つのは「で」に承接する「だけで／でだけ」表現である。

(1)この店は英語だけで買い物ができます。
(2)この店は英語でだけ買い物ができます。

(1)彼は英語だけでスピーチするそうだ。
(2)彼は英語でだけスピーチするそうだ。

(1)は買い物やスピーチの実現に必要な条件の言葉として、フランス語、ドイツ語、スペイン語、ロシア語……と、いろいろな言葉があるが、それを併用しなくとも最低英語一つのみでも大丈夫の意。「英語だけで買い物ができた」「英語だけでスピーチをやってのけた」と個別的な事実にも使える。(「……た」の完了形に注意。)(1)は最低限必要とする事物(ここでは「英語」)の限定である。

一方、(2)は、買い物やスピーチを実現する方法として可能な唯一の言葉は英語である。他の言葉は絶対だめ、英語のみ、という一般論、規則、習慣、能力などを表す。行為や状況を成り立たせるのに心要な最低の方法・手段の限定である。(2)は「英語でだけ……た」の完了の言い方ができない点にも注意したい。

31 「横綱だけあって強い」か「横綱だけに強い」か

話し手の主観的判断はどこにあるのか

吉村にとって、千代子の訪問が楽しみでないこともなかった。茶道の盛んなS市の老舗だけあって、菓子そのものがおいしかったし、人間としても女性としても成熟して、今、人生の頂点に立っているという感じの千代子の話相手をすることも楽しかったからである。（三浦朱門『若い母』）

一年の三分の一を写生旅行についやすといわれるほどの勉強家だけに、その下がきの早さは熟練した職人のようであった。（宇野浩二『枯木のある風景』）

右の文に出てくる「S市の老舗（しにせ）だけあって」「写生旅行についやすといわれるほどの勉強家だけに」の箇所は、表現を入れ替えて「老舗だけに」「勉強家だけあって」としては具合が悪いであろうか。いったい、この二つの表現はどのように違うのだろうか。私たちは何気なく使っているが、形式が違う以上、意味の上でもどこかに違いがあるに相違ない。その証拠に、次の例文では「だけあって／だけに」を入れ替えると何か不自然な日本語という感じがするではないか。

それにしても百貨店というだけあって何でもそろっていますね。（早稲田大学『外国学生用日本語教科書・中級』）

それにしても、牡丹屋の名がうれていただけに、罪を一身に引受けなければならぬのは、お栄だった。（船橋聖一『篠笛』）

「旦那さまがさっき、お焼きになったんじゃありませんか」と、女中に言われてみると、いかにも足の色がかさかさに変ってしまっていて、しまったと思うだけに、尚更腹が立って、……〈川端康成『禽獣』〉

一体この二つの類似した表現には、どのような意味の違いがあるのであろうか。ある場合には文脈を共通にし、ある場合には使い分けをおこなっている、この問題について今回は考えてみることにしよう。まず国語辞典の記述を見てみることにしよう。学習研究社の『国語大辞典』第二版は、

だけ《副助》……中略……②〈状態や程度を表す語句につけて、「……ば……だけ」「だけに」「……だけ（のことは）あって」の形で〉それに比例する、あるいは、それにふさわしい状態や程度を表すのに用いる。「東京に生れたものだけに道をきくのが厭である〈永井・すみだ川〉」「今年の春には娘を目白に入学させたと言うだけあって、井谷は普通の婦人よりは何層倍か頭脳の廻転が速く〈谷崎・細雪〉」

と二つの表現を一括して解説しており、特に両者に差を認めていないかの印象を与える。『例解国語辞典』〈中教出版〉も「だけ」の②のところで、

限って程度を表わす。「値が高い――に〈あって〉物もよい」

と、両者が同じであるかのような例文を掲げている。はたしてこの二つの表現は全く同じであろうか。両者の意味を区別していると思われる辞書に『新明解国語辞典』〈三省堂〉がある。この辞書は「だけに」を一つの表現型として小見出しに立てている。

だけ（副助）……中略……㊂やった・（思った）事に応じて、その結果が十分なものであることを表わす。「わざわざ行った――のことはあった・がんばった――あって成績が上がった・……中略……」

〔――に〕「期待していなかった――〔＝ので、なおさら〕喜びは大きい・明るい材料も出て来た――〔＝

ので、改めて〕あと数日の調整が見物（モノミ）・攻守ともに予想以上のもろさをさらけ出した——〔＝ので、今更のように〕監督は頭をかかえんばかり」（『新明解国語辞典』第三版）

この解説に従うと、「だけに」は「ので」とほぼ同じで、順接ということになろう。しかも「だけあって／だけに」とも文を受ける場合についてだけ考えられているようで、冒頭に出した例のような、名詞を受ける場合には、右の解説や例文では説明がつかない。だが実際の用例に当たってみると、名詞に付いた例がかなり多いのである。『岩波国語辞典』は「だけに」を二つに分けている。

だけ〔副助〕……中略……②《「——に」「——（の……が）ある」の形で》その事柄・身分に相応する意を表す。「苦労した——に経験を積んでいる」「自慢する——（のことが）あって見事だ」③《「——に」の形で》……だから、なおさら。「予想しなかった——に喜びも大きい」（『岩波国語辞典』第四版）

②の「だけに」は「だけあって」と共通した意味で、③の「だけに」は特有の意味と考えているわけである。

さて、以上見て来たように、「だけあって／だけに」を共通の意味を表すと考えるもの、異なる意味を表すと考えるもの、「だけに」には共通する意味と異なる意味との両方があると考えるものなど、種々雑多である。これでは一体どれを信じたらよいのか読者は迷ってしまうであろう。「だけあって」は「だけある」の連用形に「て」の付いた接続用法であるから、基本とする意味は「だけある」と変わらない。

停車時間にプラットホームでかきこむそばの味は、さすが本場だけあって格別だ。（早稲田大学『外国学生用日本語教科書・中級』）

も「さすが本場だけ（のことは）ある」という断定的表現である。「AだけあってB／BはAだけ（のことは）ある」というとき、A（これを前件と呼ぶ）は話し手にとって断定すべき対象と考えられる。では何に対して

「Aだけ（のことは）ある」と判断を下したのか。それは以下に続く後件Bである。「BはAだけのことがあるのだ」これを倒置して「AだけあってBだ」と言い換えたわけである。「ソバの味は本場だけあって格別だ」も、〝ソバの味は格別だ。さすが本場だけのことはある〟つまり、Bに対してAだけのことはあると認めるのは、まずBという事実を認めた上で、それがBである根拠として主観的にAを述べることである。ソバの味が格別なことをまず動かし難い事実として認める。次にそのような事実の根拠として「本場だけあって」と話し手の解釈を示す。〝やはり本場と言われるだけのことはあるんだ。その名声にふさわしく、このようにソバの味が格別なのは〟である。

次に「だけに」はどうかというと、これは、

中学校さえ危ぶまれている隆には及びもつかないことと諦めていただけに、母の歓喜は目ざましかった。（野上弥生子『哀しき少年』）

〝母の歓喜の目ざましさ〟ということ（B）が特殊状況として一層意味を持ってくる背景として〝……及びもつかないことと諦めていたこと〟（A）を挙げる。そのような客観情勢Aがあるからこそ、それが原因となってなお一層、Bが特殊状況として際立ってくるのだという発想である。つまり、Aは話し手の判断を超えた客観的事実、話し手の主観的判断は、Bという特殊状況を示すところにある。

三人も子供がいるだけに、なかなか再婚できない。

三人も子供がいるという客観条件（A）がしめつけとなって、なお一層〝再婚できない〟という特殊状況（B）が生まれるようだ、の意である。Aが制限条件となって、当人に特殊状況Bを賦課するのである。これが「だけあって」なら、

三人も子供がいるだけあって、彼女はなかなか人間が出来ている。

〝彼女の人間が出来ていること（B）をまず動かし難い

事実として認め、そのような事実を生み出す当然の要因(A)として〝三人も子供がいるだけのことはある。その経験にふさわしく〟と判断を示すことになる。「だけに」はAを条件とするかぎりBが特殊状況として付きまとうことを述べ、A条件が強まればBはますます特殊性を増すという関数関係を取る。一方「だけあって」は、客観的事実Bを支える要因としてAを挙げ、そのAにふさわしい結果としてBを眺める。本来この二つの表現は発想を異にするわけであるが、冒頭に掲げた例文のように、文脈によっては置き換えのきく場合も起こる。

標題の「横綱だけあって強い」は、その力士の強さに接し、さすが横綱だけのことはある。その地位にふさわしくいかにも強いことだと感嘆しているのであるから、「だけあって」がふさわしい。「横綱だけに」とすると、横綱の身分である以上、当然当人に付きまとう特殊状況、その条件が当人を金縛りにする何かをBとして後件に立てなければならない。

　横綱だけに、負けられない／ぶざまな相撲は取れない

32 「三匹の子豚がいる」か「子豚が三匹いる」か

物の数を示す言い方

人や物の数を叙述するとき日本語には「二本の角がある」「一週間の休暇がある」と連体修飾形式で表す方法と、「角が二本ある」「休暇が一週間ある」と連用修飾形式で表す方法と、二種類の表現法が見られる。数詞、特に人数や物の数量などをかんじょうする場合に起こる問題で、これは名詞の中でも特に数量を表す語が動詞に直接係る性質を持っているために起こる問題なのである。一般の名詞はそのような性質を持たないから、「学校の

本がある」とは言えても「本が学校ある」とはならない。時の名詞は数量詞と似て動詞に直接係るものが多いから、

午後の会議がある／会議が午後ある

のように、二つの形式の成り立つ例もあるが、意味に違いが出て来てしまう。副詞など修飾を本業とする語は、「～の／～(に)」と形を変えることによってこの二つの形式をまかなっている。

二重の手間がかかる／手間が二重にかかる
相当の勇気が必要だ／勇気が相当（に）必要だ
かなりの時間がかかる／時間がかなりかかる

ここでは、このような副詞類は除外して、数量詞について考えを進めてみよう。

そこへ一時に三十台ばかりの自動車が押し寄せたので、……（川端康成『禽獣』）

ダルニー占領記念の額面に二十人ばかりの名前が書いてあった。（井伏鱒二『集金旅行』）

紋つきを着た男女が五十人ばかり鍵の手に坐り……（同）

酒を二合ばかり飲み狐うどんを二杯たべて……（谷崎潤一郎『芦刈』）

これらの例は表現形式を入れ替えて「自動車が三十台ばかり……」「名前が二十人ばかり……」「五十人ばかりの男女が……」「二合ばかりの酒を……」としても特に日本語として不自然にはならないし、意味の上でも大きな差は出て来ないようである。では両形式は全く同じなのかというと、必ずしもそうとは限らない。たとえば、

五百円の切手がある

と言えば、五百円切手が一枚あることで、総計が五百円となる何枚かの切手があることではない。それなら、

切手が五百円ある。

と言うであろう。ある金額や数量が単位となって一つのまとまりを構成する場合、右の切手の例のように、両形式で意味に違いが出て来てしまう。「五十キログラムのマグロが釣れた」と「イワシが五十キロ網にかかった」との違いである。そこで、切手やマグロのような一つのものではなく、多くの物の集合の場合も、同じような意識の差がこの二つの表現形式に現れると考えられる。たとえば、「五キロの米がある」と言えば、五キロ入りの米の袋が一個あることか、あるいは最初から五キロ単位で量られた米がそこに置いてあるような場合を想定する。だから「五キロの米が二山ある」のように言うこともできる。「米が五キロ二山ある」では回りくどい。「学生四十人のクラス」「三機の編隊」「五本の指に入る」「三度の食事」「五十巻の全集」のように最初からその数量で一まとまり、一セットとなっている集合体には「幾つの何々」という表現形式がとられる。「何々が幾つある」形式だと「イワシが五十キロ網にかかった」のように、一キロ、二キロ、三キロ……と順に量や数を当たっていった結果、全部で五十キロになったという、当初不明であった数量をはっきりさせて示す意識が働く。計数・計量意識である。だから「数えてみると教室に学生が五十人いた」のであって、「五十人の学生がいた」のではない。もっとも、これは基本的にはこのような違いがあるというだけであって、実際にはそれほど厳密に使い分けられているわけではない。ラジオ東京社会部編の『科学への招待』(法政大学出版局)という本の中から少し例を抜き出してみよう。

どちらの方向へ落雷があっても必ずキャッチすることができるという八方にらみのものをつくりたいので、全部で十一個のカメラを並べてあります。(空からくる電波)

直径一メートルのお椀のような枠の内面に三十六枚の平面の鏡を連ねまして、……(太陽熱の利用)

これはナガスクジラとかイワシクジラで数えてみる

と頭に八十本ばかりの毛がちらばっています。（クジラ）

この間アメリカのグランド・キャニオンの上で旅客機が空中衝突し、一どきに百三十名ちかくの乗客が死んだというニュースがありましたが、そのあと、またアルゼンチンでも一どきに三つの飛行機が墜落、……（空の交通事故）

いずれも連体修飾形式をとっていて、連用修飾形式の例は見あたらない。改まった表現、文章体の記述では「幾つの何々」形式が圧倒的に多い。文体による使い分けと言ってもいいだろう。そう言えば学術的な文章や辞書の解説文は連体修飾形式をとっている。『角川国語大辞典』の中から例を引用してみよう。

体長約一二センチメートルで堅い甲らでおおわれ、眼前上方に一対のとげがあり、背の中央にも一本ある。（「海雀」の項）

一般に肩の高さは約一メートル、ほっそりした体格で脚には二個のひづめを持ち、雄の頭には大きな角がある。（「鹿」の項）

羊に似て、頭上に二本の角を持つ場合が多く、雄は下あごにひげがある。（「山羊」の項）

二つの肉瘤を持つフタコブラクダは、ゴビ砂漠やトルキスタン地方に分布。（「駱駝」の項）

この、ラクダのこぶの数の説明のしかたが『広辞苑』初版では次のようになっている。

中部アジア産のものは肉瘤二個をもち、フタコブラクダといい、西南アジアや北アフリカ産のものは一個で、ヒトコブラクダという。

数量詞を「を」の目的語の中に繰り込んでしまうわけである。そのため、先の二つの形式に加えてさらにもう一つ新しい表現形式を持つことになる。

補欠として二名の学生を入学させる。

学生二名を入学させる。

学生を二名入学させる。

この真ん中の形式は法令文など最近特に目立って使われだしたものであるが、まだそれほど一般の文章には浸透していないようである。一つの特殊な文体での表現形式と考えていいだろう。

ところで「ラクダにはこぶが二つあってね」と、くだけた会話では普通に言うのに、なぜ改まった文章では「二つの肉瘤を持ち」とか「肉瘤二個を持ち」のように固苦しく言わなければならないのか。日本語教育の現場などでは、特に欧米系の学生が、自分らの母国語に引かれてしばしば、

二本の牛乳を飲みます。

十人の学生がいます。

のように作文してしまうのを、より日本語らしい表現として「牛乳を二本飲みます」とか「学生が十人います」と直してやっている。しかし、今見てきたように、

その材料のことで一つの面白い実例があります。

(『科学への招待』「眼に見えぬ極小世界」)

形式の言い方がむしろ幅をきかせているのが実情である。特に書きことば、文章体のスタイルでは圧倒的にこの連体修飾形式が多い。言文一致とはいうが、日本語はまだまだ言文一致には程遠いのである。

第六章

主体・対象を表す言い方

33 「犯人が逮捕された」か「犯人は逮捕された」か

「は」と「が」の使い分け／取り立ての「は」と主格を表す「が」

主語を表す「が」は、「は」に置き換えてもさして意味の変わらないことがしばしばある。

「買う気がない／買う気はない」「住宅地が郊外に延びている／住宅地は郊外に延びている」「彼がなぜ怒っているのかわからない／彼はなぜ怒っているのかわからない」「隣が二階を建てた／隣は二階を建てた」「幕が切って落とされた／幕は切って落とされた」

しかし、「私が行きます」と「私は行きます」「頭が固い／頭は固い」「これが桜の木だ／これは桜の木だ」では発想に大きな違いが感じられる。しかも、「は」が強意表現となる例と、「が」が強意表現となる例があるというように、その規則はかなり複雑である。

「は」はもともと「が」と対応する助詞ではない。一般には、「は」を主題・題目を表すものとしてすぐに格助詞の「が」と対比してその異同について論じがちであるが、文法的には係助詞の「は」と格助詞の「が」とは本来レベルの異なる語であって、同列に扱うことがむずかしい。「は」は係助詞であるから、体言だけでなく、用語や助詞の後にも付いて、以下の述語に示す事柄の成立を限定する。その意味では述語に係ると取るよりも述語を限定すると考えるほうが合理的かもしれない。

大学へ行く　――→大学へは行かない
部屋にいる　――→部屋にはいない
教室で読む　――→教室では読まない
窓から見える　――→窓からは見えない
駅まで歩く　――→駅までは歩かない

一見、否定表現には「は」を用いると考えられそうであるが、「駅までは歩けても、公園まで歩くことはとてもできない」「窓からは見てもいいよ」「教室では許されているが、図書館内では荷物の持ち込みは許されていない」のように、必ずしも否定と呼応するわけではない。むしろ、「は」の表現性が否定表現にマッチしやすいため、否定文の中で頻用されると見るほうが筋が通る。

格助詞「を」には「は」は付かない。昔は「をは↓をば」の形で用いられたが、現代語では「をば」は廃れ、もっぱら「は」で「を＋は」の役を果たしている。

豚肉を食べる──→豚肉は食べない

主格「……が」の場合も同様で、「がは」の形は現れず、「は」で「が＋は」の機能を代行している。

バスが来た──→バスは来ない

これを、「がは」の「が」が脱落したと取ったり、深層構造として「がは」の形を仮定したりすることは事実に合わない。「犯人は逮捕された」は「犯人（が）は逮捕された」と「が＋は」に相当すると考えるのは自由であるが、もともと古代日本語では、単文中の主格は「犯人逮捕さる」のようにゼロ形式で、特に助詞「が」は使われていない。つまり主格は形式として表さないのであるから、それに「は」を加えれば「犯人は逮捕さる」のように、ただ「……は」となるだけで、他の格「へは／には／では／からは／までは」に見られるような複合形式とはならない。もともと無いものを、説明の便宜上その存在を仮定することは、事実に反する行為と言わなければならない。目的格の「を」も歴史的には「書(ふみ)を読む」とは言わず「書(ふみ)読む月日重ねつつ……」とゼロ形式であったから、「文(ふみ)はやりたし書く手は持たず」のように「……は」の形でもって「をば」の役を果たしているのである。だから、強いて示すなら、格助詞のレベルと係助詞のレベルとを区別して次のように表せばよいだろう。

風　立ちぬ──→風　は立ちぬ
彼が来た　──→彼　は来た
書(よみ)　読む　──→書　は読む
肉を食べる──→肉　は食べる
駅へ行く　──→駅へは行く
家にある　──→家にはある
庭で遊ぶ　──→庭では遊ぶ

このことは、格助詞の示す機能と係助詞の示す機能とが次元を異にしていて、たとえば「彼が……」と「彼は……」とを対照して一概に論ずることが危険であることを示している。つまり「彼は……」を「彼が……」と同じ〝主格を表す働き〟として、両者の差を吟味することが誤りであるという意味なのである。それよりはむしろ、主格に立つときは現代語では「が」となるべきところが、ある特定の文脈の場合に限って係助詞「は」が添えられるため、「が」が現れない、と考えるほうがよほど理にかなっている。「が」の働きと「は」の働きとを対等のものとして同じレベルに置き、それぞれが受け持つ表現領域の境界線をどこに引くかを論ずるより、本来「が」が受け持つはずの領域のうち「は」によって塗り消される範囲がどこまでかを吟味したほうが遥かに合理的である。(もちろん「が」の領域外にも「は」は広がっているのだが。)主格に相当する文脈をいちおう「が」の領域として塗りつぶし、次に、その上から「は」の表現に該当する文脈を別の色で塗り消していく、と考えてもいい。その場合、「は」の領域に入る文脈とはどのようなものかを論じていけば、おのずと塗り残された部分が「が」の文脈に当たるということになる。(ただし、「は／が」の重なる文脈でも、文脈そのものは共有しているとしても、どちらの助詞が顕在化するかで発想は基本的に相違するということに注意するべきである。)そこで、次に「は」の働きと文脈的特徴を見ていくことにする。

「は」は〝取り立て〟をおこなう助詞である。その取り立てが「これは桜の木だ」「時は金なり」のように特定の話題の提起となったり、「行きはよいよい、帰りはこわい」「男は度胸、女は愛嬌(あいきょう)」「花は桜木、人は武士」のような、一つを取り立てることによって他方と対比する意識が強められたり、さらに「読めはしないが、意味はわかる」「いちおう行ってみはするが、受け付けてもらえるかどうかはわからないよ」と、ある行為や事柄をそれと取り立て強調する働きともなる。基本は取り立て意識であるから、必ずしもそれが以下に続く述語の主体となるわけではない。確かに「あの人は外国人だ」と言えば、「あの人」は外国人であるという状態を持つ主体であるが、「みえは張っても、人はだませない」と言う場合、「みえ」や「人」は以下の行為の主体とはならない。「彼はどう思うか」と言うとき、「彼」は思う行為主体にも、思われる対象にも、どちらにもなり得る。

〝その事を彼自身はどう思っているか〟〝あなたは彼に対してはどう思っているか〟二様の解釈が成り立つということも、「は」が主体や対象、行為・状態などを特にそれと取り立てて強く聞き手に示す〝取り立て〟の助詞で、「が」のような主格専用の助詞でないことを表していると見てよかろう。右の例で言えば〝彼そのもの〟という話題の限定によって、文表現の中で「彼」が取り立て強調されるという、ただそれだけのことで、その「彼」なる人物が、以下の叙述内容の主体となるか対象者となるかは、「は」の働きの範囲では、はっきりしない。それは「彼がどう思うか」「彼をどう思うか」と格助詞の領分で、「は」はそこまで機能していないのである。

「は」が、表現内容の個々の部分からその一つを取り立てて、それを述語と対応させる係助詞であるため、たまたま取り立てた事柄が述語の主体であった場合には、主格の「が」と一面共通するところを持つわけである。主格の「……が」に立つ事物が、主題として係助詞「は」によって取り立てられた場合、「……が」と「……は」の重なりは共存せず、「……は」に隠蔽(いんぺい)されてしまうから、この両者が一見、機能を共有しているかのように思われてしまうだけである。

以下の述語の属性主・状態主・動作主が「……は」に立つ場合、「は」は、さまざまある話材の中からその一つをこれと取り立て、話題として特定し、〝何である／どんなである／どうする〟と以下で述べる表現構造となる。「何は何だ／何はどんなだ／何はどうする」という「話題―解説」の二部構成で、発想の起点は「……は」の特定、話題の提示にある。「彼は外国人だ」と言った場合、まず「彼」を話題として採り上げ、その「彼」に関して自由に思いつくままを以下に述べる。「彼」と「外国人だ」との結び付きはそれほど強いものではなく、話し手の自由意思によって任意に結び合わされたものと考えていい。「AはBだ」形式の判断は必ずしもAがBの主体とは限らない。「ぼくはうなぎだ」「君はすしだ」式の結合も成り立つし、「彼は外国人だ」と言っても、〝彼自身＝外国人〟とは限らない。「彼は（奥さんが）外国人だ」という場合もあり得る。いわゆる「象は鼻が長い」で代表される総主の文である。述語の表す事柄が全人的な事態の場合はAはBの主体となるが、そうでない場合は総主の文となりやすい。「眠い」は全体的感覚であるから「ぼくは眠い」で「ぼく」が「眠い」の主体となるが、「痛い」のような部分感覚は「ぼくは痛い」と言っても、実は「ぼくは頭が痛い」のような「AはCが……だ」文型の総主Aとなってしまう。

「AはBだ」文が、Aを起点としてまず「Aは……」と話題提示をおこない、つぎにそれに対する話し手の任意判断「……Bだ」を寄せる発想ゆえ、Bが不明未知の場合は不定疑問詞となる。

これは何ですか／彼はだれですか／ここはどこですか／遠足はいつですか／……

問題「Aは？」に対しての答えとして「Bだ」と自身の判断を示すわけであるから、言ってみれば「AはBだ」文は、Aの話題設定は同時にその話題についての問題提起であり、「Bだ」の部分がそれに対する話し手の解答、つまり「課題―解答」の文と言ってよかろう。当然、話し手の言わんとする部分は解答部分「Bだ」である。はっきり言えば「Aは」の部分は必要がなければ略したってかまわない。自己紹介で「私は森田です」と言うべきところを簡略に「森田です」と言うだけでも事足りるが、「私は……」では何を言いたいのか発話の意味がない。逆に、「Aは」は課題部分であるから、質問ならば「あなたは？」とか「お名前は？」「妹さんは？」でじゅうぶん質問の意図は伝わるわけである。

「……は」が話題の取り立て意識に発想の出発点を置くところから、「は」で受けられる事柄は、それまでの文脈や発話の場面、話し手の観念内などにおいてこれとはっきり規定できるものに限られる。未知不明の事柄を

「……は」で取り立てることはできない。だから「何、だれ、どちら、どこ、どれ、いつ……」などの不定詞は「は」で受けることができない。「どこはいいですか」とか「だれは来ましたか」などとは言えない。はっきり規定できる事柄を「何々は……」と取り立て、以下それについて述べたいことを「何だ／どんなだ／どうする」と叙する発想形式である。「時は金なり」「人間は考える葦である」のような定義的色彩の濃い表現や、「花は桜木、人は武士」式の対比文、「縁は異なもの、味なもの」「老兵は死なず、消えゆくのみ」のような複数述語の文は、事物AやBがまず観念内にあって、次にそれがどうであるとか、どうするとか、他方は違うとか判断を下す文ゆえ、話題取り立ての「……は」文型となるのである。事物・事柄が先に頭にあって、それについて種々の判断を下すという発想が、自然と取り立て意識の「……は」文型を取らせると言ってよかろう。

　これに対し、〝どうなっている〟〝どんなだ〟という現象理解・状況把握が先立つ「雨が降り出した」「日が出ている」「風が冷たい」「気がきかない」「歯が立たない」「手が付けられない」「鼻の下が長い」……など実感に基づく発話は「……が」文型が自然である。また、「何が原因だろうか」「だれが犯人だ？」「どこがいいですか」「どっちが好きかい」など、述語部分をまず問題として取り上げ、それに該当する事柄（「何」や「だれ、どこ、どっち」など）を詮索する発想は、主体や対象指示の「が」で表すのが自然である。

　「そこが問題だ」「彼が真の犯人だ」「（遠足は）鎌倉がいい」「水が飲みたい」「時間が欲しい」

　言いたいところは「何が／だれが／どこが／どっちが」の「……が」部分にある。だから「彼は犯人だ」と言えば「彼」を問題意識としてまず取り立て、その「彼」について犯人か否かを以下で判断する。「犯人だ」という判定部分がこの文の表現意図に当たる。一方「彼が犯人だ」と言えば、「だれが犯人か」という犯人詮索の段階において〝ほかでもない、彼が〟と解答を与える。「彼が」部分に表現意図が置かれる。「犯人は彼だ」の倒置的発想で、そのため強調文となるわけである。「彼が」の「が」に卓立のイントネーションが加わる。一般に、

「象は鼻が長い」「奴は目が離せない」「気がきかない奴だ」「彼が犯人じゃないことを私は信じる」「切符が手に入ってよかった」「図書館が利用できるなどの特典があります」「大きな地震が近くあるというニュース」

のような、複文を構成する従属句の中で用いられるのは「が」である。これは、

象は—長い／奴は—離せない／きかない—奴だ／犯人じゃないことを—信じる／手に入って—よかった／利用できる—などの特典／近くある—というニュース

のように、まず述語部分が第一次の発想として先行し、ついでその述部に対する主語、

鼻が—長い／目が—離せない／気が—きかない／彼が—犯人じゃない／切符が—手に入る／図書館が—利用できる／大きな地震が—近くある

が第二次の発想として重なってくる発想の二重構造に起因する。

「象は—鼻が」とか、「奴は—目が／気が—奴だ／彼が—私は信じる／切符が—よかった／図書館が—特典があります／大きな地震が—というニュース」

のような結び付き方は起こらない。「が」は、主語〝何が〟の部分の内容を具体的に示す意図の語であるから、右に述べたような第二次的発想には「が」が現れて当然である。（古代語では、複文の従属句中の主語の指示にのみ「が」が現れ、単文の中では現れない。「が」が二次的発想の機能を担う語であるということが、すでに古代語において確立している。）

第一次
私は——信じる

第二次　何ヲ
私は——(犯人でないことを—信じる)

第二次、何が
私は――（彼が―犯人でないことを）――信じる）

右の文が「……彼は犯人でないことを信じる」と「は」であったら、「彼は」は「信じる」に係ってしまい、構文そのものが違ってしまう点に注意したい。もし「私は彼は犯人ではないと思う」のような引用形式の文であったなら、「彼は」の勢力は引用句中で留まり、文末述語「思う」にまでは及んでいかない。この点が目的語と引用句との文法的相違点と言ってよかろう。つまり目的格に立つ名詞句は地の文と同じ次元に立って展開しているが、引用句の場合は、挿入句として、地の文とは次元を異にしている。「彼はどうなのか／彼は犯人ではない」という判断が「私は―信じる」の地の文の中に挿入されているのである。

けっきょく単文の場合も複文の場合も、現象や状況をまずキャッチしてその主体や対象を問題とする発想のときは「が」、先に主体を設定してそれに対する判断を後で示すときには「は」である。複文では、「は」は次の三つの場合に主に現れる。

(1)二つの主題を対比させる場合
「おじいさんは山へ柴刈りに、おばあさんは川へ洗濯に行きました」「傷は痛いし、病室は暑いし、とてもつらかった」「象は鼻は長いが、首は短い」

(2)複数の述語に係っていく場合
「彼はよく働くし、よく勉強するし、立派な青年である」

(3)中間を飛ばして文末述語に係っていく場合
「兄は私の知らない歌をみんな知っている」「母親は子供がまだ乳児のとき死んだ」

そこで標題の例に戻って、「犯人が逮捕された／犯人は逮捕された」も、「が」を用いれば、

a、「雨が降ってきた」「幕が切って落とされた」などと同じく、単純に外在の状況として述べる場合。多くは人名や役職名が入って、「重衡が源氏に捕えられた」「大変、社長が逮捕されました」「直ちに主犯格の男が逮捕された」のように言う。

b、「誘拐事件は犯人が逮捕された」のような「……は……が述語」文型の部分として用いる場合。多くは

「この事件は犯人が、逮捕されたことにより一件落着と見られます」のように、さらに文が以下へと展開する。

c、「犯人が逮捕されればば真相は、はっきりするだろう」「犯人が逮捕されても被害者の命は返って来ない」のような、複文の従属句をなす場合。

d、「逮捕されました／だれが？／運転手が」という、質問の答えの場合。多くは「運転手が逮捕されたのです」のように説明の「のです／んです」表現となる。それによって強調意識が示される。

e、「車掌ではなく運転手が逮捕されたのだよ」のような対比強調の場合。

一方、「犯人は逮捕された」のように「は」文型となると、

f、「犯人はどうなった？／逮捕された」のように「犯人」を主題とし、「逮捕された」に表現意図が示される場合。

g、「誘拐犯人は逮捕され、子供は無事親の手に戻った」「犯人は逮捕されたが、被害者はすでに殺されていた」のように二つの事物を題目として対比する場合。

h、「犯人は逮捕されても反省の色が全くない」のように、「犯人は」が文末部分にまで意味的に係っていく場合。この場合「犯人は」は「逮捕され」に係るのではなく、文末述語「……反省の色がない」に係るのである。

34「水が飲みたい」か「水を飲みたい」か

希望表現の意図はどこにあるのか

同じ「他動詞＋たい」の希望でも、「……が……たい／……を……たい」二つの文型が現れる。

しかし法要らしい法要も久しく怠っていることであ

り、自分が世にあるうちに五十年忌が営みたい、という望みに対してまで、秀吉は同意しようとしなかった。(野上弥生子『秀吉と利休』二)

昼の休みの時が来たら、大工場ではサイレンが鳴り渡り、オフィスではベルが壁から響く。しかし、わたしだったら、休みのシグナルにはチャイムを使いたい。(島崎敏樹『幻想の現代』)

「たい」が要求する助詞「が」は、主語を表すのではなく、欲求の対象を表しているのである。その点他動詞の目的語に付く「を」と似ている。「が」がこのように対象格を表すのは、「できる、わかる、もらえる、話せる」など状態性の強い動詞(対象語を取る状態動詞、他動詞の可能動詞)か、形容詞「ほしい、うれしい、こわい」など、および形容動詞「好きだ、きらいだ」などである。これらの語には「が」のほか「を」を用いた例もまま見られる。

この八月は冷夏のため、海水の温度が……大幅に下回った。例年なら八月中旬には種ガキを生産できるのに、今年はいまだに親ガキが卵を産んでいない。(朝日新聞「「カキ」がピンチ」昭和五十五年九月三日)

初めはみんなが自分をもの珍しそうに見ているんじゃないかと思って、恥ずかしくて恥ずかしくて……。当分お客さんの顔をまともに見られませんでした。(朝日新聞「職場パトロール」)

(ウェゲナーは)大陸塊の漂移を説明する正当な機構を導き出すことができなかった。というのも、諸大陸の移動というあまりにも大規模な現象を理論的に考えられなかったためである。(小畠郁生訳『さまよえる大陸と動物たち』講談社)

その糸屑を拾うときにほとんど突然に玄関先に脱ぎすててある紅い緒の立った雪駄をほしいような気がしたのは、自分ながら意外であった。(室生犀星『性に目覚める頃』)

父はもともと、几帳面な働き手で、そんな父をわたしは好きだし、ありがたくも思っている。（臼井吉見『事故のてんまつ』）

このように「を」を取る例も見られるが、いずれも「が」に換えても不自然とはならない。犀星の例のように「が」のほうがむしろ自然だと感じられる例もある。少なくとも絶対に「が」に換えられないという例はない。

立体交差というものは、建設には費用がかかるかもしれないが、きわめて有効である。これによって、交通量が倍（以上）もこなせるようになることを考えれば、決して高価とは言えない。（ロゲルギスト『続物理の散歩道』岩波書店）

すると、お嫁さんがほしい、この娘がよかろう、なんていうことになりますか。（早稲田大学『外国学生用日本語教科書・中級』「デパート」）

だれそれとはウマが合わないからバレーの部にはいらない、ではなくて、この遊びが好きでさえあれば、だれとでも仲間になれる。（『幻想の現代』）

このように「できる、……られる、ほしい、好きだ」のグループは「が」を受けるのが本来で、時に「を」の例が交じる程度であるが、論題の「……たい」だけは「が／を」の使い分けがかなり厳格で、どちらでもよいという場合のほうがむしろ少ない。『幻想の現代』の例「休みのシグナルにはチャイムを使いたい」は、やはり「……を使いたい」であって「……が使いたい」では落ち着かない。「が／を」の使い分けとしてまず挙げられることは、「水を飲みたい」のような一語に続く例ではなく、あるまとまった文相当の句に「たい」を続ける場合である。例を挙げよう。

たとえば、雨の降る日に傘をささないで往来を歩きたいと思ったとしても、なかなかそうはさせてくれない。鼻の先にとまった蚊をそっとしておきたいと思っても、それは一通りの申し訳では許されない。（寺田寅彦『田園雑感』）

「そっとしておく」のような言い回しや句になると、「私は蚊をそっとしておく」という一つの文の述語としての意識が強まり、その文全体に「たい」が伴うという文構造となる。標題の「水が飲みたい」も、もし「飲んでおきたい」であったなら、「今のうちにうんと水を飲んでおきたい」となるのが自然であろう。「本が読みたい」も、

「今日中に、借りた本を読んでしまいたい」「この本を終わりまで読みたい」「人生の決定的な出逢いとなるような、生涯心に残る名作をぜひ感受性の鋭い心の柔らかい年代に読んでおきたい」

と「を」となる。「……を……たい」は、もともと「私は……を……する／したい」という判断の文であって、主語「私」が、その対象に対して何をするのか、何をしたいのか述べる文である。したがって、話し手の表現意図は「何する／何したい」の述語部分にあることは言うまでもない。〝生涯心に残る名作をどうしたいのか〟の設問に対して〝我々は心の柔らかい年代に読んでおきたいのだ〟と解答する。「何は何だ」の構文で「課題―解答」をおこなう典型的な判断文である。この〝何したい〟の述語部分は、課題に対する解答ゆえ、具体的内容となりやすい。「あなたにお勧めしたい」「教科書として採用したい」「ブックカバーに利用したい」は「……を……たい」文型をとるのが自然である。

「これをあなたにお勧めしたい」「これを教科書として採用したい」「この紙をブックカバーに利用したい」

〝私はこれをどうしたいのか〟に対する解答として「……お勧めしたい」「……採用したい」「……利用したい」と答える発想である。具体的な事物が今、話し手の中にあるからこそ「……これをお勧めしたい」とか「採用したい」と言えるのであって、何もないのにただ漠然と「何かお勧めしたいな」「何か採用したいが……」と行為の欲求が先行することは通常では有り得ない。すでに採用したい内容が決定していて、それを他人に伝える場合なら、

「私はこれが採用したいのです」「これがあなたにお勧めしたい品です」「僕はそれでもあれでもなく、これが利用したいのです」

〝ほかの物ではなく、これが〟という排他強調の「が」で表現もしよう。「水が飲みたい」文型は、飲みたい欲求がすでにあって、その欲望の向けられる対象として〝お茶でもコーヒーでもなく、水が……〟と指定する発想である。つまり「……したい」欲望が先行し、その欲望の対象が何であるかを「……が」で答える。「私の飲みたいのは水です」の判断文を倒置して「私は水が飲みたい」と強調する〝主題―(解答―課題)〟の関係である。〝私は何が飲みたいか？　お茶でもコーヒーでもなく、水が飲みたい〟と「……が」で種明かしする。「……が……たい」文型が往々「……が……たいのだ／……たいんです」の形を取るのはこのためである。

ところで、具体的な事物が決まらない前から、何かしたい、ある状態になりたいと考えるのは、本能的欲望か、欲求不満から生ずる渇望感か、希求感か、事の成り行きの帰結として自然とそうしたい気分になっていく場合かの、いずれかである。のどが渇くから〝何か飲みたい〟と感じ、「水が飲みたい」と欲求の具体的な対象が浮かんでくるのである。対象もさだかでないのに〝とにかく何か殺してみたい〟などと考えることはまず有り得ないから「ハエが殺したい」などと言わないまでである。眼前にハエがとまっているからこそ「あのハエを殺したい」と望み、たくさんハエがいるので「どのハエが殺したいのか／あのハエが殺したいのだ」と話す。話し手の述べたい部分は傍線部にあることは、すでに見てきた通りである。このことから、「……が……たい」を自然に取る動詞はかなり限られたものであることがわかろう。

水が飲みたい／パンが食べたい／本が読みたい／テレビが見たい／レコードが聞きたい／おしっこがしたい／車が買いたい／写真がとりたい／背広が着たい／何がしたいのですか／旅行がしたい

いずれも生理的なしいは精神的にある満足感を得るために主体が何かを受け入れたり（これは「ほしい」に通

じる欲求・欲望である)、出したりする行為である。ただ対象物に作為を施すだけの外在物に関する行為、

魚を焼く/木を伐る/部屋を掃除する/荷物を載せる/電灯を消す/電車を止める/会社を興す

など「ほしい」に置き換えられないただの行為は「……が……たい」を用いないのが普通である。理由もないのに本能的に焼きたいとか、伐りたいと感じることはないからである。自身に関する生理的原因に発する行為でも、

手を洗う/歯を磨く/背中を掻く/ひげを剃る/汗を拭く/上着を脱ぐ

などは、特定の場面設定をしないと「……が……たい」がぴったりしてこない。外在物への作為に「……が……たい」が使いにくいことから、他方(B)に対して他者(C)を差し向ける「BにCを……する」表現も当然のことながら「……が……たい」は使われない。

「壁に額を掛けたい」「学生に生きた英語を教えたい」「会社に辞表を提出したい」「犯人を警察に突き出したい」「息子を一流大学に入れたい」

と「を」を用いるのが自然である。この「……に……を……たい」の「に」が〝対して〟ではなく〝として〟〝と〟の場合も同じである。

「娘を嫁にやりたい」「彼を選手代表に推したい」「息子を自分の後継者にしたい」「千円札を小銭に替えたい」

これらは皆「……は……を……に……する/……したい」文型として固定しているのである。〝千円札をどうしたいのか/私は千円札を小銭に替えたいのだ〟と「……に……たい」のところが解答部分となる。「……が……たい」は「……が」の部分に、「……を……たい」は「……たい」の部分に話し手の表現意図がある。

知的なものは、ただ人間を評価する一つの面であっ

て、人間の価値というものは、決してそればかりで決まるものではないということを言いたいだけなのです。
（山本岩雄『適性』）

人間の価値というものは、そればかりで決まるものではないということを、あなたはどうしたいのか？　私は声を大にして〝言いたい〟のだと、行為「言いたい」に強調部分が置かれる。これが「……ことが言いたい」であるなら、何が言いたいのか？〝そればかりで決まるものではない〟ということが言いたいのだ、と言いたい内容のほうに重点が置かれる。標題の「水が飲みたい／水を飲みたい」にも、これと同じことが言えるのである。

私の飲みたいのは水だ──→私は、水が飲みたい
私は水を飲む＋たい　──→私は水を飲みたい

35 「手に触れる」か「手を触れる」か

主体と対象の動作関係／無意思性の現象か意図的行為か

講談社の『本』という雑誌に次のような文が載ったことがある。

ところで、この大規模な公式料理をどのような順序で、進め、また、頂くか──興味あるところだが、実際は勅使は一物も料理を手に触れず、まず最初は、勅使の前に式三方が進められ、酒を一献勧めてから式三方が下げられ、供膳と十二折が並べられるが、これも食べる料理ではなく、供える料理で、絶対手をつけぬ原則で、香りだけを嗅いで引き下げさせる。（平野雅章「将軍家の正月料理」『本』第七巻第一号）

この文の「料理を手に触れず」の箇所は「料理に手を触れず」と書き改めることも許されるであろう。「触れる」は、「手に触れる」のように格助詞「に」を取るほかに、「手を触れる」と「を」も取る動詞だからである。右の例の場合、「に」と「を」のどちらがより良いかはしばらくおくとして、日本語の動詞には「触れる」のように、二つの助詞のどちらを取っても正しい表現となる場合が案外と多い。

「親に頼る／親を頼る」「腫れ物にさわる／腫れ物をさわる」「横柄な態度に怒る／横柄な態度を怒る」

いずれもその主体が対象に何らかの働き掛けをする意味の動詞で、〝AがBに対して行為を及ぼす〟〝AがBを行為の対象としておこなう〟気持ちである。

ところで「何か柔らかい物が足に触れた」と言えば、動作関係からみると、柔らかい物が向こうから足に接触してくること、たとえば子猫が主人の足先に体をすり寄せてくるような場合か、こちらが足であたりをまさぐったところ何か柔らかい物がたまたま足先に触れたという、足のほうが接触していく場合を考える。このように動きの主体がどちらであるかの違いはあるにせよ、〝何かがどこかに触れる〟（AガBニ触れる）という場合の「触れる」は、主体の意思とは関係なく起こる現象で、無意思性の動詞と見てよかろう。それが時によって「ペンキが手に触れてしまった」「ペンキに手が触れてしまった」とA・Bどちらに視点を置くかで表現が入れ替わるのである。いずれにしても、このような言い方は非意図的に起こる接触現象であるから、冒頭の例文のような料理に手をつける行為に対しては使えない。「料理が手に触れる」とか「料理に手が触れる」では、触れてはならない手がたまたま接触してしまったという偶発現象となってしまう。「そんな持ち方をすると皿の料理が手に触れちゃうよ」「そんな持ち方をすると皿の料理に手が触れて汚いじゃないか」

人間以外の事物にも「触れる」は流用される。物同士の接触「木の枝が電線に触れている」「外気に触れると色が変わる」外界の事象が話し手側とかかわりを持つ場合、「看板の文字が目に触れる」「耳に触れ目に触れるもの、すべて驚きと感動の連続であった」さらに「雷に触れる」「電気に触れる」「怒りに触れる」「法に触れる」の比喩的用法など、いずれも「……が……に触れる」の形で非意思的な現象を表している。このような、互いに触れ合う主体同士の関係とは別に、

「機械に手を触れるな」（『新明解国語辞典』第二版）

「……に……を触れる」の形で、主体の意思によって、どこかに何かを意図的に触れさせるという一方的な行為がある。

作品に手を触れないでください。

手で触れるなら「作品にさわらないでください」と「さわる」に近づくわけであるが、「さわる」と置き換えられるという点からも、右の文型の「触れる」は意思的行為だと見てさしつかえなかろう。

一切のつとめが済んだ後も彼女は私のわきを去ろうとはせず、私の前に坐して私を仰ぎ見、何か気兼ねする処あるらしく注意深く四辺をとみこう見し、人目あれば素知らぬ体で何かの用をしている風を装い、人目なければおそるおそる私の膝に触り、初めの程は只ほんの指先をそこに触れるのみであったのがやがて垂れている右手にさわり、頬を撫で、遂には何処という事なしに生なき私の五体を撫で擦するようにしながら、まじまじと私の顔に打ち見入るその面持ち、その眼ざしの並々ならぬ光りは私を愕かした。（長与善郎『地蔵の話』）

はじめのうちは、ただほんの「指先をそこに触れる」のみであったのが、やがて「右手にさわり」つぎに「頬をなで」最後には「五体をなでさする」ところまでエスカレートする様が実に面白く描かれているが、右の例からも「触れる→さわる→なでる→さする」への意味の段階的発展が伺われる。そして、いずれも主人公の尼僧が生なき地蔵に対して肉体的接触を求めていく意思的な行為としてこれらの動詞がうまく使い分けられているのである。つまり、第一段階は「触れる」で始まり、指先から掌へと接触部分が広がると同時に、次第に強い

意思で接触行為が摩擦行為へと変化していくその過程を四つの動詞で描き分けていく。ということは、初めの「指先をそこに触れる」は意思的行為の「触れる」にほかならない。このような意思的な触れるは「指先を触れる」「手を触れる」「唇を触れる」など肉体の一部を直接接触させる場合のほか、「料理に箸を触れようともしない」（ぜんぜん食べない）のような例もまれに見られるが、普通は、他の物を介しておこなう間接的な接触は、「棒の先でこわごわ蛇の尻尾に触れてみる」のように「……で……に触れる」の形を取る。しかし、「で」を使うと、ある目的達成のために触れるのではなく、触れること自体に目的が置かれてしまう。ともあれ、これらの意思的な「……に触れる」の言い方は、接触していく対象——料理や蛇の尻尾——を「に」の格で受けるところに特色がある。

ところが、これとは別に、主体側の「手」を「に」の格に取って「手に触れようともしない」という言い方が一方でおこなわれている。〝全然手に取ってみようとさえしない〟〝極力遠ざける〟〝敬遠する〟さらに〝無視する〟の意味を表すわけであるが、だいたいは「手に触れようともしない／触れようともせず／手に触れずに／手に触れず」と否定形で用いることが多いようである。このような「触れる」は主体の意思に発する行為ではあるが、もちろん先に述べた「膝に指先を触れる」や「料理に箸を触れる」など〝接触〟を表す「触れる」とは性質が違う。

何か汚い物でも見るように、手に触れようともしませんでした。

「手に触れる」全体が一つの言い回しとして〝関心ある対象として親しく手に取ってみる〟という意味を表しているのであるから、これは意味的には一語の動詞に相当するわけである。しかも、何かを〝手にする〟〝手に取る〟行為なら、これは他動詞と同じで、手に触れるべき対象が必要なわけである。当然、他動詞的に「何を」と「を」の目的語を立てて、

実際は勅使は一物も料理を手に触れず、まず最初は……（「将軍家の正月料理」）

としなければならない。そこで整理すると、

(1)「……が……に触れる」柔らかい物が手に触れた。
(2)「……に……を触れる」料理に箸を触れる。
(3)「……で……に触れる」棒で蛇の尻尾に触れる。
(4)「……を……に触れる」一物も料理を手に触れず……

の四つの形式があることになる。(1)の「触れる」は自動詞で、無意思性の現象。(2)は他動詞で、意思的行為。(3)は自動詞で、意思的行為。(4)はちょっと複雑で、「触れる」そのものは自動詞だが、「手に触れる」全体が一まとまりとなって他動詞的な働きとなり、意思的行為を表す。以上のことから、同じ「手に触れる」にも(1)(3)(4)の三種のあることがわかる。それに対し「手を触れる」は(2)の用法に限られる。

　物と物との接触のほか、「触れる」にはいろいろと比喩的な用法がある。『岩波国語辞典』第四版では、物と物との接触の用法を〔下一自他〕として、

「指先が――」「指先で――」「手を机に――」「枝が電線に――」「外気に――」「肌を――」

の用例を挙げ、以下の比喩的な用法は〔下一自〕として㋑～㋬の六項目に分け、それぞれ

　㋑「目に――」「耳に――」㋺「折に――・れて訪れる」「事に――・れて意中を示す」㋩「その問題に――・れておく」㋥「すぐれた音楽に――」「学問的雰囲気に――」㋭「法に――」㋬「雷に――」「電気に――」「怒りに――」

の例を挙げている。これらはいずれも「……に触れる」の形をとる自動詞である点に注意したい。他動詞の用法はただ一つ、

　〔下一他〕広く一般に告げ報せる。「あちこち――・れ（て）歩く」

の例があるにすぎない。このことからも「……に触れる／……を触れる」の弁別は〝接触〟を表す本来の用法のとき起こる問題であることがわかろう。だから次に掲げるような用法は「に」を取るのが本来であって、「に／を」でどう違うか考える本節の主旨からはずれている。

ここで、彼の師秀甫（一八三八―八六年）のことを、簡単に触れておきたい。彼は天保九年に上野車坂で極貧の大工の子として生まれた。（平田寛「ヨーロッパ最初の愛碁家」講談社『本』第八巻第二号）

36 「息子に頼る」か「息子を頼る」か

文型による対象の差と意味の違い

一五七二年新星出現の記憶がまだうすれないうちに、新しい星が出現した。一六〇四年のことで、この新しい星はケプラーの新星と呼ばれる。（中略）ケプラーの記録はたいへん正確で、一九四一年にウィルソン山天文台のバーデはこの記録にたよって可視光の残骸を発見したのである。（長谷川博一・川良公明訳『超新星の謎』講談社ブルーバックス）

上の文章に「記録にたよって……」という箇所がある。ここを「記録をたよって……」としたら意味はどう変わるのだろうか。今、手もとにある『岩波国語辞典』第四版を引いてみると、次のような記述がある。

たよ-る〔頼る・△便る〕〔五他〕①助けてくれるものとして、よりかかる。たのみにする。「兄に―」②つながりを求める。てづるとする。「知人を―・って渡米する」

右の例文からもわかるように、「頼る」には「……に頼る／……を頼る」二つの言い方がある。「……に頼る」は「夫に頼る妻」「他人の懐に頼る」「財力に頼って事の解決を図る」「才能に頼る」「杖に頼って山道を登る」のように〝拠り所にする〟対象を「……に」で示して、それに寄り掛かるという気分を表す。つまり頼る人と頼られる相手とがあって、頼る側は自力では不十分であるとか、不安であるとか、あるいは他力をあてにしないと人間としての十分な活動ができないところから相手の力に依存するという弱さがある。要するに自身が頼りないのである。頼られる相手は、人間でも、財力や権力・才能など人間の所有する力でもよい。頼る側と頼られる側との二者関係であるから、相手が人間である場合には、これを受身に変えて、「人に頼られる」のように言うこともできる。また、頼るだけの値打ちを相手が持っていれば「頼りがいがある／頼られがいがある」のようにも言える。

「……に頼る」が頼り手・頼られ手の二者関係によってのみ成立するとすれば、「主人になつく」「敵に勝つ」「師に優る」「相手の意見に従う」などと同じく自動詞と考えなければならないが、はたしてそうだろうか。「息子に頼る母親」と言うとき、息子対母の関係において、単に精神的に子に依存する親子関係だけを表していると言い切れるだろうか。もしそうなら「なつく」などと同じで、主体から相手への単なる精神行為となってしまう。しかし、「息子に生活を頼る母親」のような言い方が可能なところからもわかるように、「頼る」には頼るべき内容や事柄が伴っている。それが「……を」の目的語の形で表されなくとも、

「選挙資金は後援会に頼りっぱなしだ」「あの人は何でも財力に頼って解決しようというんですからね」

のように「……は」や「……も」の形で表されることもある。

また、文面にはそれと示さなくても、「才能に頼る」「武力に頼る」「変化球に頼る投手」など、主体者がそれをあてにし、その力や働きの助けによって当人の期待す

るさまざまな人間活動の実現を図ろうとする精神行為であるから、その実現を意図する人間活動が、頼る行為実現の要素としてもう一つ加わってくる。〝(芸術活動の推進を) 才能に頼っている〟のであり、〝(戦いに勝つことを) 武力に頼っている〟のである。

「直球が高めのボールになる以上、打者を討ちとるには (打者を討ちとることを) 変化球に頼らざるを得ない」「小麦の輸入を米国に頼る」「地下資源の乏しい我が国としては、石油や鉄鉱石の供給を諸外国に頼らざるを得ない」

言外に〝何々を〟に当たる目的語相当の語が隠されていると考えていい。そうでなければ、この「頼る」は「なつく」「従う」などと同じく自動詞と解さなければならなくなる。

ところで、右の用法とは別に「頼る」には「……を頼る」の形で「……を」に人を立てる言い方が別にある。

「東京の親戚を頼って上京する」「先輩を頼って働き口を捜す」

ある目的実現のため親戚や先輩を仲介者として利用するのである。辞書の記述のように、手づるを求めると言ってもいい。「親戚に頼る」と言えば、生活などの面で全面的に相手 (親戚) に依存し、自力による一本立ちを放擲することであるが、「親戚を頼る」と言えば、自力で目的を遂行するには欠けている面があるため、その相手の援助を期待して事の実現を図ろうとする行為である。したがって「……を」の格には目的遂行の仲介者となる人や事物が立ち、自己側のもの「財力、権力、武力、才能、スタミナ、変化球……」などは立たない。この点が「……に頼る」との違いである。また、

こんな間違った地図なんかを頼って道を捜していると、とんでもない所へ行ってしまうぞ。

のような、事物が「……を」格に立つ例は少ない。「……を頼る」は所期の目的実現のための仲介者の役を果たす語が立つのであるから、多くは〝人〟を立てて〝だれそ

れを頼る〟の形となるのが普通である。そこで冒頭に戻って、

……ウィルソン山天文台のバーデはこの（ケプラーの）記録にたよって可視光の残骸を発見したのである。

原文どおり「記録にたよって……」とすると、天文学者バーデはケプラーの遺した記録に全面依存して、その記述された事柄を拠り所として可視光の残骸（星雲）を発見したの意となる。一方、「記録をたよって……」と本文を改めると、「……を頼る」が〝手づるを求める〟ことを意味するところから、少々不自然ではあるが、バーデは最初から可視光の残骸を発見する目的から観測を始めたのであるが、自力では発見の可能性が薄いと見て、発見のための手順や方法をケプラーの記録に求めたの意となる。ただし、「……を頼る」は、ふつう手づるを求める相手として人間を目的格に取るから、「記録」のような事物は「……を頼りに」とするほうがより自然である。そうすることによって、〝その事柄に従って〟〝それにのっとって〟の意となる。

……バーデはこの記録をたよりに可視光の残骸を発見したのである。

高田馬場駅で市村君と待ち合わせて、西武線に乗り、東伏見で降りる。書いてもらった地図をたよりに行くと、紹介されたうちはすぐに見つかった。（早稲田大学『外国学生用日本語教科書・中級』「下宿さがし」）

37 「客を待たせる」か「客に待たせる」か

相手に被害を与える意の使役表現

人と待ち合わせをして、たまたまこちらが相手より遅くなってしまった場合、私たちは「やあ待たせたね」とか「どうもお待たせしてすみませんでした」と使役の助動詞「せる」を使って詫びのことばを述べる。使役とは本来、人に命じて何かをさせる意であるが、この場合、別段、待ってくれるよう前もって頼んだのでもなければ命じたのでもない。二人が出会ってみたら、一方が他方を結果的に待つことになったままでの話である。それでも日本語では使役を使って「待たせる」と言う。相手が待つことになったのは私の責任だ、私がもっと早く来ていれば待たずにすんだのだという自責の念がこの「せる」には込められている。日本語の使役は決して「だれかに何かをやらせる」といった行為の強制だけで占められているのではない。「息子を一流大学に合格させた」とか「私の不注意から子供を死なせてしまった」のような、

もともと自分とは直接には関係のない他者の身の上に起こった状態を、わが身に由来する結果であるととらえることにより、手柄意識や責任感がそこに芽生える。他者側に属する事柄を自己と結びつける心理的つながりが使役「せる／させる」を用いさせると言っていいだろう。

ところで、先の「相手を待たせる」という例は、「息子を一流大学に合格させた」や「子供を死なせた」とは成立状況が違う。「待つ」という以上、必ずだれかがだれかを待つのであって、「合格する」や「死ぬ」のような当事者だけで一方的に成立する事柄ではない。両者が待ち合わせをしたからこそ相手が待つことになったのであり、少なくともその原因はこちら側にある。相手が待たされたのは双方の行為関係において成立する〝結果〟であって、こちらとは無関係に相手に生じた〝合格〟や〝死〟とはわけが違う。たとえ命令や依頼がなされてい

なくとも、相手の待つ行為は私の時間がおそかったことに起因する結果であり、相手はいやおうなく待つことをさせられたのだという被害者意識でとらえられている。日本語の「せる／させる」には、このような〝相手に被害を与える使役〟もあるのである。〝被害の受身〟の裏返しと言ってもいいだろう。

友だちは私を待った →私は友だちを待たせた(使役)
　　　　　　　　　　 →友だちは私に待たされた(受身)

〝友だちが私を待つ〟ことは、けっきょく〝私が友だちを待たせた〟ことになるという発想である。文型的には、

Aハ Bヲ他動詞 ──→ Bハ Aヲ他動詞せる

であるが、このような、結果的に相手にある状態を与えてしまうという他動詞は案外と少ない。

友だちは彼女を羨(うらや)ましがった ──→ 彼女は友だちを羨ましがらせた

精神や感情にある状態を起こさせる場合がこの文型に相当するが、これとて数はそう多くない。「待たせる」のような〝行為を表す動詞〟は他に例が見当たらないようである。「羨ましがらせる」にしても「待たせる」にしても、相手方の意思を超えたやむにやまれぬ事態もしくはやむを得ざる状況の生起という点で根は共通している。「Bハ Aヲ……」のBには人間が立つのが普通で、抽象的な事柄（非情物）を立てると日本語らしさが失われる。

私は祖父の死を悲しむ

これを先の文型転換のルールに従って、

私は祖父の死を悲しんだ ──→ 祖父の死は私を悲しませた

とやると翻訳調の日本語となってしまう。

祖父が死んで私は悲しかった。

と全く別の形容詞文型で言い換えないと、自然な日本語とはならない。

さて、他動詞「待つ」は使役表現で見るかぎり、他の一般動詞とはやや性質が異なり、独自のグループを作っている。無理に入れれば「羨ましがる」のような精神行為の他動詞がこの類に属するが、これとて接尾語「がる」によって動詞化した複合語であって、単純動詞でこのグループに入る語があるのかどうか、わからない。「彼は私をうっとりさせた」「私は主人を憤慨させた」のような「BハAヲ……させる」という形で、一見このグループに属するように思われるものがあるが、これは実は自動詞で、類を異にする。その証拠に、使役を除いた言い方に直すと、「私は彼にうっとりする」「主人は私に憤慨する」（AハBニ自動詞）という文型で、「Bヲ」とはならない。とにかく「友だちを羨ましがらせた」式の使役は他にあまり例を見ない珍しいグループなのである。

では、なぜこの「待つ」グループが使役表現として特異グループになるかというと、それは普通の能動態を使役態に変えたとき、

AハBヲ他動詞──→BハAヲ他動詞せる

と、格助詞「を」を取って「Aヲ」の形となるからである。一般の動作動詞は、他動詞の場合、

彼は私をなぐった──→私は彼になぐらせた

AハBヲ他動詞──→BハAニ他動詞せる

のように、格助詞「に」を取って「Aニ」となるのが普通である。このグループは、あくまで主体Bの意思から、Aに何かをやらせることを命ずるという使役本来の意味を持っている。「彼になぐらせた」と言えば、彼に命じてなぐらせたのか、あるいは、なぐることを許可したということであろう。Bは使役者、Aは被使役者であるが、この場合〝AがBをなぐることを、B自身がAに対して許した〟と解すれば、Bは被行為者ともなる。しかし、

右の文型では必ずしもB自身が受動者（なぐられ手）となる必要はない。〝AがCをなぐるよう、BがAに命じた。もしくは許した〟という場合もじゅうぶん考えられるのである。

　　Aガ C ヲ他動詞──→BハAニCヲ他動詞せる

　姉が妹をおぶった──→母は姉に妹をおぶらせた

　姉が妹をおぶる行為は、母の意思でおこなわれたのである。つまり、行為をおこなわせるのは母（B）であるが、実際に行為するのは姉（A）である。AはBの意思を体してみずからの行動を実行しなければならないわけであるから、意思を持った者（人間）であるのが普通だが、人間に準ずるもの──高等動物や、人に操作される機械、あるいは人工頭脳を蔵したロボットやコンピューターなど──なら、Aに立つことができる。

　「馬に荷物を運ばせる」「ヘリコプターに運ばせる」

「コンピューターに計算させる」

当然のことながら、Cは他動行為の対象でしかないから、物や事柄でもかまわない。

　　彼が眼鏡を掛けた──→私は彼に眼鏡を掛けさせた

　彼が試合をする──→私は彼に試合をさせた

　彼（A）が眼鏡を掛けるのも試合をするのも彼の意思的行為である。その意思的行為を彼にやらせるのは、ほかならぬ使役者「私」（B）の意思である。「BハAニ（Cヲ）他動詞せる」の特徴は、Aが人か人に準ずるものであって、そのAが意思的に行為をなすことである。同じ他動詞の使役であっても、前に述べた「友だちを羨ましがらせる」「人を待たせる」式の言い方は、自発現象か不随意の結果であった。「Aに……させる／Aを……させる」わずか助詞一つの違いが文型の違いにつながり、それが助動詞「せる」の意味を左右するのであるから恐ろしい。

　そこで標題の問題に戻って、「客を待たせる／客に待たせる」の差も、「客を」なら、結果的に客が待つ側に立たされてしまったという迷惑の加害者意識が、「客に」なら〝客に命じて〟という強い使役意識が表に立つ。「Aを待たせる」のほうは、Aは一方的に待つはめに立たされた被害者であるから、待つことにAの意思の入り込む余地はない。〝好むと好まざるとにかかわらず、一方的に、いや応なく〟であって、あるいは客自身は待たされることをBから宣言されていないかもしれない。先生が事務員に、

　もう始業の時間です。あまり生徒を待たせちゃ悪いから、話はまた授業が終わってからに致しましょう。

と言うとき、「生徒に」としては具合が悪い。また、Bの一方的行為であるから、待たせる側Aは人間でなくてもかまわない。「車を待たせる」「電話を待たせる」ことも有り得る。

一方、「客に待たせる」は必ず人間であって、「車に待たせる」とは言えない。車に〝待とう〟という主体的意思はないからである。「に」は〝客に命じて待つようにさせる〟ことであるから、待つべき対象は使役者（B）とはかぎらず、他の対象（C）であっても差しつかえない。

「客に車を待たせる」「父兄に面接の順番を待たせる」「客に出前のすしが届くのを待たせる」

「（私は）客を待たせる」の場合は、待つべき相手は使役者（私）に決まっていて、他の対象や事柄を待つことは有り得ない。そこで次の二つの文、

　ア、私は客を待たせた
　イ、友だちに客を待たせた

文面は同じ「客を待たせた」であっても、アは〝お客さんに対して、私を待たせる結果になった〟、イは〝友だちに命じて、お客さんを待つようにさせた〟である。

38 「人々に感銘させる」か「人々を感銘させる」か

対人関係を示す「に」

某大学の学生の作文に次のような文章があった。

最近、自閉症や登校拒否の子供たちが増しているという。自己の殻に閉じこもったまま、外界との連絡を絶った子供たち。一体、何が彼らにそうさせてしまったのだろうか。

右の文で、「……何が彼らにそうさせてしまったのだろうか」という部分は、「彼らに」を「彼らを」と換えても意味は通じる。「彼女にやらせよう」と使役の相手は「に」で表し、『何が彼女をさうさせたか』(藤森成吉)と使令(＝しむけること)の対象は「を」で示すのが一般だからである。このように日本語の使役表現には「……に……させる」「……を……させる」の二つの言い方がある。そして、時として「妻に働かせる／妻を働かせる」と、どちらも可能な文脈も現れるのである。しかし、

迷いこそが人間の本性としてぴったりしており、人間をますます人間らしくきたえ、みがき、うるおわせ、彼らに人間としての生甲斐を感じさせてくれる本源ではないのか。(新島正『ユーモア』)

のような例では、「を／に」の入れ替えは許されない。いったいどのような場合に「……を……させる」となり、どのような文脈のとき「……に……させる」となるのであろうか。また、両形式可能な文脈では、「を」と「に」でどのような違いが起こるのであろうか。この問題について考えてみよう。

ある行為や現象がその主体自身の働きとして現れると

きには「人々が感銘する」「妻が働く」のように〝その主体+自動詞〟の形で「……が……する」と表現される。それに対し、他者からの働き掛けによってその事態が実現される場合には、

「迷いが人間をきたえる」「迷いが人間をみがく」

のように、(1)〝その主体+目的語+他動詞〟の形で「……が……を……する」と表すか、

「迷いが人間をうるおわせる」

のように、(2)〝その主体+目的語+自動詞+させる〟の形で「……が……を……させる」と表すかの、どちらかである。(1)(2)二つの表現は等価である。もっとも「うるおう」のように「……が・うるおう」と自動詞の言い方はあるが、「……を」を受ける他動詞の用法がない(もしくはペアとなるべき他動詞を持たない)場合には、自動詞に「せる/させる」を付けて他動詞の働きに変え、便宜的に用いることになる。(これを自動詞の他動化と言う。)このように、動詞の自他の一方(他動詞)を欠く場合に、他動詞表現に代わるものとして使用させたのが(2)の〝自動詞+させる〟形式である。ところが、〝自動詞+させる〟形を使うべきところを代わりの他動詞形を考案して(1)の形式で表す言い方がおこなわれるようになった。「頭を働かせる」と言うべきところを「頭を働かす」で代行するといったぐあいである。(「……せる」と同等の働きをするところから、これらを使役動詞と呼ぶ人もいる)。

「ワサビを効かせる/効かす」「世間を騒がせる/騒がす」「子供を死なせる/死なす」「親を困らせる/困らす」「議論を戦わせる/戦わす」「先生を怒らせる/怒らす」

これは「……す」の形を取る五段活用形式の他動詞に引かれて生じたものと言われている。たとえば、

「金を浮かす」「手を動かす」「耳を驚かす」「目を輝かす」「行くえをくらます」「耳を澄ます」「腹を空か

す」「口を滑らす」「頭を悩ます」「雨を降らす」「心を惑わす」「知恵を巡らす」

など例は多い。これらの他動詞は「浮く／浮かす」「動く／動かす」と自他の対応関係を有し、(1)形式の他動表現があるにもかかわらず、今度は逆に(2)形式の〝自動詞＋させる〟を使って、

「金を浮かせる」「目を輝かせる」「腹を空かせる」「雨を降らせる」……

のような使役の助動詞による他動表現もするようになったのである。

さて、「(息子は)議論を戦わす／議論を戦わせる」の、(1)……を他動詞、(2)……を自動詞せる、の言い方は、行為主体(息子)対行為の対象(議論)の二者関係における他動行為であった。これにもう一人、その行為主体に命令して行為をやらせる使役主体(私)を設定すると、

(3)私は息子に議論を戦わせた(……に……を他動詞＋させる)

となる。「私」は使役者、「息子」は「私」に対しては被使役者、「議論」に対しては行為主体、「議論」は「息子」にとって行為対象である。このような三者関係に立つとき、「人間対人間」の使役関係が成立する。私が息子に命令して、だれかと議論することをやらせるのである。当然、人間関係としては私が上位者、息子が下位者の側に立つわけである。もちろん「先生は生徒に教科書を見させた」と言うとき、生徒の意思にかかわりなく見ることを強制するのが〝使役〟であって、生徒が教科書を見たがっていれば、生徒の自主的行為の実現を認める〝許容〟となる。(「生徒に教科書を見せた」と、ただの他動詞を使えば、生徒の見る見ないにかかわりなく教科書を目の触れる場所に示すという他動行為となってしまう。)このように、人間対人間の行為関係には、使役や許容などいろいろな場合が見られるが、その対人関係を助詞「に」で示すところに注意したい。

息子が仕事を手伝う──→私は息子に仕事を手伝わせる(3)

人間対人間の命令や許容行為なら、「先生は生徒を立たせた」のような

(2)主体＋目的語＋自動詞＋させる（……が……を……させる）

式の〝主体〟対〝行為の対象〟関係でも、「先生は生徒に立たせた」と、「を」を「に」に言い換えることができる。行為の対象が事物の場合には、「コロンブスは卵を立たせた」と「を」を用い、「卵に立たせた」と言い換えることはできない。なお、「を」を「に」に換えることができるのは、目的格に立つ人物、（生徒）が述語動詞（立つ）の動作主である場合にかぎられる。

(1)先生が生徒を（見張りに）立てた。
(2)先生が生徒を立たせた。
(3)先生が生徒に旗を立てさせた。
(4)先生が生徒に立たせた。

「(夫は) 妻を働かせた／妻に働かせた」のような対人関係における命令・許容行為でも、「彼の行為は人々を感動させた／人々に感動させた」に見られるような事物対人間の関係でも、行為対象（目的語となるもの）が人間の場合には、「を→に」の変換が可能なようである。

ということは、「……に……させる」文型において「に」で示し得るものは、物や事柄ではなく人なのである。「頭を働かせる」を「頭に働かせる」とは言えないが、「生徒を並ばせる」は「生徒に並ばせる」と「に」が使える。人でなくとも、牛馬など高等動物や、人の意思によって操作される物や、人間同等自力によってコントロールが可能な機械類では、(3)「……に……を……させる」が可能となる。

「牛に米袋を運搬させる」「ヘリコプターに荷物を吊り上げさせる」「人工衛星に台風を観測させる」

これらは「牛が運搬する」「ヘリコプターが吊り上げる」と、行為主体となり得る有資格者なのである。「コンピューターが計算する」は言えても、「算盤が計算する」とは言わないから、「コンピューターに給料を計算させる」は可能でも「算盤に計算させる」とは言えない、というわけである。算盤は命令や許可を下す対象とはならない。一方、コンピューターやヘリコプターは人間同等の扱いを受けているということになる。

そこで、冒頭に戻って、「人々に感銘させる／人々を感銘させる」はどう違うか。人対人の関係、たとえば「妻に働かせる」と「妻を働かせる」とを比較した場合、先にも述べたように、「妻に働かせる」は「に」を用いているところから、被使役者「妻」に対し一箇の人格扱いをし、相手の主体性を尊重しながら使役または許容する。自己の意思から労働することの可能な一人の人間として妻を待遇し、その妻が自分の意思で労働（または就職）するように命じたり、しむけたり、あるいは許したりするという発想である。要するに相手の意思を尊重した使役表現である。

そんなに必要なら、この子に買いに行かせたらいいでしょう。

「に」を使うと「この子」の主体的行動を問題とする意識が強まる。何かの必要を感じている人物は〝この子自身〟であることを、その買いに行きたいという〝子供の希望〟を受け入れるという場面を予想させる。

そんなに必要なら、この子を買いに行かせたらいいでしょう。

とすると、使役者（＝あなた）の意思のみが尊重され、その意思の実現のため「この子」が一方的に利用されるという被使役者意識が強まる。そのため、何かを必要とする人物は「この子」ではなく、使役者である聞き手（＝あなた）自身と予想される。〝そんなに必要だとあなたが感じているなら、この子を使って買いに行かせたらいいでしょう〟の意となる。「……を……させる」は「札束をちらつかせる」「手を休ませる」「目を楽しませる」のように心を持たぬ事物に対しても使える表現形式で、主体側の一方的他動行為ないしは使役行為だからである。「妻を働かせる」も「勘を働かせる」「起爆装置を働かせる」などと同じで、〝そのものの能力を眠らせておかないで、発揮するよう持っていく〟一方的意思によるおこないなのである。

「人々を感銘させる」は、その事柄が有無を言わさず人々の心を感銘へと駆り立てること。「人々に感銘させる」は、感銘を受けるかどうかの選択を人々にゆだね、人々が感銘するようある事柄を突きつけて感銘することを迫る（ないしは強引に感銘させる）といったニュアンスを含んでいる。

第七章 対人関係を表す言い方

39 「先生にほめられた」か「先生からほめられた」か

迷惑／間接授受／非情／被害／精神的関係などを表す受身表現

同じ迷惑や恩恵が及ぶのに対し「先生に叱られちゃった」とか「先生にほめられました」と言い、また、「先生から叱られちゃった」とか「先生からほめられました」とも言う。対人関係の上に成り立つ行為の結果として、その影響が、迷惑とか喜びとかの感情を伴って自己側に及ぶとき、日本語では「……られる」の受身表現を好んで用いる。ところで、受身行為の発し手と受け手との関係にはいろいろあり、それを助詞の「に」や「から」を用いて表す。

主人は、散歩の道すがら会った乞食に施しを求められて、ポケットをさぐったが、持合せの金がないことに気づくと、「君、今、全然持合せていないんだ、今度会うときまですまんがまってくれたまえ」といって、相手の手を握りしめた。（新島正『ユーモア』）

「うまうま」とか、「いやいや」とか、「おてて」とか、子供は母親から少しずつことばを教えられる。（大野晋『日本語の年輪』新潮文庫）

これらは「に」を「から」に、「から」を「に」に入れ替えてもいっこうにさしつかえない例と言える。受身文型には種々の形式があるが、その多くは能動側を「に」、受動側を「は」もしくは「が」で示して、「……は……に……られる」の形で示す。しかし、時には能動側を「から」で示すこともあり、「……は……から……られる」という別の形式を形づくっている。いったい「……に……られる」文型と「……から……られる」文型とはどのように違うのであろうか。そして、対者同士がどのような関係のとき「に」となり「から」となるのであろうか。さらにまた、同じ文脈でありながら「に」でも「から」でもどちらでもよいという場合、両者の発想にどのような違いがあるのであろうか。

受身表現にはさまざまな型があるが、ここでは右の問題に関係のある形式にしぼって考えていこう。

まず、能動主体（A）、受動主体（B）、それに、この二者関係にまつわる事物（C）があって、主体Aが事物Cに関して何か行為したため、間接的にB側にある結果が及ぶという受動関係がある。

(1)お隣りさんが二階を建てた――→私はお隣さんに二階を建てられた
横の人が椅子に座ってしまった――→私は横の人に椅子に座られてしまった。

私とは直接には関係のない二階を建てたり（他動詞）、椅子に座ったりする（自動詞）Aの行為を、間接に迷惑が及ぶものとして受身的にとらえる〝迷惑の受身〟である。お隣さんや横の人から私へは直接には何一つ作用は及んでいない。本来無関係なA―B間を、A側のCが実現することによって無形の影響が生ずると考えるB側の発想である。このような、A―B間に直接の橋渡しとなるべき行為や作用のない受動意識は「……に……られる」であって、「から」に置き換えることはできない。

君も現実離れのしたそういう夢を見ているから女にも逃げられたりするんだ。（『ユーモア』）

これは自動詞の受身である。

(2)父が私の時計を壊した――→私は父に時計を壊された
父が私の秘密を知ってしまった――→私は父に秘密を知られてしまった

受動者側の事物である時計や秘密に対して、対者の行為（壊すこと／知ること）が直接及ぶことによって、結果的にその事物の所有者（私）が受動者（被害者）の立場に立たされるという発想である。父から私へは直接には何一つ作用は及んでいないのである。このような受動態も「……に……られる」形式であって、「から」に換えることはできない。一つ例を挙げておこう。

……その中に生きているものの大きさに、芭蕉は心を打たれたのだと思われる。（『ユーモア』）

⑶父が私に仕事を頼んだ――→私は父に仕事を頼まれた

能動者側に立つ父が、受動者（私）とは直接には関係のない事物を何かの目的から受動者へとさし向ける行為である。事物を直接どうかするというのではなく、ただ当面の課題としてそれを相手側へと向けて賦課する行為である。能動者側（父）はその事物をさし向ける起点であり、父→私の矢印方向に行為が及ぶと見ていい。このような「……に……られる」表現は「……から……られる」表現へと言い換えることが可能である。前に掲げた、乞食に施しを求められたり、母親からことばを教えられたりする例も、この受身形式である。

乞食が主人に施しを求める　――→主人は乞食に/から施しを求められる

母親が子供にことばを教える――→子供は母親に/からことばを教えられる

「から」は起点や出自を表す助詞で、「に」のような密着した関係ではない。A―B二者の間に隔たりがあるからこそ、Aが行為や作用の起点となったり出どころとなったりしてBに到達するわけである。「父に仕事を頼まれた」と言うとき、必ずしも直接、父の口から私に対して依頼行為が授受されなくともよい。父が母に伝え、母から私へと伝言されるというように、仲介者を経由しても仕事を頼まれるという行為は成立する。⑶形式がこのような間接授受も成り立つ受身関係だから「から」を用いても不自然ではないのである。⑴の「お隣さんに二階を建てられた」や、⑵「父に時計を壊された」では仲介者の入り込む隙はない。「父に秘密を知られてしまった」のような例では、兄から母へ、母から父へと仲介者を経て「ついに父にまで秘密を知られてしまった」と言えるわけであるが、この場合は「父側←私」の方向で伝達波及する作用ゆえ、起点の「から」は使えない。母を通して父から仕事を頼まれた場合には「父→私」の方向ゆえ、「から」も成り立つ。以上のことから、「から」は間接的な距離を置いた受身、「に」は直接的な密着した受身という意識差と条件の違いがあることがわかるだろう。

子供は母親からことばを教えられる。

と言うとき、〝いろいろなことばを教わるが、その知識の出どころはみな母親である〟という出自起点意識がニュアンスとして伴うのもこのことに由来している。

母親にことばを教えられる。（または、教わる）

では、相対して口づてにことばを教わるという直接授受の意識が強調されてしまう。このことから、能動者側が複数者や団体である場合には、「に」よりもむしろ「から」が使用されるのである。

知事から表彰された。

(4)家元が彼女に資格を与えた──→家元から彼女に資格が与えられた。
大学が氏に名誉博士号を贈った──→大学から氏に名誉博士号が贈られた

「彼女」や「氏」を主語に立てて、(3)「彼女は家元から資格を与えられた」「氏は大学から名誉博士号を贈られた」と言うこともできるところを、「資格」や「博士号」を主語に立てて受身表現を造るいわゆる非情の受身の一種である。「家元→彼女」「大学→氏」の方向で「資格」や「博士号」が移行する授受関係で、家元や大学がその起点となるところから「から」が用いられる。この手の受身形式は「によって」を使うこともできるが、そうすると資格の出どころ意識よりも、資格を与える行為の労を取るという気持ちのほうが強くなる。「家元の手によって……」である。「によって」は本来、原因意識を表すから、次の例のような場合には「によって」を使えば〝原因〟、「から」を用いれば〝出どころ〟意識となる。

同病者によって慰安が与えられているということは、裏側からいえば、同病の人たちがいないということは、自分から、この慰安と希望をとり去るということであり……（『ユーモア』）

(5)飼い犬が主人をかんだ──→主人は飼い犬にかまれた

能動者の行為が直接受動者に及ぶ〝被害の受身〟である。受動行為を実現するための仲介役となる事物は存在しない。それだけ直接的で、能動者と受動者のじかの触れ合いという接触関係を構成する。このような「……に……られる」は「から」に置き換えることができない。

毎日この東京のどこかで数十人の人びとが車にはねられたりひかれたりして負傷し……（『ユーモア』）（同）

君はかんたんに宣伝に魅せられてしまっている。

狐につままれたようで、どっちがどうだか見当がつかなくなってくるのも無理はない。（同）

新たな笑いにつつまれてわれわれの心を揺すぶらずにはおかないのだ。（同）

弥陀の誓願不思議にたすけられて浄土に生まる。（同）

しかし、直接的な受動関係ゆえ、逆に「……によって」で言い換えることの可能な場合が多い。ただし「によって」は原因や手段意識の強い語であるから、

意見によって出来たものは、やがて意見によってこわされる宿命をもっている。（『ユーモア』）

原水爆の実験によって撒かれた死の灰のために、いかに多くの生命が危険にさらされてきたことか。（同）

不平等によって救われているこの人間のきびしい事実の一面も見逃すことはできない。（同）

のような例はよいが、「車にはねられる」とか「狐につままれる」のような単なる受動現象は「車によってはねられる」のように言うと変に翻訳調くさくなり、日本語らしさが失われる。

〝能動者〟対〝受動者〟の関係は、右に見てきたよう

な直接的な触れ合い、身体的な接触だけがすべてではない。精神的な受動関係も例は少ないが見られる。

人のためをして、人に憎まれ、さげすまれているのが彼らの姿だと知れば、神はまず彼らをこそその使徒として救わなければならないであろう。(『ユーモア』)

「憎まれる」のような能動者側から浴びせられる精神的行為は「から」に置き換えてさしつかえない。

「仲間に軽蔑される」「人にさげすまれる」「人にばかにされる」「皆に尊敬される」「人々に感謝される」「先生ににらまれる」「皆に推薦された」

などは「に/から」どちらも可能な受身条件であるし、「世間からつまはじきされる」などは、むしろ「から」のほうが自然であろう。

最後に、「母から教えられる」が「母から教わる」と言い換えられるように、特に受身の助動詞「れる/られる」が用いられていなくとも、受身的な授受関係を構成する動詞には、「……に……する/……から……する」どちらも可能な語が多い。

「先生に戴く/先生から戴く」と「に」「から」どちらも成り立つ動詞を次に掲げておく。

戴く、教わる、習う、もらう、借りる、言いつかる、ことづかる、など

これらの語が「に」を取るか「から」を取るかによって生ずる意味の違いは、受身の場合と共通していると考えてさしつかえなかろう。

40 「父に言ってもらう」か「父から言ってもらう」か

恩恵賦与意識の表現

このような重大な事柄は、私ではなく、父に言ってもらいましょう／……父から言ってもらいましょう。

当人に代わって他者が事をおこなうという同じ事実を言うのに、「……に……てもらう／……から……てもらう」と二様の言い方を私たちはしている。しかし、すべての場合にこの二種類の言い方をするかというと、そうではない。私に代わって父が出掛けるという事柄に対しては、「父に行ってもらう」とは言えても、「父から行ってもらう」とは言えない。もし言ったとすれば、それは「だれから行ってもらおうか。まず父から行ってもらいましょう」という、複数行為者の行為の開始順序のトップを表す「から」となる。「まず校長先生から挨拶(あいさつ)のことばをお願いします」とか、「君から自己紹介をしてくれたまえ」「僕から始めよう」の「から」と同じで、特に「……てもらう」と結び付いた一つの文型を形づくるものではない。

そこで、このような開始順序の「から」(始発の「から」)を除いて、「一般の「……から……てもらう」の言い方が「……に……てもらう」の言い方と、どのように違うのか。どのような「……てもらう」の場合には「から」が言えて、どのような場合には言えないのか。これらの点について考えていこう。

動詞「もらう」は「ご褒美(ほうび)をもらう」「お賞めのことばをもらう」「小遣いをもらう」「お歳暮をもらう」「成績に優をもらう」のように、他者から事物を贈与されることを、受け取り手の側に立って述べた語である。受身表現と違って、当人にとって好ましくない事物には使わないのが普通である。成績に「優をもらう」とは言えても、「可をもらう」とは一般に言わない。「可を付けられた」と迷惑の受身で表すほうが自然である。「もらう」には〝他者から恩恵として事物を与えられる〟という感謝や光栄の気持ちを伴っているのである。

ところで、もらう内容が、成績やお歳暮といった当事者を離れた事物ではなく、相手自身の行為である場合には、その行為を表す動詞に「てもらう」を付けて、「教えてもらう」「貸してもらう」「説明してもらう」「立て替えてもらう」「来てもらう」……のように表現する。いわゆる補助動詞としての用法である。この言い方は、「……てくれる」「……てやる」(……てあげる)と対応して、一つのセットとして受給表現の体系を作っているのであるが、いずれも二者関係における恩恵的行為の授受を表しており、日本語における恩恵賦与表現という特異な表現意識を形づくっているのである。諸外国語の中には、このような恩恵賦与意識の表現を特に用意しているものが少なく、そのために「出題の傾向を教えた」と「出題の傾向を教えてあげた」(あるいは「教わった」と「教えてもらった」)とどう違うのか。なぜ「……てあげた」や「……てもらった」と言わなければならないのか理解に苦しむ外国人も多い。

「……てもらう」の恩恵賦与が成り立つ状況として、次の四つの場合が考えられる。

(1)相手方の発意、または、こちらから頼んで授受行為をおこなう場合。相手からこちら側へと事物の移行を伴う。

「金を貸してもらう」「本を注文して送ってもらう」「貸した金を返してもらう」「無理に頼んで譲ってもらう」「問題を内緒で教えてもらう」「いち早く情報を知らせてもらった」「写真を見せてもらう」「友だちにおごってもらった」

(2)相手に、ある行為を促してやらせる場合。特に事物の移行は伴わない。

「邪魔だから外へ出てもらう」「うるさいからあっちへ行ってもらう」「妻が留守なので、お客に帰ってもらう」「車両交換で、乗客に降りてもらう」「医者に来てもらう」「死んでもらう」

次の例は物の移行を伴うが、相手方に属した物をこちらへ寄越してもらう(1)とは本質的に異なる。

「金を崩してもらう」「うちの品物を買ってもらう」

(3)こちらが他者に対して渡し与えるべき事物を、相手の発意で、またはこちらが頼んで、相手が肩代わりしておこなう。事物や情報が相手から他者側へと移行する。こちらの事物ではなく、相手の事物が他者側へと移行するのである。

「父に泣きついて費用を出してもらう」「細かいのがないので、友だちに払ってもらう」「予算のことは私ではよくわかりませんので、経理課長に説明してもらいます」「私では具合が悪いので、父に断り状を書いて出してもらう」

(4)こちらがなすべき行為を、何かの理由で相手が代行する。相手の発意の場合と、こちらが依頼してやらせる場合とがある。事物の移行を伴う場合と伴わぬ場合とがある。伴う場合は、こちらの事物が他者へ、他者の事物がこちらへと移行するのであって、相手は仲介の労をとるにすぎない。

「暗いので電気をつけてもらう」「五時間めは先生に本を読んでもらいました」「古本屋に頼んで手に入れてもらう」「忙しいので子供に届けてもらう」「煙草を買って来てもらう」「電気屋さんに直してもらいましょう」「ボーイに運んでもらった」「駅へ時刻表を見に行ってもらう」

「細かいのがないので、友だちに立て替えてもらう」は、あとで立て替え分を埋め合わせるので、友だちは仲介者である。(3)の支出者とは異なる点に注意したい。

さて、以上四種の状況を見ると、(1)と(3)は、相手方の事物や情報が相手方から移行する場合で、(1)はこちら側へ、(3)は他者側へである。このように、相手方に属する事物が相手方から離れ去る状況の(1)(3)形式には、「……に……てもらう」文型の他に、「……から……てもらう」文型も成り立つのである。「から」は起点や出自を表す助詞であるから、当然と言えば当然であるが、このような「こちら―相手―他者」の人間関係の仕組みをじゅうぶんに理解していないと、なぜ「から」の言い方が可能なのか一瞬まごつく。標題に掲げた「父に言ってもらう／父から言ってもらう」も、私に代わって父が述べる（代読するのではない）という(3)形式だから「から」も成り立つわけである。「父に行ってもらう」のほうは、代行の(4)か、追い立てる(2)のいずれかであるから、「から」の言い方ができない。(2)と(4)は相手方からの事物の移行は生じないからである。

もっとも、同じ文脈でも、(1)(3)と解するか、(2)(4)と取るかで「に／から」の可否が決まってくる。「友だちに本を送ってもらいました」と言うとき、友だちのプレゼント(1)と解すれば「から」も可能だが、私に代わって郵便局へ行く行為(4)なら、「から」は成り立たない。なお、相手の発意による場合は、「……てもらう」よりも「てくれる」を用いるほうがより自然であろう。「父に行ってもらった」と言うと依頼意識が強まり、「父が行ってくれました」と言うと、父の自発的行為（少なくとも納得づくで快く出掛けるという状態）を想像させる。

「に／から」の並立する形式がどれであるかは以上でわかったが、では、実際に「に」や「から」の現れる文脈はどのような場合であろうか。「に」でも「から」でもよいと言っても、全く同じ文脈で用いられるとはかぎらない。

「昼食代は友だちに払ってもらったよ」は(3)形式だからといって、「友だちから払ってもらったよ」と言うのは、(3)の、おごってもらった場合としては不自然で落ち着きが悪い。しかし、店の人に「代金はあの友だちから払ってもらってください」と言えば「に」も「から」も使える。「に」は〝によって〟で、「太郎にやってもらおう」のような、行為実現のための依頼・依存の対象、ないしは「父に買ってもらったの」のような行為実現の労を取る主体を表し、気分としては、その対象や主体に対して恩恵賦与を求める「相手←こちら側」の意識である。恩恵を賦与してくれる相手を「だれ」と指示する意識と言ってもいい。これは助詞「に」が方向や帰着点を表す語であることと無関係ではない。

「先生に教えてもらう」「友だちに金を返してもらっ

た」「前の人に席を譲ってもらった」

などはいずれも「に」を用いることによって、こちらの期待する事態を実現してくれる相手がどの人であると示す、こちら側から眺める立場の表現と言えよう。これに対し、

「先生から教えてもらった」「友だちから返してもらった」「父から譲り受けた品」「薬屋から分けてもらう」（以上⑴形式）

と「から」を使えば、その事物の出所を示すという意識が強まる。格助詞「から」の起点・出自の意味がここに表れていると見ていいだろう。「相手→こちら側」の意識である。「父から教わる」「神様から授かる」「陛下から賜わった品」などと共通している。だから、特に事物の移行しない「先生に決めてもらう」⑵などは「から」が使えないのも当然のことである。

「父から言ってもらう」「予算の件は経理課長から説明してもらいましょう」

など賦与行為の代行・肩代わり表現⑶は、こちら側（私）より、もっと適当な人物がいるとして、こちら側に代わってその人物（父・経理課長）から賦与行為がなされるという発想である。別の見方をすれば、より適当な人物がこちら側の意向を代表して事をおこなうと言ってもよかろう。これは「××会社から参った山本です」「その件は私からご説明いたしましょう」「（オリンピックで）日本からのチーム」など〝代表〟を表す「から」の用法と同一である。

そこで標題に戻って、「父に言ってもらう」は、私の代わりに「父」と指名する発想であり、「父から言ってもらう」は、より適切な発言者として父を代表者として推し、その内容を伝えるという意識に根ざしているのである。

41 「友だちに替わってもらう」か「友だちと替わってもらう」か

行為主体と相手との動作関係

「父に行ってもらう」「兄に読んでもらう」

これを「父と……てもらう」「兄と……てもらう」とすると、「……と一緒に」の意の〝共同動作の相手〟となってしまい、「……に……てもらう」の〝使令のさし向け〟とは意味が違ってくる。

同じ、他者との協調関係を表すのに、

友だちに替わってもらう／友だちと替わってもらう
父に相談してもらう／父と相談してもらう
先輩に会ってください／先輩と会ってください

のように「に／と」二通りの言い方をする。「……てください」「……てもらう」表現は、だれかに何かをおこなうことを依頼し、その行為を恩恵の賦与と受け取る意識である。他者に対してこちらが期待するその恩恵的行為が、だれとの間で取りおこなわれるかによって、三つの種類に分かれる。

⑴特に相手を必要としない、その他者だけで成り立つ行為の場合

⑵もう一人の他者との間で相互に行為することを相手に期待する場合

先生に（頼んで）父に相談してもらう／先生に父と相談してもらう

⑶話し相手である「私」（もしくは当人）を相手に、他者が行為することを期待する場合

友だちに替わってもらう／友だちと替わってもらう

行為には「行く」「読む」のような、(1)その行為者一人で成り立つものと、(2)「相談する」(3)「替わる」のような、相手を必要とするものとがある。ところで日本語では、行為主体と相手との動作関係は、相手を表す名詞に格助詞「に」や「と」を付けて表す。その付き方と表す意味は、語ごとに異なっている。

㈠単独で成り立つ行為

ア、「に」で相手を表すことが不可能なもの。相手にさし向ける行為ではない（主体→×）。

行く、来る、歩く、立つ、座る、いる、働く、残る、見る、食べる、倒す、笑う、など

イ、「に」で行為をさし向ける相手を設定できるもの。一方向の行為（主体→相手）。

書く、聞く（＝質問する）、送る、言う、示す、伝える、謝る、見せる、訴える、答える、頼む、貸す、返す、渡す、届ける、教える、など

これら㈠に属する動詞は、アの類もイの類も、「と」を受けると「父と行く」「父と書く」のように〝……と一緒に〟〝……と二人で〟の意の共同動作を表すことになる（主体 相棒↓）。

㈡複数人間による行為

ウ、「に」でさし向ける相手を表し（主体→相手）、「と」で相互行為を表す（主体⇅）。

話す、など

エ、「に」「と」共に相互行為を表す（主体⇅相手）。

相談する、約束する、会う、替わる、かけ合う、折衝する、など

オ、「と」で相互行為を表すが、「に」の言い方を持たないもの（主体→←相手）。

遊ぶ、結婚する、争う、戦う、競争する、など

右の㈡の動詞は単独で「だれに……する／だれと……する」と使われるわけであるが、これがさらに種々の表現の中で用いられると、その表現の文型に合わせて、また別に「に」の助詞を取ることになる。受身文型「……に……される」、使役文型「……に……させる」、「もらう」の受給表現文型「……に……てもらう」がそうであるが、特に相手に対して要求や希望、期待、恩義などの気持ちがさし向けられる使役文型と〝もらう〟文型の

「に」は、「……に会う／……と会う」の「に」と抵触する。

{妹に会う→友だち(を/に)妹に会わせる
{妹と会う→友だち(を/に)妹と会わせる

{妹に会う→友だちに妹に会ってもらう
{妹と会う→友だちに妹と会ってもらう

使役文型は、右のような二者関係を表すときには「に」よりも「を」を用いて「……を……に……させる／……を……と……させる」となるほうが自然である。〝もらう〟文型では「を」の形を持たないから常に「……に……てもらう／……に……と……てもらう」のどちらかの形式をとる。

そこで、二種の〝もらう〟文型に、先の(二)ウ～オの動詞を当てはめてみると、次のようになる。

ウ{友だちに妹に話してもらう（友だち→妹）
　{友だちに妹と話してもらう（友だち⇅妹）

エ{友だちに妹に会ってもらう（友だち⇅妹）
　{友だちに妹と会ってもらう（友だち⇅妹）

オ{——「に」不成立——
　{友だちに妹と結婚してもらう（友だち→←妹）

「……に……に……てもらう」文型のほうは、一方の人物だけを取り出して言う場合には「友だちに話してもらう／妹に話してもらう」「友だちに会ってもらう／妹に会ってもらう」と同形式になってしまい、「してくれる人物」か、「会う」相手か区別がつかなくなる。

「父に相談してもらいました」と言ったとき、父に頼んでだれかと相談をしてもらったことなのか、それとも、だれかに頼んで父と相談してもらったことなのか、はたしてどちらなのか日本語では区別がつかない。あいまい文と言えよう。ところで「相談してもらう」のように、だれかに働き掛けることを依存する動詞はよいが、「替わってもらう／交替してもらう／遊んでもらう」のような、話し手自身を相手にした行為の場合には、「……(に/と)……てもらう」の言い方は成り立たない。本来「……てもらう」は「会ってもらう」「相談してもらう」のような、他者へ向けた行為と（話し手に向けるときは「……てくれる」を用いる）、「紹介してもらう」のように他者側へも話し手側へもどちらにもなる場合と、「教えてもらう」「替わってもらう」のように専ら話し手側へ向けられる行為と、三種類に分けられる。そこで、第三の、話し手側へと向けられる行為のうち「に」や

「と」を要求する動詞が先の「……に/と……てもらう」文型に立つと、

エ {*(私ハ) 友だちに私に替わってもらった
　　*(私ハ) 友だちに私と替わってもらった

オ {*(私ハ) お婆ちゃんに私と遊んでもらった

となるはずである。しかし、理屈ではそうなるはずでも、実際には言わない。話し手自身が受け手側に立って「私に……てもらう/私と……てもらう」と言うことはない。第三者なら「妹に会ってもらう/妹と会ってもらう」と言えるが、一人称主体は「……てもらう」の相手とはなり得ない。一人称が受け手側に立つときは「くれる」を用いて、「(だれそれは) 私に/と……てくれる」と言うのが自然である。

エ {友だちは私に替わってくれた
　　友だちは私と替わってくれた

オ {―――
　　お婆ちゃんは私と遊んでくれた

どうしても「もらう」で表現したければ、a、「私に/私と」の部分を抹殺するか、さもなければ、b、行為を依頼する相手は同時に話し手と相互動作をする相手であるから、その相手を「と」の格に移せばよい。

エ {a、私は友だちに(―――)替わってもらった
　　b、私は(―――)友だちと替わってもらった

オ {a、私はお婆ちゃんに(―――)遊んでもらった
　　b、私は(―――)お婆ちゃんと遊んでもらった

aは「私は友だちに(頼んで)……てもらった」の点線部分に「替わる」が入る。bは「私は……てもらった」の点線部分に「友だちと替わる」が入る。aの「に」は「……てもらう」と呼応し、bの「と」は、下の動詞(替わる/遊ぶ)と結合する。

aの「友だちに替わってもらう」は、「友だちに頼んで……」「お婆ちゃんに遊んでもらう」「お婆ちゃんに頼んで」の「に」であって、「……に替わる」「……に遊ぶ」ではない。「……に替わる」では、

父に代わってご挨拶申し上げます。

のように、私が相手(友だち)の立場を代行する意となり、友だちが私の立場を代行する原意とは逆になってしまう。「遊ぶ」のほうは人間に「に」の格助詞は取らな

い（「私に遊ぶ」とは言わない）から問題外である。a、「……に……てもらう」は〝私に替わることを友だちに頼み、受け入れてもらう〟ことである。「友だちに納得してもらう」「友だちに相手してもらう」などと全く同じ発想である。〝受け入れてくれることを友だちによってなされる〟と考えてもいい。つまり、こちらの希望や期待を受け入れてくれる人物は、こちらと替わってくれる当の相手その人なのである。

私は高矢倉の頂上で戦況を見張ることを止し、その任務を宮地小太郎という侍に交代してもらった。（井伏鱒二『さざなみ軍記』）

私に代わって見張りを続行してほしいという私の交替の意思を、宮地小太郎に受け入れてもらったのである。b、「友だちと替わってもらう」「お婆ちゃんと遊んでもらったの？　よかったわねえ……」

「……と……てもらう」は、交替要員が友だちであり、遊び相手がお婆ちゃんであることを指定し、それを実現してもらうという発想である。実現してもらうべき相手は必ずしも「と」で示される人物とは限らない。だから、

「先生に申し出て、掃除当番を隣の列の子と交替してもらった」「お爺ちゃんの発案で、今日はお婆ちゃんと遊んでもらった」

のように、行為の相手とは別に、行為実現を支配するさらに上位の人物を設定することも可能なのである。これが「……に……てもらう」では、

「先生に頼んで、隣の列の子に交替してもらった」
「お爺ちゃんにせがんで、お婆ちゃんに遊んでもらった」

のような言い方となり、希望を受け入れる主体が二人いることになっておかしい。「に」で導かれる人物は「……てもらう」相手その人なのであるから、オのグループ「お婆ちゃんに遊んでもらいなさい」は言えても、「お婆ちゃんと遊んでもらいなさい」は不自然である。エのグループはどちらとも言えるが、

加藤君に替わってもらいなさい。

は、交替相手を加藤君と指定する意識よりも、依頼相手として加藤君に頼る気持ちのほうが強い。

加藤君と替わってもらいなさい。

は、交替相手として「加藤君を」と指名する発想である。

42 「友だちに比べて」か「友だちと比べて」か

主体と対象との力関係を示す「に」と「と」

動詞の場合、ある行為や作用が何かに及ぶとき、その行為や作用の主体と、それを受ける対象との間の力関係を「に」や「と」で表す。どちらの助詞を取るかは動詞ごとに決まっており、それは対象に対する行為や作用の在り方に左右されていると言ってよい。形容詞にも、数は少ないが同じ現象が見られる。これも二者間の状態の在り方によっている。

(1)「に」を取る語

自動詞……優る、劣る、関する、沿う、従う、なつく、勝つ、負ける、屈する、など

他動詞……与える、やる、貸す、返す、渡す、届ける、見せる、尋ねる、など

形容詞……(地理に) 明るい、暗い、(酒に) 弱い、強い、(生徒に) 厳しい、からい、甘い、(金に) 汚い、細かい、うるさい、(体に) 悪い、よい、いい、など

(2)「と」を取る語

自動詞……違う、異なる、戦う、連れ立つ、遊ぶ、結婚する、待ち合わせる、など

他動詞……争う、話し合う、など

形容詞……親しい、紛らわしい、など

このような「に」もしくは「と」を要求する語とは別に、文脈によって「に／と」どちらでも取り得る語が存在する。

(3)「に」「と」どちらでも取る語

自動詞……似る、代わる、替わる、会う、ぶつかる、あいさつする、衝突する、など

他動詞……比べる、とり替える、話す、相談する、約束する、誓う、など

形容詞……（彼の考えに／と）近い、等しい、など

そこで問題は「に」も「と」も可能な語の場合、いったい両者でどう違うのか、ということである。

まず、(1)に挙がった語群を見ると、いずれも主体から対象へ向けた一方的行為ないしは関係である。行為なら、主体は能動者、対象は受動者である。したがって、主体が対象に「従う」ということは、対象側から見れば主体に「従われる」受身的立場である。(1)は「主体―対象」の関係が「与える―与えられる／渡す―渡される／なつく―なつかれる」の能動―受動関係か、「勝つ―負ける／貸す―借りる／やる―もらう」の対義関係となる。つまり、主体側からの一方向の行為・動作であって、対象側からは何一つ積極的働き掛けはおこなわれない。状態性の場合には特にこのことがはっきり現われる。対象はただ判断の基準の役割を担うだけである。「川に沿う」「敵に優る軍勢」「生徒に厳しい」「女性に弱い」と言っても、それは主体側の状態の問題であって、その状態説明として対象（川や、敵、生徒、女性など）はひき合いに出されたにすぎない。主体側に視点を置いた一方向からの観察や評価と言ってもよい。いくら彼が女性に弱くても、だからといって相手女性は彼に強いとはかぎらないのである。「に」で示される二者関係は「主体→対象」の関係と言ってよかろう。

一方、(2)に挙がっている語群は、これらとは全く違う。主体が対象に対して取る行為や関係は、即対象側から主体に対しての行為・関係でもある。彼が彼女と結婚することは、同時に彼女も彼と結婚することを意味する。裏返しの関係も成り立つ対称性の行為・関係と言えよう。「AがBと異なる」ときは当然「BもAと異なる」。二人の親しい関係は、彼側・彼女側どちらから見ても成り立つ。(2)は、一方が成立すれば逆方向も成り立つ「主体⇅

対象」の関係と言える。だから「日本はアメリカと戦った」は「アメリカは日本と戦った」に言い換えることができる（主体の交替）。さらに、このような相互関係は「日本とアメリカは戦った」の言い方も可能とさせる。両者とも主体となり得るわけである（両者主体）。

「日本とアメリカは戦った」には二様の解釈が成り立つ。一つは、「アメリカはどこと戦ったのですか」の問いに対して、「アメリカは日本と戦った」と言うべきところを語序を変えて「日本と、アメリカは戦った」と述べる言い方である。もう一つは、日本とアメリカとを並列して、「日本とアメリカとは戦った」の「と」を略して「日本とアメリカは戦った」と言う場合である。今ここで問題としているのは後者の〝両者主体〟の場合である。さて、

「彼は彼女と親しい／彼女は彼と親しい」「彼と彼女（と）は親しい」

と同じ内容の文を作ることができるが、非対称の(1)グループでは成り立たない。「アメリカは日本に勝った」を「日本はアメリカに勝った」とは言い換えられないし、まして「アメリカと日本は勝った」と言うことはもちろんできない。

(1)の「に」を要求する表現が主体側の一方通行の行為や関係、(2)の「と」を要求する表現が二者の相互行為や関係であるところから、「に」も「と」も取り得る(3)の動詞や形容詞にも、右の〝一方―相互関係〟〝非対称―対称関係〟の使い分けが見られるのではあるまいか。(3)に列挙した語を見ると、二つの系列に分かれることがわかる。

第一グループは、何かの行為や判断の結果、主体側が（あるいは一方の対象が）他方の対象とある接触関係を持つ意の語である。「会う、ぶつかる、挨拶する、話す、相談する、約束する、比べる」のような動作性の動詞。それに「似る、近い、等しい」のような状態性の語も、二者をつき合わせるという意味でこのグループに入れていいだろう。

第二のグループは、対象と主体（あるいは対象と別の対象）とが位置や立場を相互に入れ替える意の語「代わる、替える、とり替える、交替する、交換する」などで

ある。

　今、相互に関係を取り合う両者を仮にA・Bと呼んでおこう。第一グループはAがBに働き掛け、Bがそれを受け止め、A―Bが交渉を持つ作用や状態である。Bが除かれることによってAがその位置に入るのであるから、A―Bは〝すれ違い〟の関係で、交渉を持つ接触関係ではない。このことを頭に置いて、次に(1)(2)で見てきた「……に……する／……と……する」の特徴を右のA―B関係に当てはめてみよう。

　第一グループ「友だちに会う」「父に話す」「先生に相談する」「弟に約束する」は、「友だちに言う」や「父に告げる」「先生に頼む」「弟に渡す」など(1)に属する「に」格の動詞と本質的な違いはない。AからBに向けての一方的な働きと考えられる。なるほど、会ったり相談したりすることは、相手側にとっても会ったり相談したりすることである。両者の合一がなければ成り立たない。しかし、「……に……する」の形をとると、A側から一方的にBに対して行為することで、Bは受動者の立場に置かれてしまう。「私は父に話した」は「私」の一方的行為で、父は聞き役に回るだけである。父も話す〝話し合い〟の意識は出て来ない。だから、仲介者を立てて間接に伝えても「父に話す」「父に約束する」と言える。

　この件に関しては、兄を介して父にも話してあります。

「父と話す」ではもっと直接的な相互行為となるであろう。一方的行為を表す「父に話しに行った」「父に相談しに出掛けた」は、「父と……」で言い換えることができない。（「と」を用いると〝……と一緒に〟の共同動作の相手となってしまう点に注意。）一方的行為がはっきりする場合はいずれも「……に……する」で、「……と……する」は使えない。

　「内緒にすべきことでもないから、父にも話しておいた」「うっかり秘密を父にも話してしまった」

　相手が人や、自身で移動する物の場合は、相互行為も成り立つから、

「廊下を走っていて友だちとぶつかった」「トラックがバスと衝突した」「八丈島沖で台風十三号と出逢った」

のように「と」も使えるが、静止物は「に」である。

「よそ見をしていて電柱にぶつかった」「トラックが塀に衝突した」「バミューダ海域で不思議な現象に出逢った」

状態性にもこの違いは当てはまる。

「彼の下宿は駅に近い」「彼の下宿は僕の家と近い」

「……に近い」を用いれば「駅」は位置の基準点として固定し、「……と近い」を用いれば、特に一方を基準として固定させず、双方の相対的な位置関係として両者を同列に扱っている。(「……に近い」は「……から近い」とも言える点を見ても、一方は基準点として固定していることがわかる。第四十八節参照。)標題の「友だちに比べて/友だちと比べて」も、「……に比べて」は友だちが比較の基準、「……と比べて」は比較の対象と言ってよかろう。

　第二グループ「代わる、替える、とり換える、交替する、交換する……」は、「に」を用いれば「AがBにかわる」で、そのポストにあるAが消滅してBに様変わりする意識である。

「父に代わってご挨拶申し上げます」「古本屋へ行って本を金に換える」「札を小銭に換える」「今日から改正運賃に変わった」

「に」は一方通行の助詞である。AからBへの一方的移行ゆえ、そのものの変更・変化の気持ちが強い(A→B)。

　ネジがばかになっているから、新しいネジに換えてください。

古いネジを取り除いて、そのポストが新しいネジに変わる気持ちである。ポストに視点を据えて、そのポストが古いネジから新しいネジに様変わりしたと考えていい。

　ネジがばかになっているから、この新しいネジと換えてください。

「……と換える」は相互行為であるから、古いネジと新しいネジは同列に扱われ、双方を入れ替える意識が濃い（A⇄B）。

　「おむすびを柿の種と換えた」「ハートの三を捨てて、スペードの一と換えた」「監督は一塁手を外野手と替えた」

交換・交替である。AとBとを相互に置き換えるときは「……と……する」であって、「……に……する」ではない。

　窓側の席にかわった／窓側の席とかわった

「廊下側の席から窓側の席にかわった」のであり、「窓側の席（の人）とかわった」のである。「に」は座席変更もしくは座席の移動。「と」は座席交換である。

43 「私にわかること」か「私でわかること」か

限定意識・謙譲意識を表す「で」

　前にも引いた日本語の教科書の「最近のデパート」という課（第八節）に、デパートの部長さんが、大学生の研究サークルのメンバーの質問に答える次のような問答場面がある。

学生「先日、お電話いたしました消費経済研究会の川崎でございます。今日は、お忙しいところお時間をいただきまして……」
部長「いや、どういたしまして」
学生「デパートについていろいろお話をお伺いしたいと存じますが……」
部長「どういうことでしょうか。私でわかることなら、何でもお話ししましょう」

この文章に接するたびに、学生たちは「私でわかること」と「私にわかること」とどう違うのかと考えさせられる。「わかる」は本来「生徒のいたずらがわかる」「先生にわかる」のように、わかる対象「何が」と、わかる主体「だれに」とを取る動詞だと思っているからである。

お前にはわからないだろうが、お父さんにはちゃんとわかっているのだよ。

のように、対比強調の助詞「は」を伴って用いられる場合も多い。

「お前にわかる問題なら、僕にだって解けないはずはない」「小学生にでもできる簡単な仕事が、何で大学生にできないのだろう」

人を主体として取る「わかる、見える、聞こえる、できる」のような自然可能の意を含む状態性の動詞や、「解ける、作れる、切れる、書ける、読める、行ける、運べる、訳せる、やれる、答えられる、理解できる」など可能動詞や、可能の助動詞を伴った言い方も、同じように「に」の格助詞を取って〝その主体にとって、その状況や行為を実現する能力が備わる〟意を、そして、その結果〝その状況がおのずと実現している状態〟（状態動詞の場合）を表すようになる。この場合の「に」は、「子供に作れる簡単なプラモデル」のように、「子供にでも」「子供にも」と置き換えられる〝……にとって〟の意の「に」で、「子供」が能力所有者となる。対人関係の行為を表す動詞「教える」や「話す」などでは、

「子供には教えられない」⑴能力の低い子供には、生徒は教えられない。＝教育することができない。⑵これは大人の話だから、まだ子供には教えられない。＝聞かせたくない。）

「子供にも話せる」⑴子供にも話せるやさしい簡単な台詞。⑵親の秘密というわけではないから、子供にも話せる。）

のように、「に」が〝……にとって／……に対して〟両様に解せてしまい、「子供」が、⑴能力所有者とも、⑵行為をさし向ける対象ともなってしまう。

ところで前者、⑴能力所有の「……に／……にも／……にでも／……には」のほうは、「……で／……でも／……では」との言い換えが可能である。

子供にわかる簡単な仕掛け──→子供でわかる簡単な仕掛け

小学生にも運べる軽い戸棚──→小学生でも運べる軽い戸棚

「に」が事物や時・所などを、どれ、何、いつ、どこ、と指定する助詞であるのに対し、「で」は限定を表す助詞である。ある範囲の広がりを持つ事態が無限に広がりつづけず、「で」で示される箇所を境界として範囲に区切りをつけ、その範囲内で事が成り立ち、それ以上には及ばないことを表す。

「一時間で片付ける」（時間）、「三人で運ぶ」（人数）、「一回でパスした」（回数）、「百円で買う」（金額）、「運動場で遊ぶ」（場所）、「えびで鯛を釣る」（物）、「風邪で休む」（事柄）

皆〝その事物・事態のワク内において〟であって、それ以上それ以外にまで事がはみ出さない限定意識に根ざしている。特定の時点、地点、人物などを指す言い方の場合でも、継続進展する事態に最低（もしくは最高）どこまでであると範囲に限界点を設け、〝その範囲内でじゅうぶん事が成立するが、どんなに悪くともその限界点を超えない〟という限定意識となる。

「冬は五時でもう暗い」「四時で受付けを締め切ります」「夏休みは来週で終りだ」「この電車は都合により次の駅で運転を打ち切ります」「あの三つめの角で一丁目は終りです」「今日の授業は五ページの三行めでやめよう」「特売品はこのお客さんで売り切れです。あとの方はあしからず」

継続・順列するものをどこまでと切る意識である。裏を返せば、「で」によって示される状況には、その背後に、継続・展開・順列する何かが前提意識としてあり、それをある範囲で切る切れめとして示される。そのため、「で」を用いると、そのものをただ提示するという意味だけではなく、同類のものが他にもまだいろいろあるが、その限界にあるものの例として示すのだというニュアンスが伴ってくる。

「この鉢いくらですか」の答えとして「大きいのが五百円、小さいのが二百円です」と言うのと、「大きいので五百円、小さいので二百円」というのとでは、内容が全く違う。「が」は主語として取り上げるだけの助詞であるから、そこにある鉢は大小二種類だけである。そこにある鉢はどれも五百円かさもなければ二百円で、中間の値段はない。いっぽう「で」は、継続・順列状態を踏まえた表現であるから、大小さまざまの鉢があると見ていい。三、四百円物を中心に、二百五十円、二百三十円、……といろいろあるが、大きい物でも五百円どまり、小さいものでも二百円どまりで、それ以上それ以下はない。五百円、二百円を挟んで、いずれもその間の値段であることを暗に含めている。値段の上限・下限の範囲を切る言い方ゆえ、中間帯があるわけである。

「で」が範囲の極限事物を示す働きを持つところから、「で」を使うと、往々にして、それより上（もしくは下）のレベルのもののほうがより好ましいことはわかっているが、その条件にかなう最低線のものとして例示する意識が伴う。

「何か書く物ないかしら」
「鉛筆でよければ、これをどうぞお使いください」

万年筆、ボールペン、シャープペンシル、……と様々の筆記用具を頭に描いて、その最低の物として鉛筆を考えているのである。これが、話し手の品物になると、〝他の人々の物ならもっと良いのだが、当座の用に間に合う最低の物として〟自身の物を取り立てるため、謙譲意識が添ってくる。

私の万年筆でよろしければ、どうぞお使いください。

冒頭に掲げた、デパートの部長さんの「私でわかることなら、何でもお話しましょう」も、その意味で部長の謙譲表現なのである。「私がわかることなら……」には、このような謙譲精神はない。

「で」が該当例の最低レベルのものを示す働きを持つところから、「で」で示される人や事柄には、話し手の軽視意識が付きまとう。

「女子供で間にあう簡単な仕事」「この程度の作業なら中学生で十分だ」

だれにもできないむずかしい仕事
だれにでもできるやさしい仕事

容易な仕事の後者には「でも」が自然だが、高級でむずかしい前者の場合には「にも」がふさわしいのも、右の理由と深い関係がある。

第八章

時や場所などを表す言い方

44 「現代に生きる」か「現代を生きる」か

瞬間性の〝時〟を受ける言い方

「生きる」を〝生活する〟の意で用いた言い方に「……に生きる／……を生きる」二つの言い方がおこなわれている。次の例を見よう。

働き盛りになると、日常生活の多忙と繁雑さに紛れて、せいぜい〝耳学問〟で済ませることが多くなってくる。しかし、人から聞いた知識は不正確である。複雑な現代に生きていくには、自分で考えて的確な判断を下すことが必要である。そのためには読書の習慣は欠かすことができない。(読売新聞　社説「本に親しむ心構え」)

土曜日と日曜日とでは全休の日曜日より、半ドンあるいは平常日同様に、働いても土曜日の方が何か知ら気分的にくつろいだ、解放感がある。何となしに楽しい。これは遠足を一週間も十日もまえから指折り数えて待つ子供たちの心に共通する。つまり明日の楽しさを想うことが、今日の生活を引き立て、今を生きる生甲斐としてうけとられているわけである。(新島正『ユーモア』)

前の例では「現代に生きていくには……」と「に」を用い、後の例では「今を生きる生甲斐」と「を」を使っている。用例で見るかぎり「生きる」は「に／を」二つの格助詞を共通に取っていると言ってよかろう。

ところで、辞書類の記述はどうであろうか。『岩波国語辞典』第四版の「生きる」の項には、次のような解説がある。

いｰきる〔生きる・△活きる〕『上一自』……(中略)

……㈧（……を目的として、または、……の中に）生活する。「美術に━」「苦難に━・きた十年」▽「人生を━」は欧文翻訳調。……（以下略）……

また、文化庁の『外国人のための基本語用例辞典』（第二版）では、「いきる」2の項において、

2　あることのために、またはある状態を気持ちの中心として、生活する。／「～に生きる」の形で多く使われる。／○母は一生を子どもへの愛（あい）に生きてきた。○彼は海に生き、海に死んだ。①きぼうに生きる。

☆「人生を生きる。」「生活を生きる。」とは言わない。

と、はっきり「……を生きる」の形を否定している。

ところで、「生きる」のような動作性の自動詞が格助詞を取るときには、「に」を取る語と「を」を取る語とでは、はっきりとした違いが見られる。右の「生きる」は〝その中において〟または〝それによって〟〝それを拠り所として〟の意で用いられているので、そのような意味で使われる「……に自動詞」「……を自動詞」の用法を掲げてみると、次のようになる。

⑴ＡハＢニ自動詞（Ａ……主体　Ｂ……相手）

負ける、勝つ、屈する、なつく、従う、見つかる、など

⑵ＡハＣニ/ヘ自動詞（Ｃ……場所）

着く、退く、寄る、沈む、消える、隠れる、など

⑶ＡハＣカラＣ'ニ/ヘ自動詞

逃げる、はいる、向かう、行く、など

⑷ＡハＣニ自動詞

いる、ある、住む、など

⑸ＡハＣヲ自動詞

通る、経る、越える、過ぎる、進む、行く、歩く、など

右のうち、⑴は〝……に対して〟である。Ｂを主体Ａと対立する相手と考え、そのＢに対してＡがある立場に立つのである。⑵⑶は〝……に向かって〟である。その場所のほうへと位置が移動することであるが、⑵は帰着の意味が、⑶は方向性の意味が強い。⑷は〝その場所に

おいて〃である。その場面内に固定して存在もしくは生存するのである。活動がおこなわれれば「に」ではなく「で」である。

東京に住む／東京で暮らす

「……に生きる」もこの⑷の用法と考えられる。以上が助詞「に」の用法であるのに対し、⑸は「を」を用いて〃その場所を経路・経由点・通過点として〃移動がなされることを表す言い方である。したがって「現代を生きる」と言ったとすれば、この⑸の用法として、移動意識が働いていると見ていい。

さて、⑴～⑶は、主体がその外にあって対立関係を取るか⑴、そのほうへ向かって移動するか⑵⑶の場合であったが、⑷⑸は主体がその場面内にある。「に」に通じて見られる共通意識は、その場面を点的なものとしてとらえていることである。

「銀行に寄る」「大阪に着く」「京都に行く」「北海道にいる」「公園にある」

と、広がりのある面積を持った二次元の世界で示しても、その動詞が意味する移動や存在の成立にかかわる場所はただの地点にすぎない。同じ、場所を提示する言い方でも、「公園で遊ぶ」「公園を散歩する」などと比べれば、その違いは歴然としているであろう。地理的な場所でなくとも、

「小説家によくある夜型の人間」「漱石の文章に見られる修辞」「日常生活にしばしば起こるなまけ心」「学生時代に受けた影響」「夏休みに作った模型」「一日に一回は歯を磨け」「月曜日に頼んだ写真の焼き増し」「土曜日に帰る」

など「に」で示される対象は、範囲を持ったものでも単一的な全体として受け止めている。〃……の中に〃〃……において〃である。「生きる」についても全く同じことが言える。「……に生きる」の「に」格で示される場面や対象は、生きる行為を実現させてくれる（ないしは、生きる張り合いを与えてくれる）事柄や分野である。そ

れは畢竟（ひっきょう）、生きる目的でもある。

文学／芸術／剣の道に生きる………分野・領域
（……ニオイテ）
愛／希望／思い出に生きる………心を支える事柄
（……ニヨッテ／……ヲ支エトシテ）

また、生きている場面や時代、生きていくときの状態なども「に」格に立つ。

雪山／山／海に生きる…………場面
現代／苦難の時代／戦乱の世／太平の御代に生きる
………時
苦難／怠惰／安楽／安穏／平和に生きる………状態
（……ナ状態ニオイテ）

時や状態の表現は、他と比べて〝生きつづける〟〝生きながらえる〟という継続性の意味あいが濃い。時間は本来、継続性を持った観念であるし、〝生きる〟〝生活する〟ということ自体、継時的な人間活動であるから、時間ないしは時間的に進行する状態の語と結び付いた場合には、必然的に継時性を帯びてくる。「世の荒波と戦って生きていく」（『角川国語大辞典』）と「……ていく」が付いて〝生きつづける〟の意を帯びるということも、「生きる」が継時的な行為を表す継続動詞であることを裏づけている。右の例文に「この世」という、時を表す名詞を挿入すると、

世の荒波と戦ってこの世に（／を）生きていくのは
並大抵のことではない

と、格助詞「を」を取っても不自然ではない。これは「……ていく」によって継続性が助長されるからである。先の分類(5)に当たる「……を通る／進む／行く／歩く」「空を……飛ぶ／行く／昇る／翔る」など地理的移動行為のおこなわれる場面は「を」格であったが、この場面が地理的でなく時間的である場合にも、これと同じ意識が働くものと考えられる。「この世」を線条的な時の流れとしてとらえ、その時の流れの中を「……ていく」によって移動していくという発想である。他動詞「時を

……過ごす／送る」などと共通する経過意識である。ところで、

苦難の時代に……生きる／成長する／育つ／成人する

のように「生きる」は本来「……に生きる」と「に」格を取る動詞であったが、「……を生きていく」の言い方から「生きる」自体が〝生を受ける〟から〝生命活動を保つ〟へ、さらに〝生きつづける〟という継続行為の意味へと広がって、時の流れの中を生きて渡っていくという継続動作性が添加された。それが結果的に「苦難の時代を生きる」のような、「経る」や「通る」と同系列の用法を生むに至ったわけである。この用法はあくまで時間帯を指す語に限られ、「芸術に生きる」や「雪山に生きる」のような例には現れない。もともと「……に生きる」は、時間の語に続くときには「現代」とか「戦後の混乱の時代」のような、ある長さを持った時間帯の語を受け、〝その時間帯の中に生を受ける〟もしくは〝生き長らえる〟ことであった。「今」とか「現在」「現在の一瞬」のような瞬間性の〝時〟を表す語には続かない。「今に生きる」のような言い方はできなかった。ところが、「今」を時の一瞬間ととらず、〝今〟の連鎖が刻々に流れる時間を形成する、いわば時の流れを切り開いて見せた瞬間が「今」であると考えると、今の瞬間も生きる対象としてとらえることが可能となる。このような観念に立つとき「今―生きる」の表現も成り立ってくる。しかも、その「今」は、「……に生きる」の対象となるような限定された時間帯ではなく、生きていく折々の瞬間瞬間として、長く連続した継時的場面の一コマとしてとらえられるのである。〝今という瞬間にのみ生きる〟という発想よりも、〝今という瞬間瞬間を連続してずっと生きつづける〟という発想なのである。

「生きる」は本来、時間帯の語を受けて〝その時間帯の中に生きる〟と把握する語であった。それが時間帯を形づくる個々の瞬間（の語）を受けることがおこなわれるようになり、その結果、瞬間の中に全生命を発散させるのではない、瞬間の連続（時の流れ）の中を漂い生きつづけていくのだという意識が生まれた。逆の言い方をすれば、瞬間性の〝時〟を受ける言い方が生じたことに

よって「……を生きる」の言い方が現れたとも言えよう。現れたと言えないまでも、固定したとは言えるであろう。それが冒頭に掲げた「今を生きる」の言い方や、「今の一瞬を精一杯生きていこう」のような用例を生み、さらに、

「現在を生きる」「現代を生きる」「戦争の時代を生きる」「氷河時代を生きた生物」「青春を生きる」

のような時間の幅を持ったものへまで拡大使用されていったと考えるのが穏当であろう。

45 「東に向く」か「東を向く」か

全体動作か部分動作か

「向く」には二つの場合がある。一つは、もともとその対象に面する方向にあること。一つは、そのような向きに方向転換することである。たとえば、

ピラミッドの正面は真北に向いているが、その入口に通じる通路の延長上に置かれた水鏡は、北極星が映るようになっている。（吉村作治『ピラミッドの謎』講談社現代新書）

この磁石をとりはずして、別の磁石のそばに置くならば、その小磁石は、もともとさしていた方向からずれた方向を向くことになる。（力武常次『地球磁場とその逆転』サイエンス社）

右のピラミッドの例は静止状態にある物の方向性を、磁石の例は方向転換をする動的現象として「向く」を用いたものである。前者は「……に向く」、後者は「……を向く」と助詞に違いが見られるが、助詞のこの使い分

けは「向く」の表す意味の相違によるものであろうか。『岩波国語辞典』第四版「むく」の条には、

むｰく〔向く〕①〔五自〕まっすぐそちらに面する（ように動く）。㋑ものの面（特に正面）を、目当てのものに対置する（ように、回る動きをする）。「右を―」「右に―」「そっぽを―」「海に―・いた窓」（以下略）

といった解説と用例が挙がっている。「右」と「向く」との関係として「……を向く」「……に向く」両方の例が並記されているが、特にその使い分けについては説明がない。本来、動詞はその受ける事柄によってそれぞれ取るべき格助詞が決まっている。たとえば、ある方向への移行を表す動詞が「右、左、上、下、東、西、南、北……」など方向性の名詞を受けた場合、

右に……向く、傾く、曲がる、伸びる、広がる、倒れる、動く

と「に」を取るか、または「へ」である。これは移動動詞「行く、進む、走る、上る、下る、逃げる」などでも全く同じである。つまり、格助詞「に」にはいろいろな用法があるが、右に掲げたような名詞と動詞が組む場合には、方向指示の働きを帯びるのである。これは「北に向かう」や「北に向ける」、その使役形「北に向かわせる」「北に向けさせる」等でも同じことが言える。「……に向く」も、「向く」が方向転換の動作であろうと、そのような方向に位置を占めている状態であろうと、「に」で表されるものは〝方向性〟である。「黒板に向いて座を占める」「鳥居のあるほうに向いて頭を下げる」「北に向いたほうの窓」など。

同じく自動詞「向かう」にも〝方向を取る〟の意があるが、これはその方向に位置を占めるだけではなく、「親に向かって乱暴な口をきく」「塀に向かってボールを投げる」など、そのものに作用が及ぶよう働き掛ける意を含む点が異なる。

一方、「……を向く」は、「うしろを向く」「声のするほうを向く」「上を向いて歩こう」「そっぽを向く」のように、確かに〝その方角に正面を向け変える〟動作性が強調される。「鼻の穴が上を向いている」「砲口は北を向

いていた」のように「ている」を付けて状態性を表すこともできるが、このような例は「……に向いている」と言い換えることが許される。「……を＋自動詞」は「道を歩く」「門を出る」「席を立つ」のような移動の経路・経由点・起点を表すもののほか、「地球は太陽を回る」「赤道を越える」「トップを走る」「百人を上回る申込み者」など、ある事物や地点・レベルなどを基準としての相対的な運動や状態変化にも用いられる。その動詞の表す運動や状態変化を規定する要素を「を」の格で示すと言ってもいい。「……を向く」もこの例に漏れず、「向く」という動作を規定する要素として「北を……」とか「声のするほうを……」という方向性を添えていると見ていい。つまり「……を＋自動詞」で表される状況は、その「を」の格で示される条件に束縛され、それを基準とした運動である。「……を向く」に、その方向へと位置や姿勢を変える動作意識があるのも、このことに由来している。「……に向く」がどちらかと言えばその物自体の取る方向性であるのに比べて、「……を向く」がそのものの、ある部分だけが特定の方向へと回転運動や角運動をおこなうという気分が極めて強いのも、このためである。

ところで、他者に対してある方位を取らせる使役表現「向かせる」や、命令表現「向け！」には、方向転換を強いる動作性概念が含まれる。そのため「……に向かせる」よりは「……を向かせる」のほうが、「……に向け！」よりは「……を向け！」のほうが、より自然な表現となる。理論的にはもちろん、このどちらの形式も成り立ち、その場合、使役の対象を示す助詞に差が現れる。

(a)……を……に向かせる（彼等を横に向かせる）

(b)……に……を向かせる（彼等に横を向かせる）

(a)文型は「……に向く」形式を取っているところから、彼等の体そのものが全体として横向きに位置を変える場合である。「……に向く」は方向性のみしか表さないから、そのような方向（＝横）に向けて位置を占める状態変化の気分となる。このような全体運動は他動詞「向ける」と相通じ、

(c)……を……に向ける（顔を横に向ける）

の他動詞文型で表すのがむしろ普通である。

「向ける」は「横に向ける」「北に向ける」のように

「に」格に方向を表す名詞が入り、「を」の格には「机を……に向ける」「顔を……に向ける」と、向けられる物自体が入る。この点も、「……に向かせる」と共通し、「……を向かせる」とは異なっているわけである。他動詞は対象に対する主体の一方的な働き掛けであるから、「向ける」対象物は人間よりは物（非情物）である場合が多い。「机を窓のほうに向ける」「立て札を逆方向に向ける」「機首を北に向ける」「顔を横に向ける」は自然でも、人（有情者）を「生徒を教壇のほうに向ける」とは普通言わない。「向かせる」と使役で表す。しかし、このような方向転換の動作性は、「……に向く」を基本とする(a)文型よりは、「……を向く」の(b)文型のほうがより自然である。「生徒に教壇のほうを向かせる」と言えば、生徒の意思を尊重し、生徒に自主的に教壇のほうを向くように使令することになる。「(c)生徒を……に向ける／(a)生徒を……に向かせる」の「を」格では、行為を一方的に受け止めるただの対象でしかなく（物扱い）、相手の自主性とか人格とかは問題にされない。（この点に関しては第三十八節「「人々に感銘させる」か「人々を感銘させる」か」を参照されたい。）

これに対して、(b)「生徒に教壇のほうを向かせる」と、人を「に」格で受けると〝その人間の意思にしたがって〟という相手の自主性が基盤となった行為という受け取り方となる。その証拠に、事物は(b)文型で用いることができない。「机に教壇のほうを向かせる」などと言うわけにはいかない。「に」格には通常、意思を持つ人間や動物などが立つ。そのため、「……に……を向かせる」文型は「に」格に立つ人物の意思的動作となる。さらに、物の位置や方向を一方的に動かす(a)や(c)文型と違って、当人の意思的動作は、全体動作のみならず部分動作となることも多い。「彼等に横を向かせる」と言ったとき、「右向け、右！」のような全体動作だけではなく、首だけを右に曲げさせる部分動作となることも想像されるのはこのためである。「……を横に向ける」には、このような部分動作の場合は少ない。「顔を横に向ける」と言えば部分動作のようであるが、顔そのものが全体として横向きになることで、「を」格に立つ名詞「顔」に関しては全体動作と見るべきである。

(a)横に向かせる／(b)横を向かせる／(c)横に向ける

これらの表現には右に述べたような意識の違いがある。

そして、「横に向く／横を向く」にもこれと同じ意識差が見られるのである。

「……に向く」は、「窓に向いて座る」のように、その対象や方向と相対する位置につくという全体動作である。そのため「東に向いた窓」のように、その主体が現在その方向に面しているというそのもの自体の方向性となることが多い。そのような固定した状態は、そのものの属性となることができ（東に向いているということが、その窓の属性となっている）、方向性が属性として固定していくものとして、意思によって自由に位置を動かすことのできない物（非情物）に対して用いられることが多くなる。

「……に向く」は

1「西の力士は東に向いて座る」のような全体動作で、初めからその方向を取る場合によく用いられ、方向転換ではない。

2「東に向いた窓」のような静止物の方向性によく用いられる。

3「東に向いたほうの窓」のように、その物の属性としてとらえられる状態である。

4「うちのアンテナは東に向いている」のように、物主体に多く用いられる。

「……に向く」が事物主体の状態性によく用いられるところから、「女性に向くワイン」「子供に向いた読み物」のような〝適する〟意や、「病気が快方に向く」のような状態変化の方向性にも運用される。これも「……に向く」ということがワインや読み物の固定した状態（属性）であり、快方へと移るという方向性が病気の全体動作（?）としてとらえられているのである。

次に「……を向く」は

1「呼ばれてうしろを向く」のように部分動作となる場合が多い。もちろん「観客のほうを向いて頭を下げる」と全体動作となることも可能。

2「わざとそっぽを向く」のように意思的動作となることが多い。「磁針が北を向く」のような無意思性の現象もあるが。

3方向転換の動作性となるのがほとんど。「東を向いた窓」とは言えない。「天井を向いて倒れている」のような状態性も、過去に生じた動作の結果の現存である。

46 「玄関を入る」か「玄関に入る」か

移動行為の起点・経由点を示す「を」

玄関や港など入口となる場所は「……を入る／……に入る」どちらの言い方も可能である。

「玄関に入って主人の出てくるのを待つ」「玄関を入って二番めの部屋が診察室です」「この船は明朝早く港に入ります」「港を入れば埠頭までは目と鼻の先だ」

しかし、場所なら何でもいいかというと、そうではない。「部屋に入る」とは言えても、「部屋を入る」とは普通言わない。入口を指す語「裏木戸」や「門」なら、「裏木戸を入ると、正面に納屋がある」「あの門を入ってください」と言えるが、「裏木戸に入る」という言い方は、「盗賊はどこへ逃げた？／あの裏木戸に入ったぞ」というような、「へ」と置き換えのきく帰着点としての用法に限り使用され、あるスペースを持った場面内への移動にはもちろん使われない。「に」が場所に関して用いられると、

(1)事物の存在する場所…………………「机の上にある」
(2)ある状態の成立する基準の場所……「川に沿う」「海に近い」
(3)動作・作用のおこなわれる場所………「東京に住んでいた」
(4)動作・作用の方向・帰着点…………「前に進む」「駅に着く」

のいずれかになる。このうち「入る」や「出る」など移動行為に関するものは(4)の方向・帰着点の用法である。

ところで、「に」の(4)は、

「月に向かう」「底に沈む」「的に当たる」「天井に届

く」「駅に着く」「大通りに交わる」「電車に乗る」「外に飛び出す」

のように、ある地点へと方向を取ったり、その方向へと進んだり、その地点へと到達したり、その地点の内側へと進入したりする状況のとき用いられる。ということは、「に」に先行する名詞が表す場所は、点でも、線でも、面でも、立体でもかまわない。また、「に」(4)によって導かれる後続動詞は動作性の動詞で、いろいろの語が幅広く続き得る。そこで、「入る」なら、「あの裏木戸に入った」のように〝入口〟を示す地点か、「リング内に入る」「部屋に入る」「袋の中に入る」のようなある範囲を示す面や、空間を持つ立体的な範囲のいずれかとなる。前者は内部へ通ずる経由点、後者は内部領域ないしは内部空間である。この二者は厳密に区別されるべきことであるが、「穴に入る」のように、向こう側へと通ずる間隙とも窪んだ空間とも解せる名詞の場合は、両者の区別はむずかしい。「玄関に入る」の例も同様で、〝玄関〟が奥の間へと通ずる経由点の意味にも、扉を隔てた内側の領域にも解せるからである。これが「裏木戸に入る」なら帰着点の意に、「応接間に入る」「便所に入る」なら内部領域の意にしかならない。応接間や便所はある目的を達する領域としての機能しかなく、そこを経て他の場所へと通じる経路の働きを持たないから当然のことではあるが……。これが、台所や勝手口なら(裏の)入口として奥の部屋へと通じる経路としての機能もあわせ持つから、「お勝手に入る」には「玄関に入る」と同様、二種の意味がこめられていると見ていいだろう。なお、廊下は他の場所へと導く経路ではあるが、外部からさえぎられた一つの内部領域とは考えないから、「廊下に入る」と「入る」を用いることはできない。

次に「を」であるが、「を」が場所を表す名詞に付いた場合は、後に自動詞が続くか他動詞が続くかで意味が分かれる。用法としては次の四種がある。

(1)移動行為の起点……………「席を離れる」「電車を降りる」
(2)移動の経由点……………「門を入る」
(3)移動の経路・場所……………「道を歩く」「公園を散歩する」
(4)動作・作用の向けられる対象……「部屋を掃除す

る」「家の中を調べる」

このうち移動行為のおこなわれる場所としては(1)〜(3)が関係を持つが、「入る」や「出る」のような異なる領域間の移動行為とかかわるのは(1)(2)の二種である。(3)は「歩く、走る、泳ぐ、進む、くだる、のぼる」など、同一領域内での移動。)(1)はその領域（範囲を持った場所）から離れ去ることであるから「出る、去る、離れる、降りる、発つ」のような離反の動詞や、「故郷を後にする」のような一つの言い回しが用いられる。

さて、離反の言い方は、帰着の言い方と逆方向の関係に立ち、

「部屋を出る／部屋に入る」「故郷を去る／故郷に帰る」「国を離れる／国に戻る」「車を降りる／車に乗る」

のように助詞「に」の用法と対応する。この用法に限れば「を」と「に」は逆方向の行為を表すものとして対応関係を保っている。したがって「に」を使えば「部屋に入る」、「を」を使えば「部屋を出る」で、「部屋を入る」の言い方はできない。

一方、(2)の移動の経由点を示す言い方は、

a、ある領域から他の領域へと移行するときの通り道（地点）を表す。移行方向は、外から内、内から外、どちらでもかまわない。いや、内と外と区別するのは便宜的・主観的な判断であって、部屋や、建物や、敷地、町、県、国……と閉じた領域を設定するから内・外の観念が生ずるにすぎない。そのような観念のない境界線を突破する移動にも「を」は用いられる。

「門を出る」「門を入る」「門を抜ける」

b、単にある地点を経由することにも用いられる。

「道を横切る」「検問所を通る」「駅を通過する」「角を曲がる」「煙草屋の前を右に折れる」

経由点であるから、観念としては地点であるが、事実としては「トンネルを抜ける」「国境の山脈を越える」のような線状・面状の場所であってもかまわない。その箇所を通り抜けて向こう側へと進む意識（境界点通過意識）ならよいわけである。経由意識のない「道を進む」「橋を渡る」のような移動の経路を表すだけの(3)とはこの点で異なる。

(2)の経由表現は、(1)と違って、逆方向の言い方を持たない。「門を出る」「門を入る」は移動の方向としては逆だが、表現としては同一のもので、(1)の「部屋を出る／部屋に入る」の対応関係とは本質的に異なる。その証拠に、(2)は「門を通る」のような方向性を持たない言い方も可能なのである。

経由表現は「を」で示されるその場所へ行くことに目的があるのではない。その先の領域や箇所へと到達することが本来の目的であろう。したがって、「……を……する」と(2)の移動表現が使われたら、「を」で示されたその場所は、その先へ行くための経路にすぎないと判断すべきである。「改札口を通る」は、切符を切ってもらったり渡したりするのが目的ではない。それはその先の領域、電車に乗るためにプラットホームへ出たり、駅の外へと出たりするための手段としてやむを得ず立ち寄る中継点という意識である。そこで、この中継点、つまり経路が改札口のような地点ではなく、玄関のような範囲を持った一つの領域であったらどういうことになるか。先に述べた「に」の(4)の用法「部屋に入る」式の言い方も可能になってくる。だから、

「玄関を入る／玄関に入る」

二つの言い方が成り立つわけであるが、「玄関を入る」と言えば、その奥へ進む（つまり家に上がる）一過程としてとらえ、「玄関に入る」と言えば、家の外から玄関の中へ位置を移す〝入ること〟に目的意識がある。

「この下駄箱は大きすぎて玄関に入らない」「どうぞ寒いですから玄関に入ってお待ちください」

など、特にその奥へと、進入する意図はない。だから「玄関を……」と換えられない。

「A子さん（三五）は四日午後一時過ぎ、十五年ぶりに東京都昭島市の自宅に帰った。迎えに行った母親（六四）や親類の人たちに囲まれ、玄関を入った。A子さんとの対面を前に、母親は娘に無視されるのではないかと不安だった。（朝日新聞　昭和五十五年七月五日朝刊）」

「……を入った」となっているところから、母親との対面は奥の座敷か応接間でおこなわれたことが予測される。

47 「バスを降りる」か「バスから降りる」か

領域移動の意識を伴う「から」

「バスを降りる」「家を出る」「成田空港を発つ」「親元を離れる」「会長の任を降りる」

のような、ある場所や位置を基点としてそこから離れ去る行為や、

「門を出る」「非常階段を降りる」「梯子をころげ落ちる」

など、その場所を経路として位置を移動する場合には、「を」のほかに「から」も用いることができる。しかし、

「終点でバスを降り、ケーブルカーに乗り換えて、十分で見晴らし台に着く」「八時に家を出れば、お昼前には宿に着く」「土俵を降りれば両力士は無二の親友だ」

のような文脈では「を」がぴったりするし、逆に、

「この車は行き先が違いますから、バスから降りてください」「間もなく発車しますから、お見送りのお客様は列車から降りてください」「日曜日は一日中こもりっきりで、家から一歩も出なかった」

などの例では「から」のほうがふさわしい。「を」を使

うか「から」を用いるかは、文脈によって決まってくるし、たとえどちらも可能な文脈でも、助詞の使い分けによって表現意識に違いが生じてくる。

まず、「を」を取るほうの移動の言い方には次の二種がある。

⑴移動の起点を表す…………「門を出る」「故郷を離れる」「東京を出発する」

⑵移動の経路・場面を表す………「階段を降りる」「山をくだる」「廊下を歩く」

「から」を取る移動の言い方にも二種がある。

⑶移動の起点を表す…………「バスから降りる」「部屋から飛び出す」「屋根から落ちる」「二番線ホームから発車する」

⑷移動の経由点を表す…………「門から出る」「窓から部屋に入る」「穴から入れる」

「を」は移動動作や移動現象が開始し、また、進行する場面をどこと指示する働きを持っている。すなわち、⑴〝移動行為の始まる地点がほかの場所ではない、ここだ〟と示し、さらに、⑵その移動行為の進められる経路や場所をどこと取り立てて示す発想でもある。

一方、「から」は、ある領域を設定し、その領域内から離れて領域外へと位置を変えることを前提とした移動である。⑶一つの境界線を設定し、その境界線を越えて他方側へと移ることであり、⑷そのために境界線の、ある箇所を突破する経由点も「から」で示される。

「計量はすみましたから、秤から降りて下さい」「危険ですから、プラットホームの白線から外へ出てはいけません」「コンクリートの隙間から水が漏れたのです」

「から」がこのような発想を基盤としているため、相異なる二つの領域間の移動ではない「廊下を歩く」「公園を散歩する」など単に移動の場面を示すだけの文脈は、「から」に置き換えることができない。「階段を降りる」も、階上と階下という二つの領域を結ぶ箇所だからこそ「から」も使えるわけであるが、「階段を降りる」と言えば、降りるという移動行為の進行する経路が階段であると指示するだけで、特に階上と階下を結ぶ経由箇所という意識はない。「坂道を下る」や「石段を降りる」と全く同じで、ただ移動のおこなわれる場所にすぎない。だから、「道を行ったり来たりする」と同じ「階段を登ったり降りたりする」のような、他領域への移行を前提としない表現には「から」は使えない。「階段から降りる」は、「どうやって二階から降りようか。あの階段から降りよう」のような別領域へと身を移す通路という意識である。特に階段のような距離や面積を持たない地点でも、他領域への移行の通過点となるところなら、

「泥棒が窓から侵入した」「窓から光が差し込む」
「戸の隙間から風が吹き込む」

のように「から」が使える。移動の起点ともなる「門を出る」「家を出る」も、「から」を使うと、その場所から離れ去るという意識よりは、こちら側にあったものがあちら側へと位置を変えるという気持ちになる。標題の「バスを降りる／バスから降りる」も、「……を降りる」は、ある目的からバスを捨てて立ち去る（＝下車する）意識に、「……から降りる」は、車内に身を置いていた者が車外に身を移す（＝車外へ出る）意識になる。〃バスから（外へ）出る〃のである。他動詞「荷物をバスから降ろす」など、「バスを降ろす」と言い換えられないことからも、このことはうなずけよう。

48 「学校に近い」か「学校から近い」か

比較・対照の基準をどこにおくのか

私たちは、自分の家や下宿の位置を問題にするとき、「うちは学校に近いから通学に便利です」とか「駅から近いところにある下宿」のように説明する。「遠い」は「に」よりも「から」を取るのが普通で、「うちは学校から遠いので、朝早く出掛けるのが大変だ」のように使われる。いったい「学校に近い」と「学校から近い」とで

はどう違うのだろうか。また、なぜ「遠い」のほうは「学校から遠い」と「から」を使うのが普通で、「学校に遠い」とはあまり言わないのだろうか。「うちは学校から遠くてねえ……」これを「うちは学校に遠くてねえ……」と言うと、何が不自然な感じを催すのではないだろうか。属性形容詞は一般に、

「説明が詳しい」「時間が早い」「背が高い」「間隔が近い」「距離が遠い」「点が甘い」

のように「何ガドンナダ」の形で、その事柄の取る状態や主体の属性を説明的に述べる。（感情感覚形容詞は除く。）「何が……」の「何」自体が有する状態と見ていい。だから語順を入れ替えて「詳しい説明」「早い時間」のように言うこともできる。この種のグループに属する形容詞はいたって多い。それに対し、右のような、その主体や事柄自体の状態を表すのではなく、他の何か（B）に対して主体（A）がどのような受け止め方をしているか、また、どのような関係に置かれているか、「AハBニドンナダ」等の形で表現するグループがある。二者関係を前提とした形容詞である。

「下宿は学校に近い」「あの先生は学生に厳しい」「彼は女性に甘い／からい」「氏は代表にふさわしい人物だ」「ぼくは酒に弱いんです」「彼は私に冷たい／優しい」「彼は中国の歴史に明るい／暗い／詳しい／うとい」

のように「Bに」の形を取るものと、「私は彼と親しい」のように「Bと」を取るもの、さらに「駅から遠い」のような「Bから」となるものなどが考えられる。

さて、「下宿は学校に近い」というのは、下宿（A）が学校（B）に対してどのような状態にあるかを述べている文である。Bに対するそのような在り方をAの属性と考えれば、

AハBニ（対シテ）ドンナダ──→Bニ（対シテ）ドンナデアルA

下宿は学校に近い──→学校に近い下宿

のように語順を入れ替えた言い方も成り立つ。これはBを基準としてAの姿をとらえる発想と言ってもいいだろう。「から」の場合も全く同様で、

下宿は学校から近い──→学校から近い下宿

と言い換えられる。要するに「Bに／Bから」を取る言い方の場合には、Aの特徴をBを基準として測る表現であると断定していいであろう。

このように、二つのもののうち一方を基準にすえる発想であるから、事柄によっておのずと基準になるべきほうが決まってしまう場合と、どちらを基準にしてもかまわない場合とができる。

その町は海に近い──→海に近い町

町と海との関係では、海を中心にして町の位置を考えることはごく自然の発想であるが、町を中心にして海の位置をとらえるということは、よほど特殊な状況を設定しないかぎり無理がある。「町に近い海」とは普通言わないであろう。地理的に見てより比重の大きいほうが基準となるわけである。また、「町」のように、多数あるものの中から特定の一つをどれと指定するとき、その指定の基準としてBを利用するわけであるから、不特定多数の側のものがAになる。校門と教室を比べた場合、教室はいろいろあって数が多いから「校門に近い教室」となるわけで、これを逆にして「教室に近い校門」と言うことはできない。しかし、自分のクラスの教室という前提に立つなら、ただ〝一つの教室〟対〝正門・裏門〟の一対二の関係となるゆえ、

教室に近い（ほうの）校門

と言うことが可能になる。世の中には特定の〝個対個〟を対照させる場合が多い。太郎と次郎の二人の間なら、

太郎は次郎に似ている／次郎は太郎に似ている

と、どちらを基準にすえてもおかしくない。ところで、

〝一対多数〟なら、唯一のもののほうが必ず基準になるかというと、そうとばかりも言い切れない。

スミスさんは日本人に似ている。

スミスさんは特定の一人で、日本人は不特定多数である。だから「あの日本人はスミスさんに似ている」というのなら話がわかるが、ここでは多数を包含する「日本人」のほうが基準となっている。そのわけは〝日本人一般〟として全体が一つの代表的な〝個〟を形づくっているからである。「この建物は教会に似ている」「彼の服装は警察官と紛らわしい」いずれも教会や警察官が一つの平均値的な標準として使われている。このように、一般化された事柄は純粋の〝個〟よりも上位の名詞として基準に立ち得るのである。〝個対個〟の関係でも一方が立場として上位にあれば、その上位者のほうが基準となる。

高山市はちょっと京都に似ていますね。

これを「京都市はちょっと高山市に似ていますね」とすると、上下の評価が一般と逆になってしまう。

お父様はあなたにそっくりですね。／いや、僕のほうが父に似ているんですよ。

上位者、序列として先に位置するもの、より本源に近いほうのもの、より権威あるほうのもの、このようなものが基準Bの側に立つ。学生が、

私の考えは橋本博士のに近いです。

と言えば自然だが、「橋本博士の考えは私のに近いです」としたら立場があべこべで滑稽であろう。

Aに人間が立って、その人物Aが対象Bに対してある特別の状況を持つというような場合、これはAの主体的な行為や状態ゆえ、B側にとっても同じ状況が成立するとは限らない。たとえば、

「彼は奥さんに優しい」「あの先生は生徒に厳しい」「主人は私に冷たい」

からといって、その逆、「奥さんは彼に優しい」とか「生徒も先生に厳しい」とはならない。対象Bが事物の場合なら、

「私は酒に弱い」「彼は株に詳しい」「僕はこの町の地理に明るいんだ」

このA・Bを入れ替えることは絶対にできないであろう。「酒は私に弱い」などナンセンスであるから。要するに、この種の「AハBニ何々ダ」形式は、AからBへの一方通行（A→B）で、Bは基準というよりも対象というべきである。

話を元に戻して、「下宿は学校に近い／学校から近い」というとき、近い・遠いの基準点Bは〝学校〟である。下宿と学校、つまりA・Bの隔てを傍観的に「距離が長い／短い」と解釈せずに、B点に基準を置いて、そのB点を中心に近いか遠いか判断しようとする。地理的に近いや遠いと考えることは、移動を前提とした判断である。つまり〝A点からB点に〟行く移動と、〝B点からA点に〟来る移動と二つの方向が考えられる。いまB点に基準が置かれているのであるから、前者なら「Bに近い」となり、後者なら「Bから近い」となるはずである。そこで、下宿から学校に行く気分のときは「下宿は学校に近い」で、学校から下宿へ来る気分のときは「下宿は学校から近い」となる。同じ「学校」を基準点にすえても、〝学校に行くには〟という帰着点「に」意識（——→学校）のときと、〝学校から来るには〟という起点「から」意識（学校——→）のときとで表現形式が異なってくるわけである。「海に近い町」と言えば〝海に接近した位置にある町〟「海から遠い町」と言えば〝海から距離を隔てた場所にある町〟というとらえ方で、必ずしも移動行為がなされることを必要とはしないが。

さて、学校から離れて行く意識なら、その遠ざかり方が近い所で止まるか、遠くまで進むか、程度に開きが出てくるが、学校に接近していく意識のときは、近づく気分が強まり、〝遠い〟というとらえ方が現れにくい。「学校から」なら「近い／遠い」どちらも抵抗なく続くのに、「学校に」となると「遠い」が続けにくくなるのも、このような意識の違いによるためであろう。

49 「廊下に待っている」か「廊下で待っている」か

その行為は意思的か非意思的か／二者関係か三者関係か

動詞には、ほとんど同じ状況を表すのに、「に」と「で」どちらを取ってもかまわない語がまれにある。「日本には見られない珍しい現象／日本では見られない珍しい現象」「きのうは一日中家にじっとしていた／家でじっとしていた」

自分は、今のところでは、いなかよりも都会に生活することを希望し、それを実行している。（寺田寅彦『田園雑感』）

何しろ、日本のように、雨は多い、雪は多い、大雪は多い、台風もある、こんな国は世界中にないでしょう。災害の中で生活しているようなものです。（『科学への招待』「天災の予報」法政大学出版局）

もちろん、このような例のほかに、明らかに状況に差の出てくる場合がある。たとえば、

「店先に並べる／店先で並べる」「木の下に座る／木の下で座る」「軽井沢に地所を買う／軽井沢で地所を買う」「学校に電話をする／学校で電話をする」

のような、行為内容の目ざす場所と、行為のおこなわれる場所との違いを表す場合や、「その本は図書館にある／説明会は図書館である」のような、事物の存在と行為のなされる場所との違いによる例などがある。が、ここではこのような使い分けはいちおう除外して、ほとんど内容的に差がないと思われるような例についてだけ考えてみることにする。まず次の二つの例の意味の違いが即座に答えられる人が何人いるだろうか。

A、廊下に待たせてある。
B、廊下で待たせてある。

一見さしたる違いもなさそうに見えるこの二つの表現に、一体どのような差があるのだろうか。語や文の意味というものは、その限られた例文の範囲内で考えても全体像はつかみにくいものだ。そこで右の文の「待たせる」に関与する条件を順に補って文を拡張してみるとい い。関与条件としてはいろいろな項目が挙げられるが、「待たせる」と使役形をとっているところから「ダレが　ダレを」または「ダレが　ダレに　ダレを」といった使役主体と被使役者、あるいは、待つ行為主体と待つ対象の相手とを想定することができる。ここではいちおう使役主体を話し手自身ととって「私は」の文として以下の叙述の意味を考えていきたい。まず、Aの文「廊下に待たせてある」は、

私は—待たせてある／だれを？／友だちを／どこに？／廊下に

と発展する。つまり「私は—待たせてある」の主語・述語構文の間に、待たせる対象と待たせた場所とを順に補うことで完結する文である。対象格「を」と、場所格「に」の二つで充分条件の文と言えよう。一方、Bの文「廊下で待たせてある」のほうは、

私は—待たせてある／だれを？／友だちを／どこで？／廊下で

で完結する文と解することも可能ではあるが、文の流れの勢いからいうと、むしろそこで完結せず、さらに、

……廊下で／だれに？／彼女に

という被使役者「ダレに」を予想させる文となるほうが普通である。このBの文は、場所格が「で」の形であるために、まだ現れていない「に」の格をもう一つ取らないと文型として不十分な気分を催させるためであろう。前のA形式では、すでに「廊下」とあるため、その上も

う一つ「～に」を添えて「私は彼女に友だちを廊下に待たせてある」と並べることは不自然で出来ない。B形式のように「廊下で」とすれば、それも自然な文として成り立つのである。そこで、

A、私は友だちを廊下に待たせてある。

B、私は彼女に友だちを廊下で待たせてある。

この二つの文の違いは次のようになる。A形式では、「私」は待たせる側、「友だち」は待たされる側。私の現在の行為が結果的に友だちに対し、私を待つことにさせているというとらえ方である。特に、私を待つように、友だちに命令しなくともよい。私の行くのが遅れているため、友だちは結果として私を待つはめになったという状況にも当てはまる。言ってみれば、私を待つ友だちの行為は決して能動的なものではない。そして、このような〝非意思的な待つ行為〟というニュアンスが強まるのは「廊下に」の「に」の働きによるためと見られる。「私は友だちを待たせちゃってるんだ／どこに？／廊下に」と、待たせた場所を示すことに重点が置かれる。一方、B形式は、

友だちを廊下で待たせてある。

と場所格に「で」を用いているため、意思的行為のおこなわれる場面が廊下だという意識が強まる。そこで、この〝待つ行為〟は積極的な意思的行為という能動性が強調され、その結果〝当人の意思から待つ行為を廊下において進めることを私は認め許す〟または〝私は廊下で待つように命じて、積極的にそうやらせる〟という許容や使役の気分が表に現れる。「廊下で何をさせてるんだ？／待たせてるんだ」と、待たせる行為のほうに重点の置かれる文となる。このような能動的な使役行為では、A形式のような〝結果的に待たせることになった〟といった消極的なものではなく、もっと積極的に〝相手にだれかを待つことをさせる〟強い意思が示される。つまり「AはBにCを待たせる」といった三者関係となるのが自然で、被使役者は文法上「に」の格で表される。で、先に述べたように、「廊下で」とすると、どうしても文の流れの勢いとして「だれそれに」ということばが続か

ないと落ち着かなくなるわけである。

　　彼女に廊下で待たせる。

という文型になるとすれば当然、待つ行為者は「彼女」で、待つ対象が別に必要となる。その相手が「だれそれを」と「を」格で示されることになるわけで、右の文で言えば「友だちを」である。

　A形式「友だちを廊下に待たせてある」は、友だちが待つ側の人物であることに異存はなかろう。B形式「友だちを廊下で待たせてある」のほうは〝友だちがやって来るのを廊下で待たせてある〟使役行為で、友だちは待つ対象の人物ということになる。もし友だち自身が待つ主体であるなら、「友だちに廊下で待たせてある」と言うべきであろう。待つ主体者（それは同時に、私に待つよう命じられた被使役者でもあるのだが）を「だれそれに」の形で示さなければ文として完成しない。すでに「友だち」は待つ対象として「友だちを」となっているのであるから、ここでは新たに「彼女に」と被使役者を設定しなければならないわけである。

　そこで標題に戻って、

　A、廊下に待っている。

　B、廊下で待っている。

も、Aは「友だちが廊下に待っている」で、話し手自身か聞き手（つまり言語主体者「私、あなた、私たち」のいずれか）を待っているという前提のとき用いる。したがって「だれそれを」という目的格を取ることができない。「あなたを廊下に待っている」などとは言わないのである。それに対しB形式は「友だちが廊下で先生を待っている」のように待つ対象の人物を「を」格に立てるのが本来の形で、それが文面に表れなくとも当然「だれを」という事柄が予想される文型である。ということは、この形式は〝廊下でだれかがだれかを待っている〟という判断のとき用いられる形だと見ていいだろう。

第九章

事物の並列を表す言い方

50 「提灯に釣鐘」か「提灯と釣鐘」か

重ね合わせて一つの存在とする「に」と並列・対照の「と」

両者の差が大きくて比較にならないたとえとして「提灯(ちょうちん)に釣鐘」だとか「月とすっぽん」だとか言う。「提灯に釣鐘」は〝形は似ていても、比べものにならない。また、つり合わないこと〟(『岩波国語辞典』第四版)で、「月とすっぽん」は〝差が非常に激しいことのたとえ。両者とも円い点では似ているところから〟(同)このような言い方が生まれたらしい。このように、どちらのたとえも似たような意味を表しているのに、一方は「提灯に釣鐘」一方は「月とすっぽん」と助詞に違いが見られる。助詞は素材に対する話し手の受け止め方を表す語であるから、「に」と「と」で助詞を使い分けているということは、この両者の表す意味に差があると見ていい。「AにB/AとB」似たような表現形式ではあるが、両者の間には確かに使い分けがあるはずである。

「ベントー」「オベントーにオチャー」気ぜわしくホームを行き来する駅弁売りの呼び声は、旅情をいっそうかきたてる。(朝日新聞「職場パトロール」売れて目が回ります)

駅弁売りや物売りの呼び声「お弁当にお茶」「蜜柑におせん」などは、「に」を使って繋げているが、理屈から言えば「お弁当とお茶」「蜜柑とおせんべい」でも一向にさしつかえない場面である。「ナスにキュウリ」「リンゴにバナナ」と「に」を使ってはいるが、これらは二つの品物をただ並べているだけなのである。もっとも「ご飯に味噌汁」となると、ただ並列したと取るよりも「ご飯に味噌汁を添える」といった添加意識が強まるようだし、そうなれば、ご飯が主、味噌汁が従という関係も生まれてくる。ところで助詞の「に」は、

日は斜（ななめ）関屋の鎗（やり）にとんぼかな（蕪村）

筆灌ぐ応挙が鉢に氷かな（同）

のように、槍にとんぼが留まり、鉢に氷が張ると動詞で受けて、その動作や作用の帰着点を示すのがもともとの働きである。「かかあ天下にからっ風（ガ吹ク）」「月にむら雲（ガ懸カリ）、花に風（ガ吹ク）」「馬の耳に念仏（ヲ唱エル）」などもこの発想から生まれたことわざである。〝AにBが……する／AにBを……する〟結果、現状としてそこにA・Bが存在するとき、物によってはBはAの添え物となり、さらに一つの取り合わせともなる。A・Bが切っても切れない関係となり、両者で一つのセットをなす物と物との取り合わせである。

阿蘭陀も花に来にけり馬に鞍（くら）（芭蕉）

オランダ人までが、馬に鞍を置いて遙々と江戸の花見にやって来たの意で、謡曲の「花咲かば告げんといひし山里の使は来たり馬に鞍」（鞍馬天狗）によった句作りだという（「日本古典文学大系」による）。馬に鞍を置いた結果、馬と鞍とが一つの取り合わせとなって花見の風景に彩りを添えている。そして、この「に」を受ける動詞の働きが文面から消えてしまうと、完全にA・B二者の対応の面白さに比重が移ってしまう。

垣越に麦めしくるゝ櫃（ひつ）ながら（蕪村）

梅の青葉に花の白妙（几董）

青と白の配合の妙をねらった几董の付句である。梅の青葉と花の白妙とを同格に扱って対照させ、そこに一つの〝美〟を見出しているわけである。「梅に鶯、松に鶴」だとか「牡丹に唐獅子」なども、両者を添え合わせることによって生ずる配合の美にねらいがあると見ていい。その他「鬼に金棒」のような組み合わせによって生ずる価値の増加もプラス評価の一種である。もちろん取り合わせの妙は必ずしもプラス評価を目ざすとばかりは限らない。両極端同士を組み合わせることによって生ずる不釣り合い、意外性、あるいは組み合わせ自体がナンセンスである場合などマイナス評価の状態も案外と多いのである。

提灯に釣鐘／掃きだめに鶴／馬の耳に念仏／猫に小判／豚に真珠

このような評価を伴う組み合わせのほか、「蜜柑に、リンゴに、ナシに、ブドウ」と、ただの付加意識だけから「に」を用いる例も見られることは言うをまたない。以上見てきたように、「に」には帰着点・並列・付加・対照・取り合わせと種々の段階の例が見られるのであるが、「と」にはこのような段階は見られない。「と」は並列を表す。

降らずとも竹植る日は蓑と笠（芭蕉）

たとえ雨は降らなくとも、梅雨の季節にふさわしく蓑と笠とを身に着けて植えようという句である。「AとB」形式は〝Aに加うるにB〟ではなくて、〝AおよびB〟である。蓑を着、笠を被るという別々の行為として蓑と笠とを並べたにすぎない。「月と花」で〝風流〟を表したり（「雪月花」ともいう）、『赤と黒』（スタンダールの小説）で軍服と僧侶の黒衣、つまり軍人と僧侶という当時のフランス社会の若者の野心の目標を表したり、いずれも個別のものをまとめることで何かを象徴しているわけであるが、結局「と」はその個々の事物を結び付けるだけの働きを担っている。だから、先の「AにB」の場合と違って、「AとB」は極端なことを言えば何でも結び付けられる。

『自然と人生』（徳冨蘆花）、『牛肉と馬鈴薯』（国木田独歩）、『出家とその弟子』（倉田百三）、『父と子』（ツルゲーネフ）、『罪と罰』（ドストエフスキー）、『ジーキル博士とハイド氏』（スティーヴンスン）、『老人と海』（ヘミングウェイ）、『裸者と死者』（メーラー）

文学作品をちょっとのぞいてみても次々とこの「AとB」形式が飛び出してくる。『自然と人生』のように同類でないA・Bを結び付けることも「と」は可能なのだ。ところで次の句、

一家（ひとつや）に遊女もねたり萩と月（芭蕉）

では、萩と月とはただ並んでいるのではない。「楚々（そそ）たる萩に月のさす庭前の情景を、あわれな境涯の田舎女郎と風雅の漂泊を続ける世捨人との邂逅の場にふさわしい背景とした」（『日本古典文学大系』）わけで、たまたま宿を共にした二人の人物の正反対の境遇を萩と月とになぞらえたものと言える。いわば一つの対照関係としてこの二語が並んでいるわけである。現代語でも、

聞くと見るとは大違い

先生と生徒とは立場が違う

と、両極に立つ二つの事物を対応させ、両者の相違を問題とするとき、よくこの「AとB」形式を使う。「に」にはこのような用法はない。

絵団（えうちわ）のそれも清十郎にお夏かな（蕪村）

お夏・清十郎、つまりペアで一つの存在とさせる。「AにB」はA・Bを対照させるのではなく、A・Bを重ね合わせて一つの存在とするのである。「提灯に釣鐘」も、両者を取り合わせて一つにしようとしてもそれがうまく一致しない（つまり釣り合わぬ）ことをたとえたものである。「月とすっぽん」のような、両極端の物同士を対比させてその格差の大きさを問題とする表現とは、発想に根本の違いがあるのである。

51 「酒と煙草をやめた」か「酒も煙草もやめた」か

該当する事物・考慮対象の範囲はどこまでか

私たちは二つ以上の物事を並べたてて言うとき「AとB」「AやB」「AもBも」「AかB」「AとかBとか」「AだのBだの」と、さまざまな言い方をする。日本語はこの列挙形式のことばが豊富で、場合に応じていろいろに使い分けている。今、思いつくままにその例を挙げてみよう。

そのうちMは、年賀状も、暑中見舞もよこさなくなった。啓助がMのことを思い出すこともすくなくなった。(杉森久英『怒りすぎる』)

啓助と菊は、ここに入院している友人の画家を見舞いに来たのだった。(同)

啓助は「池袋か新宿へ出て、どこか気のきいた店へ入ろうよ」といって、タクシーを探そうとしたが、(同)

主人は横手の台に積んである流し箱から、エビやキスのようなものを取り出すと、啓助たちに背を向けて、まないたの上で包丁を使いだした。しかし、ほかの天ぷら屋のように、イカとかアナゴとか、メゴチなどを、つぎ〳〵と切る様子がない。(同)

もちろん、このような並列のための助詞を使わずに、いきなり語や句を列挙する方法もある。

壁にかかった札を見ると、天ぷら、鰻、刺身から、親子丼、カツ丼、そば、うどんまでならんでいる。ちょっと一杯飲む客と、通勤の途中、飯だけ食う客と、

両方を相手にする店らしい。（同）

このような列挙形式に、先に挙げた助詞で繋げる方式、それに「そして」や「それから」「それに」「それと」「並びに」「及び」「あるいは」「もしくは」「または」などの接続詞で結ぶ方式と、実にさまざまな方法で日本語は並列の表現をおこなっているのである。しかも、これらの諸形式の間には、意味やとらえ方の上で微妙な違いがあって、日本語の表現を豊かなものにさせている。一体どのような違いがそれぞれの間にあるのであろうか。ここでは標題に掲げた「AとB／AもB」の二つについて考えてみたい。「と」で結ぶ並列は、

　月とすっぽん／犬と猿の仲／聞くと見るとは大違い

のように対応関係をとる二つのものの並列か、

　糊と鋏／骨と皮ばかり／太郎と次郎と三郎

のような幾つかのものを並べたてる場合である。「AとBとCと……」のように「と」で結び付ける以上、A・B・Cは表現上ある目的のため一括されたものと取っていいだろう。その意味では同類として扱われたわけで、その糊と鋏は本来、無関係な物同士であるが、「糊と鋏で作る」と言えば、両者は〝目的とする物を作るための道具〟という点で一括されたわけである。「酒と煙草をやめた」のような例では幸い〝嗜好品〟という共通点を持った物同士で初めから同類関係にあるが、「賀茂川の水と、双六の賽と、山法師はままならぬ」（白河法皇）と言った場合は、川の水や、さいころ・山法師の間には何の関係もない。しかし「と」で並列されることによって〝ままにならない物〟という共通特徴を備えたものとして一括される。「AとB」形式はその表現内容に応じた一まとまりの同類事物という意識で列挙されたものだと言うことができよう。言ってみれば、「酒と煙草をやめた」と言うとき、酒と煙草は、やめたという共通対象の物として列挙されたと同時に、〝やめた物〟という点で一まとまりになったわけでもある。つまり、やめたのは酒と煙草だけであって、その他には及ばない。該当する事物を「AとBだ」と指定する表現と言ってもよか

ろう。

A・B・C・D……と多くある中から該当するものを取り出して「AとB」というふうに決めるのが「と」の結び付きなら、「も」で並べられる言い方はどのような場合であろうか。「も」は、

酒がある。煙草もある。

（春が）山に来た。里に来た。野にも来た。

のように、前に示された事物と同じ状態や動作であるものを提出する場合に使われる。〝Aと同じようにBも〟である。それがさらに〝AだけでなくBも〟の意で「AもBも」という形式を生み出す。

酒がある。煙草もある。――→酒も煙草もある。

三つの歌です。君も僕も、あなたも私も朗らかに……（NHK「三つの歌」）

この形は慣用句によく現れる。

味もそっけもない／一も二もなく引き受けた／嘘もへちまもあるものか／縁もゆかりもない／影も形もない／口も八丁、手も八丁／精も根も尽き果てた／血も涙もない／手も足も出ない／根も葉もない嘘／猫も杓子も／花も実もある／身も蓋もない／身も世もなく／見栄も外聞もない／味噌も糞もいっしょ／元も子もない／矢も盾もたまらない

その他「だれも彼も」とか「どこもかしこも」のような代名詞を並べる言い方も見られる。さて、

花も嵐も踏み越えて……

〝花だけでなく嵐も〟つまり踏み越えるべき対象として〝（人生の）花・嵐〟を設定し、そのどちらをも踏み越えていく、という意識である。「AもBも」の形式は、多くの中からAとBとを指定するのではなく、初めからA・Bを考慮対象として掲げ、そのどちらもが条件を満たしている（もしくは満たしていない）として述べる発

想である。

父も母も賛成してくれた。

相談の相手として父母を考慮対象とし、そのどちらもが賛成してくれたと言っているのである。兄や姉まで対象を広げているわけではない。これが、

父と母とが賛成してくれた。

となると、父・母・兄・姉……と大勢の相談相手の中から賛成してくれた人物として「父と母とが」と指定する。他は賛成を得られなかったという含みがあるわけである。

標題の酒・煙草の場合も、嗜好物としてまず酒・煙草を考慮対象とし、そのどちらをもやめたのだの意識なら「酒も煙草も」、いろいろの嗜好品が考えられるが、その中で手始めにまず酒と煙草をやめたのなら「と」を用いる。当然まだやめるべき物がその後にいろいろ控えているという含みを残している。だから、

うちの店では今まで、酒・塩・みそ・醤油、缶詰・煙草などいろいろ扱っておりましたが、この度、酒と煙草をやめました。

と言える。これを「酒も煙草もやめました」と換えることはできない。

52 「コーヒーや紅茶」か「コーヒーとか紅茶とか」か

限定の「と」、個別に引き合いに出す「や」、代表として例示する「とか」

私たちは二つ以上のものを例として挙げる場合に「お飲み物としてコーヒーや紅茶を用意しておきましょう」と言ったり、あるいは「お飲み物としてコーヒーとか紅茶とかを用意しておきましょう」と言ったりする。前節で扱った「と」を使って「コーヒーと紅茶を用意する」と言えば、用意する飲み物としてコーヒーおよび紅茶の計二種類だとはっきり決めてしまう意図が感じられるが、「や」や「とか」を用いると、未定の気分が強まる。

いっておくが、ここは警察だ。お前は殺人犯人で、俺は刑事だ。学校や家のように、屁理屈や甘えで許してもらえるところではない。（渡辺淳一『ある殺意』）

「学校や家」を「学校と家」に置き換えることはできない。「や」で結び合わされると、〝学校のように、あるいは家でのように〟とそれぞれの場合を個別に考え、AでもいいＢでもいい、といったどちらか一方で事は十分成り立つと認めた二つの事物Ａ・Ｂを引き合いに出すのである。ということは、場合によっては、あるいはＣやＤも有資格者として挙がってくる可能性を持つという含みがある。

六畳敷の研究室の書棚と、机、椅子までは学校で備えつけてくれるが、昼寝用のキャンバスの寝椅子や、応接セットは私物である。どちらも家で不要になった物を持ってきたのだから、古くていたんでいる。また、住居の方は名ばかりのマンションのこととて手狭なので、書斎や書庫を作ることを諦め、書物、資料の類をすべて研究室に持ちこんだために、部屋の中は古新聞交換トラックの荷台のようになっている。（三浦朱門

『若い母』）

「寝椅子や応接セット」とあるところから、まだほかにもいろいろ私物があることを予想させる。これを「寝椅子と応接セット」としたら、この二つだけが私物だと指定する意識に変わってしまう。後のほうの例「書斎や書庫を作ることを諦め」のほうは、〝書斎を作ったり、書庫を作ったりすることは諦め〟で、造築計画としてどちらか一方を考えてもかまわないし、両方でもかまわない。これも「と」を使って「書斎と書庫を作る」とすると、両方を一括する意識に変わるから、同時にこの二つを造築することを諦める意味になってしまう。

「AやB」が右に述べたような表現意図に根ざす形式であるのに対し、「AとかBとか」は一体どのような場合に使われる言い方であろうか。

わたしたちの日常のことばづかいを考えると、どうもあいまい語が多いようです。「よろしいように」とか「お気に召すように」とか「けっこうです」「まあまあ」「どうも、どうも」など、あげれば際限がないほどです。（江木武彦『会話成功法』）

あいまい語の例として、たとえば「よろしいように」とか「お気に召すように」とかを挙げているのである。挙げれば際限がないと筆者も言うように、A・B・C……たくさんある候補者の中から代表として例示する意識だと言ってもいいだろう。

菊治は隣の間に上がった。菓子箱だとか、運んできた茶器の箱だとか、客の荷物だとかが、少し散らかして置かれ、奥の水屋で女中が洗いものをしていた。（川端康成『千羽鶴』）

「ねえ君、このあと、何が出るの?」「へい、大体これで終りです」「そう……サカナ類は?」「へ?」「イカだとか、アナゴだとか、メゴチなんてのは?」「へい、エビとキスがあります」（杉森久英「怒りすぎる」）

いずれも、多くの中から二つか三つ例として挙げて全体を推測させているわけである。標題の「コーヒーとか紅茶とか」も、意識の背後には、その他さまざまの飲み物——牛乳・ジュース・コーラ・麦茶など——を考えており、その中からたとえとしてコーヒーと紅茶を挙げたわけである。したがって「コーヒーとか、紅茶とか、何か飲み物はありますか」と広く飲み物一般を指示してもかまわないし、「コーヒーとか紅茶とかが飲みたいんだが」というとき、他の飲み物、たとえば日本茶を持って来ても間違いとは言えない。〝たとえば〟として例示する言い方は、日本語には多い。次に例を掲げておこう。

わたしが気を引かれるのは、この種のクラブ活動の本性が、バレーにしてもコーラスにしても、四角のテーブルを囲んだ食事の「仲間作り」の心をそのまま活動態勢へ移し込んだところにある。（島崎敏樹『幻想の現代』）

「ところで泡というと、あぶくぜにだの、泡沫会社だのと、いろいろありますがね」「一泡ふかすとか、水泡に帰すとかね」（『科学への招待』「泡の不思議」）

後のほうの例は「だの」と「とか」とが対応して使われているので面白い。実に日本語は、このような、ことばを並列する言い方に富んでいて味わい深いものがある。

第十章
条件の言い方

53 「石橋をたたいて渡る」か「石橋をたたいてから渡る」か

前後の意味関係で判断されるべき「て」

日本語には実に「て」が多い。「何々して、何々する」「何々であって、どんなだ」式の表現が我が物顔に幅をきかせている。

牛にひかれて善光寺参り／人事を尽くして、天命を待つ／泥棒をとらえて縄をなう／藪をつついて蛇を出す／我が身をつねって人の痛さを知れ

ちょっと考えただけでも「て」を使った格言がすぐ四つや五つは頭に浮かんでくる。日本人は昔からこの「て」による思考に慣らされ、「て」を愛用してきた。小学生の作文に「ぼくは……して、それから……して、そして……しました」式の文章が目立って多いのも、まだ物事を分析的に眺めるだけに頭脳が十分に発育していないせいもあるものの、日本語そのものが伝統的に「て」による接続形式の文体をはぐくみ育てて来たためであると、見方によっては言えるのではないだろうか。「て」によって結び付けられた複文を眺めると、前後の意味関係が実に多彩なことに気づく。

顔が丸くて、背が高い……「そして」の関係（並列）

夏は暑くて、冬は寒い……「一方」の関係（対比）

手を挙げて横断歩道を渡ろうよ……「ながら」の関係（同時進行）

三べん回って煙草にしょ……「てから」の関係（順序）

わが身をつねって人の痛さを知れ……「によって」の関係（手段・方法）

雨降って地固まる……「その結果」の関係（結果）

値段が高くて買えない……「ので」の関係（原因・理由）

仏造って魂入れず……「のに」の関係（逆接）

このようにいろいろな意味に分化している接続助詞は他に例がない。ところで、「足が痛くて歩けない」と言ったとき、「足が痛い」は歩けぬ原因を表しているから助詞「て」には〝原因〟の意味が含まれていると言えるのだろうか。そのような論法でいくと、逆接や手段や結果、順序、対比……といったさまざまな意味が「て」には含まれていて、文脈によってその中の特定の一つが強調されるのだということになる。果してそうだろうか。例文はちょっと時代が古くなるが、古来の日本語を知る上で役に立つと思われるので、次に引用してみる。有名な『伊勢物語』の「東下り（あずま）」の段である。

猶行き〳〵て、武蔵の国と下つ総の国との中に、いと大きなる河あり。それをすみだ河といふ。その河のほとりにむれゐて思ひやれば、限りなくとを（ほ）くも来にけるかなとわびあへるに、渡守「はや舟に乗れ、日も暮れぬ」といふに、乗りて渡らんとするに、皆人物わびしくて、京に思ふ人なきにしもあらず。（『伊勢物語』九「日本古典文学大系」による）

右の文章に二回出てくる「て」の働き、これが難解である。古来名文として人口に膾炙（かいしゃ）しているわりには、文の脈絡が整っておらず、話の筋が首尾呼応していない。現代語訳では「さらにどんどん行くと武蔵の国と下総の国との境にとても大きな河がある」となるが、「……行くと河がある」はどうもすっきりしない。「その河のほとりに群がり座って思いやれば、ずいぶんと遠くへ来てしまったなと侘びあっていると」も一貫性のない変な文章だ。後の「に」のところも「人々は皆わびしい気分になって、都に思い人がないわけではない」と一応は訳せるが、「て」で結び付けられる前後の叙述同士の関係はどうも現代語的感覚ではとらえにくい。「て」に先行する部分と後続する部分との内容が断絶していて、論理の筋道をたどることがむずかしいからである。だから『伊勢物語』のこの文章は非論理的な悪文であると決めつけてしまっていいものだろうか。西欧語的な論理で解釈すれば確かにこれは無意味な文脈である。しかし、現に日本の古典文学に、それも有名な『伊勢物語』の中に存在するのである。ということは、日本語の「て」には本来そのような論理性を表す機能はなかったと言えるのではないか。ただ前後の意味関係で、ある場合には手段や結果や原因・逆接など論理関係と思える例が現れただけの話なのだと、そう理解するほうがより真実に近いと思われる。

ひむかしの野に陽炎の立つ見えてかへり見すれば月傾きぬ（柿本人麻呂）

夕されば野辺の秋風身にしみて鶉鳴くなり深草の里（藤原俊成）

どちらも有名な歌であるが、両歌に共通していることは、「て」に先行する部分がその歌の場面的状況を形成し、その状況において以下の事態が展開していくという関係にある点である。陽炎の立つのが見える状況において月を顧みたり、秋風の身にしむ状態において鶉の鳴声に耳傾けたりするという発想なのである。それが同じ主体の状態や動作で一貫すれば「顔が丸くて、背が高い」の並列関係や、「手を挙げて横断歩道を渡ろうよ」の同時性、さらには「三べん回って煙草にしよう」という順序関係となる。三べん回り終えた状態において煙草にするのである。この後続動作や状態が「仏造って魂入れず」のように、その場の状況に反するものである場合、当然のことながら逆接関係となってしまう。二つの状況が相反する関係にあれば〈逆接〉であるが、両立するなら〈同時進行〉である。「牛にひかれて善光寺参り」も、牛にひかれること即善光寺に参ることであるから〝ながら〟の関係である。しかし、牛にひかれたことが結果的に善光寺に参ることになったと取れば、二つの事柄の間には因果関係が構成される。牛にひかれるという場面的状況においておのずと「善光寺参り」の状態が現出したというわけで、内容的には〈結果〉を表している。さらに、善光寺に参ったという状況生起の原因を詮索する意識が強まれば〈原因・理由〉の関係となる。〝牛にひかれたことが善光寺参りを引き起こしたのだ〟の意識である。〈結果〉や〈原因・理由〉の意識は、あくまで自然にそのような状況になってしまったのだという他力的な見方である。善光寺に行ってしまったのは牛のなせるわざで自分の意思的な行為の結果ではない。〈原因・理由〉の「て」が多く不本意意識を伴うのはこのためである。ところで、これを自分の意思で意識的に実現させる発想に転換すれば「車を運転して善光寺参り」のような〈手段・方法〉に変わる。善光寺に参るためにわざわざ車を運転したのである。「て」は前後の意味関係でどのようにも転ぶものなのである。

藪(やぶ)をつついて蛇を出す

蛇を出そうと意識的につついたのなら〈手段〉、藪をつついた結果蛇が出て来てしまったのなら〈結果〉、藪をつついたのが原因で蛇を出してしまったのなら、もちろん〈原因〉である。要はどう解釈するかにかかっている。そこで、

石橋をたたいて渡る

も、「たたいて」と「て」を用いると、〝たたきながら渡る〟〈同時進行〉とも〝たたいてから渡る〟〈順序〉とも、どちらとも解せる。たたくことは橋を渡ることと因果関係を持ち得ないから、手段や結果・原因とはなりにくい。これが「信号ボタンを押して横断歩道を渡る」となれば〈順序〉か〈手段〉、「質が流れて人手に渡る」となれば〈結果〉〈原因〉である。

石橋をたたいてから渡る

と「から」を用いれば、行為の順序以外に解しようがない。

54 「暗くて見えない」か「暗いから見えない」か

結果を示す「て」と理由を表す「から」

同じ事実を表すのに「値段が高くて手が出ない／値段が高いから手が出ない」「用があって行けない／用があるから行けない」と、「て」や「から」を使って表す。どちらも理由説明の文で、一見さほどの違いはないように思われる。しかし、「用があるから行かないよ」を、「て」を用いて「用があって行かないよ」と言い換えることはできないし、その逆に「用があって行けませんでした」を「から」に換えて、「用があるから行けませんでした」とすることは日本語として無理がある。「用があったから……」としても、やはり多少の不自然さは残る。一見同じように思える表現同士でも、こうしていろいろな言い方を続けてみると、表面的には同じでも本質はかなり異なっていることがわかる。それが、ある場合には文脈を共通にして互いに入れ替えが可能であっても、他の場合には不可能という結果をもたらすのである。では「て」と「から」はどのように違うのだろうか。

児童の作文や一般会話、話しことばなどには「て」による接続形式がきわめて多い。小学生の作文などに、朝起きてから午後家に帰って来るまでの、その日の出来事を「……して、……して、それから……して……」と時間的な順序に従って綴っていくのなど、よく見掛けるところである。次に掲げるのは、湯川秀樹博士が早稲田大学でおこなった課外講演の筆録であるが、話しことばだけに「て」が多い。

この場合には、星の中心ではひじょうに温度の高い状態というものが実現されておりまして、ひじょうに温度が高いので、原子核は相当の速さで走り回っておりまして、お互いに衝突し合いまして、ときどき原子核反応を起こすので、いわゆる熱核反応といわれているものを起こします。(「原子物理学の趨勢」)

一つ一つ文を切ってもよいところを、「て」によって文を続け、一つの文脈の流れとして綴るところに特徴がある。論理的には切れているところも、心理的には続いているのである。このような展開箇所は「そして」「それから」に置き換えられる意味関係で、叙述している内容は一つ一つ独立していて、特に前後の部分を関係づけていかなくともよい。つまり接続助詞「て」は前後の文脈の意味関係を規定していく語というよりは、前後の文脈をただ繋げる語と言ったほうが真実に近いのである。「て」を使うか否かは、文の意味をどのように規定するかの問題よりも、文体上の問題にかかわる事柄と考えたほうがよい。

ところで、右の例を見てもわかることだが、「て」によって結ばれている前後の文脈はお互いに全く関係がないかというと、必ずしもそうとは言えない。「中心部ではひじょうに温度の高い状態というものが実現されておりまして」は、そのような状態が後に述べる「原子核が相当の速さで走り回る」という現象の生ずる場面設定として述べられている。〝中心部ではひじょうに温度の高い状態が実現されている。その状態において原子核が走り回る〟のである。同様に〝原子核が相当の速さで走り回っているという状況において、原子核同士の衝突が生じてくる〟〝お互いに衝突し合うという状態の中で、原子核反応がときどき生起する〟というわけである。

「て」は、「て」に先行する部分が後に述べる事柄の成り立つ場面や状態を説明する。「ご飯を食べて帰りなさい」は、帰るという行為が成り立つ条件として〝食事後〟という場面を設定する。「バスに乗って帰りなさい」は、帰る条件としてバスを利用するという状態的場面を考えているのである。決して、食べたり乗ったりする行為や動作そのものを考えているのではない。この点が「……ながら」との違いで、「ながら」を使えば、食べたり乗ったりする行為は動作そのものとしてとらえられ、「帰る」という行為と並行して同時的動作となってしまう。「泣きながら帰る」「歩きながら話しましょう」と継続する動作は「ながら」、「手を洗って食べる」「座って話しましょう」と後件が成立するための状態的場面は「て」である。「歩いて話しましょう」「座りながら話しましょう」とは言えないのである。

「て」が、後に続く行為や現象の状態説明として働くため、見方によっては、そのような場面や状態となったことが必然的に次の事態を引き起こしたとも解せる。先の湯川博士の講演、

……原子核は相当の速さで走り回っておりまして、お互いに衝突し合いまして、ときどき原子核反応を起こす……

も、相当の速さで走り回っている状態が必然的に原子核の衝突をもたらし、その衝突が生じた結果、原子核反応が引き起こされるというふうに、一つの因果関係としてとらえることもできるわけである。「転んで怪我した」は、怪我をした状況説明として「転んで」を出したのであるが、「まず転び、それから怪我をした」という発想は、状況説明や現象の順序を述べるだけでなく、〝転ぶ〟という現象が生起したことによって〝怪我をした〟という結果が生じる因果性を内に秘めている。いわゆる原因・理由の「て」である。しかし、原因や理由を積極的に表に出すことを意図した「から」や「ので」とは異なる。「転んだ。だから怪我をした」ではなく、「転んだ。そして怪我をした」という、はなはだあいまいな表現法と言うべきだろう。

前の動作や現象が生じた結果、次の事態が引き起こされるという発想は、積極的に理由設定をする論理的な「から」や「ので」と違って、自発的で他力的、受動的な受けの態度というべきである。〝そのようになった結果、おのずとこうなる、こうせざるを得ない〟という成り行き任せの態度でもある。このような逃げの態度からは〝……だから、こうなるのだ〟〝……なので……しなければいけない〟というような話し手の強い意思や態度は出て来ない。

「息が苦しくてもう走れない」「単位が取れてほっとした」「細かいお金がなくてバスに乗れない」「(英語が) 速すぎて聞き取れない」「二晩徹夜して参った」「窓があいていて寒い」「だれもいなくて寂しい」「いろいろな花が咲いて奇麗だ」

「暗くて見えない」も、〝暗いという事態が必然的に何も見えないという結果を招く〟誘発意識であって、〝見えないのはなぜか？　暗いからだ〟という理由説明の論理的態度ではない。このような受けの態度からは、話し手の積極的な意思や意見は出て来ない。

「暗いから電灯をつけましょう」「暗いから電灯をつけてください」「暗いから電灯をつけてもいい」「暗いから本を読んではいけない」

のような意思的な表現――意思、勧誘、命令、依頼、許可、禁止、制止、強制――

……から……しよう／……しないか／……しろ／……してくれ／……してもいい／……してはいけない／……するな／……しなければいけない

など、これらの文はいずれも「……て」では成立しにくい。「暗くて電気をつけよう」とか、「暗くて電気をつけてください」「用事があって行かないよ」「用事があって来てくれ」などとは言わない。「用事があって……」と言ったら「……行けない」のような、当人の意思を超えた必然的状況が後に来るのが自然な表現であろう。もちろん意思的なことばが後に現れることは皆無ではない。しかし、たとえ意思的な動詞が来たとしても、その行為は事の成り行き上やむを得ないのだという責任回避ないしは責任転嫁的な表現となってしまう。

「時間がなくて下調べをして来ませんでした」「田舎のお婆さんが来て、昨日は欠席しました」「あいにくご注文の銘柄がなくて、他社のを持って参りました」「道路が渋滞していて回り道をしました」

今日は雨が降っていて野球ができない／今日は雨が降っているから野球は中止なのです

「て」は、前件に述べたような事の成り行きから、話し手の意思とはかかわりなく、後件に述べるような結果が生じてくること。「から」は、後件のよって来たるゆえんとして前件を立てる、話し手の理由説明の文である。

それゆえ、「今日は雨が降っていて野球は中止なのです」と、「て」の後に理由説明の文を続けることはできない。

55「寒いから窓をしめた」か「寒いので窓をしめた」か

主観的な「から」と客観的な「ので」

理由や原因を示すのに日本語は「から」と「ので」の二つのことばを持っている。この二つの語は、ある場合には全く同じ文脈で双方入れ替えができ、ある場合には入れ替えがきかない。ある人は「から」は話しことばで、「ので」は書きことばだと言うが、果してそうだろうか。確かに用例に当ってみると「から」は話しことば、ないしは話しことば的文体の中に多出する。しかし、だからと言って両語を文体による使い分けの語と割り切ってしまうにはあまりにも違いがあり過ぎる。この二つの語はもともと全く違う語であって、たまたまある文脈の場合に双方入れ替えがきく共通の要素を持つと考えるほうがよほど合理的な考え方だと言えるのである。例文を見よう。

〝水飲み鳥〟という、絶えず首を上下に振っているおもちゃがある。次の二つの文章は、そのおもちゃの首を振る仕組みについて述べたくだりであるが、一方が「から」を使い、他方が「ので」を用いているところがおもしろい。

うまい具合に液体エーテルで分離されているから、下のふくらみの内部圧が増すのに反して、上のふくらみの内部圧は減る。そこで、下のふくらみで押された液体エーテルは、上のふくらみへ浸入するわけだ。エーテルの浸入で鳥の頭は重くなるから、結局、コップの中にくちばしをつっこまざるを得ない。（朝日新聞昭和四十五年八月八日　家庭欄「おもちゃのからくり」）

……液が上部の球の中にはいると重心が高くなって、頭を下げて水の中につっこむ。そうすると、下の球の中の管の下端がエーテル液面から顔を出すので、上部のエーテル液はゴボゴボと管を通って、下の球に戻ってしまう。すると再び重心は下方に移動するので、鳥は頭をもたげることになる。（ロゲルギスト『第三物理の散歩道』岩波書店）

同じような状況を述べているのに、「から／ので」を使い分けている。これはそれぞれの執筆者の好みによるのであろうか。後の例「管の下端がエーテル液面から顔を出すので、上部のエーテル液は管を通って下の球に戻ってしまう」は、「から」ではやや落ち着きが悪いが（文末を「……下の球に戻ってしまうのである」とすれば座りはよくなる）、その他のところは「から」でも「ので」でも大差はない。ということは「から」と「ので」とが同じ意味と働きを持つということではなく、右のような文脈は、「から」でも「ので」でもどちらも成り立つ、いわば両語の接点上にある文脈だからと言ってよかろう。ところが、

引き揚げぎわに「密告したな。明るいときばかりはないから気をつけろ」とすてぜりふを浴びせられましたが、……（篠崎幸『受付係の喜び悲しみ』）

のような例になると、「ので」ではいかにも落ち着きが悪い。「気をつけろ」のような命令文や、その他、依頼、推量、予定など未然の事柄は「から」によって導かれるのが自然である。

先生、私はどうしてもここを離れる気はしません。どんなことがあっても私はここに踏みとどまって、もう一度もとのように活字をそろえてごらんに入れますから、先生もうんと勉強して、どんどん論文を書いてくださいよ。（矢野健太郎『数学の広場』）

「踏切りが降りたから、もうじき電車が来るだろう」「朝、虹(にじ)が出ているから、今日は雨が降るかもしれないね」「用事があるから帰ろう」「蛙(かえる)が鳴くから帰ろ

う」「期日に遅れてはいけないから、早くやるべきだ」

もちろんこのような使い分けは絶対的なものではない。

　古くなって修理費のかさむものをいつ買い替えるかの判断も、こういうところ（＝サービスステーション）で聞いてみることだ。小売店やセールスマンは、商策が先に立つので、避けたほうがいい。（朝日新聞家庭欄「電気器具」）

「……ので……ほうがいい」のような例も見られるのである。一体、「から」と「ので」とは、表現上どのような違いがあるのであろうか。

「から」には理由説明の気持ちがある。たとえば、

　菓子屋の隣（両替者）は、はじめに千円出したが、あとで同じ千円を返してもらったのだから、損得は明らかにゼロである。次に客はどうかというと、にせ札を使って、二百円の菓子と八百円のつり銭とを、まんまとせしめたのだから、合計千円の得をしたわけである。（坪井忠二『プラス・マイナス・ゼロ』）

「菓子屋の隣は……損得は明らかにゼロである」「客は……合計千円の得をしたわけである」という判断の叙述がまずあって、次に、そのような判断を下した理由として「はじめに千円出したが、あとで同じ千円を返してもらったのだから……」「にせ札を使って、二百円の菓子と八百円のつり銭とを、まんまとせしめたのだから……」という事実を付け加える。「何は何だ／何はどんなだ／何はどうする」の判断の成り立つ理由を示すところに「から」の表現意図が託されていると言っていい。

　それまで庶務や人事の事務関係の仕事をしておりましただけに、受付というお話がありましたときは、正直に申し上げて、人様の応対などできるはずがないとしりごみをしたものですが、それが今日まで続いてしまったのですから、わからないものです。（『受付係の喜び悲しみ』）

「何々は……わからないものです」の主語「何々」に

当たる部分が必ずしも明確ではないが、(「人生とは」「人間の能力とは」などいろいろ考えられるが)少なくとも「わからないものです」の判断を下した根拠として「それが今日まで続いてしまったのですから」という事実を掲げている点は間違いないことと認めてよいだろう。ある判断や結論を下した理由・根拠を言い添えることが「……から」表現の目的である。「から」条件文では、話し手の言いたい強調部分は「……から」の理由説明部分にあると言っていいだろう。この理由説明部分は必ずしも結論部分の前に位置させる必要はない。「何は何だ」と言ってしまってから後で「それは……だから」と付け加えてもよいわけである。文を切らずに続ければ倒置文となる。

　都鄙両方に往来する人は、両方を少しずつ知っている。その結果はどちらもわからない前の二者よりも悪いかもしれない。性格が分裂して徹底したわからずやになれなくなるから。(寺田寅彦『都会といなか』)

　うちの父がしばらく持ったことなんか、この茶わんにとって問題じゃありませんよ。だって、利休の桃山時代からの伝世の茶わんでしょう。何百年もの間、大勢の茶人がだいじに伝えてきたんだから。(川端康成『千羽鶴』)

　その茶わんで、私も一服いただきたいわ。さっきは別のお茶わんでしたから。(同)

　まあ。どうぞ。珍客。よくいらしてくださいましたわね。そちらからお上がりになって、かまいませんから。(同)

さらに理由を叙述する形で、

　人間がアイデアマンでなくなってきた理由は、人間が〝考えること〟を覚えすぎたからだといわれる。
(高一教養ブックス『発明手帳』)

のような言い方や、「そのわけは……だから」「だって……だから」の言い訳表現など種々の形式を生む。これも「から」がその判断の根拠や理由を一つの主張として付加していく表現だからなのである。

これに対して「ので」はどのような条件を設定するのだろうか。

　戦後しばらくの間は、ご承知のように物資のない時代でしたので、皆さん更生服を召したり、質素な身なりをしていらっしゃるのが常でした。ごりっぱな方ほどそうでしたので、外見だけで人を判断してはならないことを教えられました。(『受付係の喜び悲しみ』)

「ので」は「の＋で」、つまり述べてきた事柄を「の」によって話し手の外にある一つの客観的事実・事態として受け止め、それに〝そうであって〟〝そこで〟の意が添い加わったものである。〝そういう事実・事態であるところから、そこで……〟の気持ちと考えていい。右の例も「物資のない時代であった。そこで皆さん更生服を召したり……」「ごりっぱな方ほどそうでした。そこで、外見だけで……」の意である。「そういうわけなので」「そういうことなので」の「ので」もこれと同じである。

「ので」は「ので」に先行する事柄を一つの事態としてとらえ、そのような事態ゆえ次に述べるような事態が生ずるのだという事実を〝原因―結果〟の因果関係として述べることばである。だから「AなのでBだ」のA―B関係は、話し手を離れた二つの事柄で、それを「ので」で結び付けることによって話し手の判断と責任とが生まれる。Aという事態からBの事態が引き出されたと認識するのである。Aは理由説明ではない。本来別々の二つの事柄や事態AとBを、〝Aである。そこでBが生ずる〟と関係づけてとらえる態度は、A―Bを話し手の外にある事実として突き放し、客観的に眺める態度である。「BなのはAだからだ」という主観的な解釈、理由付会とは大いに趣きを異にするわけである。あとから理由説明を付け加えるわけではないから「BなのはAなので」のような倒置文形式は一般におこなわれない。

　A―Bは話し手の主観を超えた事実ゆえ、「……らしいので」とか、「……かもしれないので／……だろうので／……まいので」等、推量で受けるあいまいな言い方をすると不自然になる。主観の外にある事実としてA―Bを関係づけるため、「……なので／……するので／

……たので」とはっきり断定的に述べるのが普通で、文末も、「……ので……する／……ので……た」と言い切る場合が多い。その点「から」に比べてはるかに確信的である。

便利な新型に比べると能率が悪いし、ひと目で旧型とわかるのでいや気がさした。生活様式が違うので、アメリカで買ったミキサーも、日本ではなんとなくおっくうになる。（朝日新聞　家庭欄「電気器具」）

ひじょうに温度が高いので、原子核は相当の速さで走り回っておりまして、お互いに衝突し合いまして、ときどき原子核反応を起こすので、いわゆる熱核反応といわれているものを起こします。（湯川秀樹「原子物理学の趨勢」）

その水が蒸発して熱を奪うと、内部のエーテルの蒸気が凝固するので、上部の球の内部の圧力が減り、管を通してエーテル液を吸い上げる。（『第三物理の散歩道』）

一方「から」は、それがBであると話し手が考える根拠として「Aだから」と理由を示す発想である。当然、「Bである」の認定も「Aだから」の判断も共に話し手の責任において述べられる主観的なものとなる。そのため、Aに対しても「……だから／……だったから／……するから／……したから」のような確信的な判断ばかりでなく、もっとあいまいな理由提示も成り立つのである。

……らしいから／……かもしれないから／……だろうから／……まいから／……たいから

および、その倒置形式

それは……だからでしょう／……だからかもしれない／……だからであろうか

など不確実な推定も成り立つのである。Bの部分も、

……から……しろ／……から……しなさい／……か

ら……てください／……から……てほしい／……から
……だろう／……から……かもしれない／……から
……しよう／……から……つもりだ／……から……し
たい

など、未定の事柄、不確かな事柄にも、話し手の主観として主張することができるのである。「寒いので窓をしめた」を「しめよう／しめる」とするには「……ので……よう」よりは「から」を用いて、「寒いから窓をしめよう」とするほうが遥かに自然な表現となる。「寒い」という既定の事実と「窓をしめた」という完了ずみの事実とを原因・結果の関係で結ぶ態度よりは、「窓をしめよう」という意思のよってきたるゆえんとして、「寒いから」と注釈を加える意識のほうが未来の予定を表す場合にはぴったりするのである。

寒いから窓をしめよう／寒いので窓をしめた
寒いでしょうから窓をしめましょう／寒かったので
窓をしめた

一見同じように見える表現でも、発想の面では全く異なるのである。

56「見て見ぬふり」か「見ても見ぬふり」か

連続の「て」と断絶の「ても」

他人が人の助けを必要とするほど困った状態に陥っているのを目にし、また、何かよからぬことをしているのに気づきながら、救いの手をさしのべたり注意したりしないとき、「見て見ぬふりをする」と言う。かかわり合いになりたくない、無視したい、あるいはわざと気づかぬふりをして相手に便宜を与えるといういかにも卑怯でずるい行為であるが、このようなことばが日本語に存在することは、日本人として残念でならない。

「見て見ぬふり」とは、見ても見ぬふりをすることであるから、この「て」は逆接の「ても」に相当する。確かに「て」は、後に続く事柄次第では逆接的な意味になる。

　「仏造って魂入れず」「兄はそのことを知っていて教えてくれないのだから不親切だ」「連日徹夜して病気にもならないとは、何と頑健な体だろう」「飛行機が墜落して死なかったのは、不幸中の幸いだ」「これは一見矛盾するようであって、決してそうではない」

逆接とは後件が前件に対して否定的関係にあることで(矛盾関係)「……して……しない／……して……でない」と否定で受けるのが普通である。「あんな劇薬を飲んで命を取り留めたとは……」も表現形式は肯定文であっても意味的には前件の否定と解するべきであろう。

句と句を接続助詞「て」によって結んだ複文は、第五十三節でも触れたように、決して論理的な関係を表すのではない。前件に後件がただ添い加わったという軽い結び付きである。「見て見ぬふり」も、〝そのことを見て、そして見ぬふりをする〟〝そのことを彼は見た。そして、彼は見ぬふりをした〟のである。見たことと見ぬふりをしたこととが手を結んで一緒になった表現と言ってもよかろう。ただし〝見ぬふり〟は〝見る〟ことを否定した行為ゆえ、結果的には逆接関係「ても」の意味を表すことになる。「……して……する／……して……しない」は前後の意味関係次第では順接にも逆接にも転ぶ。しかし、基本とする意味はあくまで二つの行為や状態の共存なのである。

　頭かくして尻かくさず／雨降って地固まる／一を聞いて十を知る／衣食足りて礼節を知る／船頭多くして舟、山に登る／庇を貸して母屋をとられる／鳩を憎みて豆を作らぬ

いずれも「……して、そして／……して、そこで」の意味から発展して「……したその結果」の意味となり、最終的には「頭をかくしたが……」「雨が降ったから

……」と逆接や順接の条件表現へ続いていく。そこで、「見て見ぬふり」も、文意としては逆接条件「見ても見ぬふり」に重なるわけである。

「ても」が表す逆接条件は次節で述べるように、仮定したことにも確定したことにも使える。「彼は見ても見ぬふりをするにちがいない」と言えば仮定だが、「彼は見ても見ぬふりをした」となると確定である。〝たとえ見たとしても〟と〝見たにもかかわらず〟との違いである。「ても」を使う言い方には皆この二通りの意味があると考えていい。

転んでもただでは起きない。

一方「……しても」には〝どんなに……しても／いくら……しても〟の意味の使い方がある。

泣いても笑ってもあと三日。
掛けても掛けてもお話し中だ。

は〝何度掛けても〟であるから一回行為を表すのではない。「泣いても笑っても」も〝どんなに泣いても笑っても〟で行為の深さと度数の多さを表している。形容詞のような、回数と関係のない状態性に用いると「痛くても我慢しろ」〝どんなに痛くても〟で程度の深さを表すわけである。「痛くて我慢できない」にはこのような程度性の意味はない。動詞の場合も同じで、「ても」の条件には「いくら」とか「何度」といった修飾語を添えることができる。

いくら見ても見ぬふりをする。
何度見ても見ぬふりをしつづける。

「て」の複文にはそれができない。「いくら見て見ぬふりをする」とは言えないのである。「見ても見ぬふり」は、「見ても」と「見ぬふり」との間に断絶があるから、「いくら」は「見ても」にのみ係って「見ぬふり」にまで係っていかない。

いくら見ても、見ぬふりをする。

である。一方「見て見ぬふり」にはこのような強い断絶がないから、全体一まとめにして「いくら」が係っていこうとする。そのため、意味的に無理が生ずるのであろう。「ても」は断絶、「て」は連続。その証拠に「見ても見ぬふり」は前後で主体を変えて「私が見ても、彼は見ぬふりをする」と言い換えることができる。全体が連続して一まとまりの「見て見ぬふり」は、一貫して一つの主体の行為となるため、主体の変換は許されないのである。

「見ても見ぬふり」は現実におこなう具体的な行為。「見て見ぬふり」はそのような態度に対する一般的名称。だから「いつも」のような副詞は「彼はいつも見て見ぬふりだ」と「て」形式のほうがふさわしい。それだけ概念的なのである。

57 「食べないのに金を取る」か「食べなくても金を取る」か

現実レベルの「のに」と仮定の文脈の「ても」

まず次の文を見てみよう。

> 中学二年のとき、私が小づかいをためて、アイススケートのくつを買ってきたときである。小づかい銭はアイススケートのような不健全娯楽の浪費のためにあるのではなく、アイススケート場は不良少年少女のたまり場であると言った。私が必死で抗弁しても、とりあってはくれなかった。（永井道雄『おやじ・永井柳太郎』）

この「必死で抗弁しても、とりあってはくれなかった」の部分は「必死で抗弁したのに、とりあってはくれなかった」と言い換えても、特に不自然な日本語とは言えない。接続助詞「ても」は、ある場合には「のに」とほとんど同じ意味で使われることがある。その場合、いったいどのような意味の違いがあるであろうか。

まず「のに」が使われる範囲について考えてみよう。『新明解国語辞典』第三版（三省堂）では、

のに（接助）やむを得ず・（意外にも）後件に述べる事柄が事実であることを表わす。

と解説して、そのあとに次の例文を示している。

「熱が有る——外出した・上手な——やらない・金も無い——ぜいたくをする・行きたかった——希望者が多かったので遠慮した」

これにもう少し説明を加えるなら、「のに」は、

「もうすぐ汽車が出そうなのに売店で買い物をするんですか」「もう発車のベルが鳴っているというのに平気で買い物をしている」「もう汽車が出てしまったのに、まだ買い物をしていた」

のように、未来にも現在にも過去にも使われるということである。形式としては「先生なのに答えられない」「あんなに元気なのに試合に出ないのですか」と名詞や形容動詞を受けて「……なのに」となるか、「寒いのに窓も閉めない」「金がないのに有るふりをする」「雨が降っているのに傘もささない」と現在形を用いるか、「席が空いたのに座らない」「金がなかったのに注文してしまった」「土曜日だったのに日曜と勘違いした」と過去形を受けて「……たのに」の形で用いるかのいずれかである。形式は右のように三通りあるにせよ、「のに」に共通する特徴は、現実の場面を踏まえた条件設定という点であろう。ところで、

——一夜泊めてもらったジャン・バルジャンが銀のおさらを盗むけれども、警察につかまってしまう。そうすると、僧正は警官に「このおさらはこの人に私があげたのです」と言う。

——はあ、そうしてさらに「私は燭台まであげたのに、なぜあなたはそれを持っていらっしゃらなかった

のか」と言うんでしたね。（金田一春彦『言葉の魔術』日本放送協会編）

この「燭台まであげたのに」というくだりを、さまざまな表現に改めるとしたらどのように文面が変わっていくであろうか。「のに」をそのまま残して、

> 私が燭台まであげたのに、あなたがそれを持って行かないとしたら……

は日本語として正しい。一見、仮定表現に変わったように思えるが、「あげたのに」の部分は依然として現実の過去表現そのままだからである。この部分も仮定に変えて、

> たとえ私が燭台まであげても、あなたはそれを持って行かないでしょう。

の「ても」を「のに」にして、

> たとえ私が燭台まであげるのに、あなたはそれを持って行かないでしょう。

としたら日本語として成り立たない。「のに」を用いるとどうしても条件句は現実レベルとなってしまうからである。

> A、席を譲ってくれたのに座らなかったら失礼になるでしょう。
>
> B、席を譲ってくれても座らなければいい。

後のBの条件句は仮定的な事態である。頭に「たとえ席を譲ってくれても」と仮定を表す陳述副詞を冠することのできる文脈である。このような仮定条件には「のに」は入らない。Bの文に「のに」は使えない。

> 日本人は地震がぐらっと来ても平気な顔をしているが、西洋人はとび出す。そんな点では感覚がにぶってるんですね、たとえば大震災の災害にあっても、またきた、仕方がないというあきらめがあるんです。（『科

学への招待』「天災の予報」法政大学出版局)

仮定の「ても」が二つ使われているが、これを「のに」に置き換えると、初めのほうのは「地震がぐらっと来たのに平気な顔をしている」と現実の出来事として述べる発想に変わってしまう。その証拠に「ても」のときは「たとえ」を頭に付けることができたが、「のに」には付かない。後のほうの例は「……あきらめがあるんです」という文脈からして、どうしてもここは仮定条件となるところであるために、「のに」の登場する余地はない。以上見て来たように、「のに」は仮定の文脈では排除されてしまうか、あるいは現実の場面のことに文脈を変えてしまうかのいずれかなのである。

転んでもただでは起きない

〝たとえ転んでも〟の仮定条件ゆえ、「のに」に換えることはできない。「転んだのに」とすると、「ただでは起きなかった」と現実の話となってしまう。このように「のに」は現実のことして叙していく態度であるため、現実のことについて述べる「ても」の例は「のに」に置き換えがきく。冒頭に出したアイススケート場の例「私が必死で抗弁しても、とりあってくれなかった」も「のに」に換えられる文脈である。しかし、現在や過去を表す「ても」でも、もし頭に「いくら」とか「どんなに」等の副詞を付けて、

いくら私が必死で抗弁しても、とりあってはくれなかった。

とすると、もはや「のに」で置き換えることは許されない。

私が必死で抗弁したのに、とりあってはくれなかった。

これに「いくら」や「どんなに」が付くであろうか。「ても」の文にのみこのような副詞が付くことから考えても、「ても」は、たとえ現実に起こった事柄を叙しているとしても、気持ちは〝どんなに私が必死の抗弁を試

みたところで〟という前提の上に成り立っている。ただ文末が「とりあってはくれなかった」と「た」形を取っているところから、全体としては過去の事実を表すことになるが、発想そのものは逆接条件の組み立てにほかならない。一方、「必死で抗弁したのに」のほうは、〝必死で抗弁した。しかし、それにもかかわらず父は……した〟と具体的な事実の叙述になる。「ても」は条件設定、「のに」は現実のこととの叙述という差が歴然としている。

標題の「食べないのに金を取る」も、「のに」を使っている以上、現実に立脚した表現である。

この店は食べないのに金を取るらしい／何も食べないのに金を取るとはけしからん／食べないのに金を取られた。

仮定ではないから「たとえ食べないのに……」と言うわけにはいかない。「食べなくても金を取る」は「あの店は食べなくても金を取った」のように現実のこととしても使えるが、「ても」の表す条件的発想から、「注文した以上、食べなくても金は取られる」「たとえ食べなくても金は払っていただきます」「以前は食べなくても金はきちんきちんと払ったものだ」のように、仮定的な状況を予想する場合が普通なのである。

58 「用事がないのに出掛けた」か「用事がないけれど出掛けた」か

因果関係を示す「のに」と状況説明の「けれど」

接続助詞「のに」は、しばしば「けれども」と同じ意味で使われる。たとえば次に掲げる文章の「のに」を「けれども」に置き換えても、文意に違いは起こらないであろう。

杉　耳がきこえなくなるのをなくすために、いろいろな新しい化合物をつくって、よくなっていますが、やはりその本性はその薬がもっているから、あぶないわけです。

相島　ですけれど、今度のような事件がありますと、せっかくいい薬ができたのに、いたずらにおそれちゃって良い薬も使わなくなりますね。（『科学への招待』「新しい薬・古い薬」法政大学出版局）

「のに」は前節でも触れたように、現実の場面を踏まえた条件設定で、そのような状況であるにもかかわらず、後に述べる事柄が話し手の予想や意に反して事実であることを表す語である。「けれども」にもこれと同じ意味の使い方があるが、「のに」では言い換えられない例も多い。たとえば、

大谷　気象をやるなら第一線だから予報をやりました、面白いけれども苦労が多い。

相島　苦労が多いですね。

大谷　しんぞうが強くないとできない。

相島　当たって、あたり前、当たらなけりゃ、しかられる。

大谷　だけど、さっき興味ということ、やってれば面白くなるもので、子どものときから将来、気象学をやろうと思っていたわけじゃないんです。そういうひともいますけれど、必ずしものびませんね。（『科学への招待』「天災の予報」）

これを「面白いのに苦労が多い」とか「そういうひともいるのに、必ずしものびませんね」とすると、どうしても不自然な日本語という感を拭いきれなくなる。なぜであろうか。「のに」は、

せっかく知らせてもらったのに、なぜ行かなかったの？

〝知らせてもらった〟という状況設定があって、それを根拠として〝だから当然……であるはずだ〟という論理の流れを否定する場合に用いる。「ので」の否定語、

〝……にもかかわらず〟である。「けれども」にはこのような、理由や結果説明の論理的意識はないから、

せっかく知らせてもらったけれども、なぜ行かなかったの？

と言うわけにはいかない。「せっかく知らせてもらったけれども」と来れば「行かなかった」とか「実のところ行きたくない」とかいうようなことばが続くのが自然である。それでは「けれども」は一体どのような場合に使われる接続助詞かというと、これはいろいろな場合があり、一言で定義するわけにはいかないが、右のような逆接の文脈で用いられる場合についてだけ考えると、どうしても「のに」との発想の違いがつかみにくい。そこで、思い切って、全く異なる文脈での用法に目を向けてみると、

べつだん用事はないけれど、出掛けてみようか。

特に用事はないという断りを前置きとしていちおう述べ、そのような状況を承知の上で、後に述べる事柄を問題とするとき用いる語であることがわかる。「のに」と違って後件が事実である必要はない。「のに」だと、どうしても

べつだん用事もないのに、なぜ出掛けたのですか／出掛けてしまった／出掛けるとは変わった奴だ。

と、現実を踏まえた疑問や断定となる。

お金があるけれど、何か買いたい物でもありますか。
お金があるのに、なぜ買わないの。

お金ならあるけれど、何か買いますか。
お金ならあるのに、何も買わなかった。

〝にもかかわらず〟であるから、右のような文脈だと、どうしても以下が「ない／なかった」と否定文になる。「……のに、何か買いますか」と続けることはできない。「けれども」のほうは〝金ならある。そこで、何か買い

たい物でもあるか〟と次の質問を提示するか、〟金ならある。そこで、何か食べにでも行こうか〟と勧誘する。つまり、以下の叙述を提出する状況づくりとして先行句が述べられるまでのことで、両者の間に逆接のような強い因果関係や論理性は必ずしも必要ではない。

ミツバチの世界は、われわれがみると奇妙に思いますけれど、どんな習性なんですか、女王バチが中心なんですか。(『科学への招待』「ミツバチの社会」)

奇妙に思うから、どんな習性なのかを質問したまでで、逆接ではない。質問の生ずる状況説明である。これがさらに極端になると、

私は森田ですけれど、あなたはどなたですか。

ほとんど意味のない、ただ句と句を繋ぐだけの役割にすぎなくなってしまう。接続助詞「が」もほぼ同じ用法を兼ね備えている。「が」や「けれども」が、以下の事柄の生ずる状況説明であるところから、「けれども」で文を切ってしまうことによって、状況だけを知らせておいて、その状況においてどうなるのか、どうするのかを伏せて類推させるという含みのある表現が生まれる。

いずれにしても、よいことなんですから、こういう動物に対する好意とか愛情をもっておられる方たちの目的が達せられるように、私もなんとかしたいと考えているのですけれど……。(『科学への招待』「実験動物のために」)

そこで標題の問題に立ちかえって考えてみよう。

べつだん用事はないけれど、出掛けてみないか。
べつだん用事もないのに出掛けたんですか。

「けれど(も)」を使う前者は、「べつだん用事はないけれど」と前置きしていちおう断っておき、次に、その状況において「出掛けてみないか」と新たに話を持ち掛ける。だから「けれど」と「出掛けて……」との間には心理的なポーズが置かれていると考えていい。

べつだんに用事はないけれど、……一つ出掛けてみようか／行こうか行くまいか／やっぱり行ったほうがいいかな／君はどうする？

のように比較的自由に以下の叙述が続き得る。一方「のに」のほうは、以下の「出掛けたんですか」という疑問の生ずる根拠として「べつだん用事もないのに」という理由を提示する。したがって「のに」で結ばれる二つの句は意味的に密接な因果関係にあると見ていいだろう。先の「けれど（も）」の場合には「……みようか」という勧誘は後続句の「出掛けて」以下に係るだけであったが、この「のに」の場合は、前後句を一つにした「用事もないのに出掛けた」全体を「か」が受けて疑問の気持ちを表している。ただ出掛けたか出掛けなかったかを問うているのではない。用事がないにもかかわらず出掛けたことへの疑問を投げ掛けているのである。「出掛けたんですか」と「ん」（もしくは「の」）を取っているのも「用事もないのに」に対する理由を問う気持ちの現れと見ていいだろう。

用事もないのに出掛けましたか。

では何となく座りが悪いのも、以上の理由によるのである。

59 「来年のことを言うと鬼が笑う」か「来年のことを言えば鬼が笑う」か

必然性・連動的な現象を表す「と」と論理関係を表す「ば」

お金があると家を建てたい。

とは言えないのである。「お金があると」と聞けば「すぐ気がゆるんで無駄使いする」とか「賭事(かけ)に使ってしまう／株を買う／気が大きくなる」のような内容のことを想像する。つまり、その状況が実現するとほとんど例外なくいつもある行為や状態をとるわけである。Aが生ずると決まってBとなる、A状態のときは決まってBであるときに「と」は用いられる。

「来年のことを言うと鬼が笑う」「そんなことを言うとひどい目に会うぞ」「春が来ると花が咲く」「酒を飲むとすぐ顔が赤くなる」「結婚すると金がかかる」「血圧が高いと危険だ」

かつて台湾から来た留学生の作文に、

私はお金があると家を建てます。

という文があった。この人は金が手に入るといつも家を建てる趣味(?)があるのかしら、それにしても学生がそんなに何度も家を建てたはずはないとよく問いただしてみると、「私はお金があれば家を建てます」の誤りだった。家を建てたいが今は金がない。もし金があれば家を建てるのだがという発想である。だから、「ば」は「もしお金があれば家を建てます」「お金があれば家を建てたい」と仮定や希望の表現が言えるのだが、「と」ではそうはいかない。

もしお金があると家を建てます。

「ボタンを押すとドアが開く」エレベーターなどをご想像願いたい。客がボタンを押すといつも必ずドアが開くのである。それも〝ボタンを押すとどうなる？　すぐドアが開くのだ〟という間を置かず生ずる事態を表している。だから、実際にボタンを押してみたところが、直ちにドアが開いたような場合、「ボタンを押すとドアが開いた」と言える。現実の具体的な事実を述べる場合にも、ある状況となったとき直ちに（あるいは時を同じくして）一つの事態が生じたりすでに生じていたりすることに「と」が用いられるのである。

国境の長いトンネルを抜けると雪国であった。（川端康成『雪国』）

よく見ると、なるほど確かに贋札なので、店員はほんものの千円札を出して、隣の主人に返した。（坪井忠二『プラス・マイナス・ゼロ』）

君がそんなことを言うと、私もその気になってくる。

疑問文「あと何キロ走るとゴールですか」「もう幾つ寝るとお正月」なども同じ発想である。もはや〝いつも例外なく〟の気持ちはない。この具体性がもう一歩進むと、ある行為に続いて次の行為を起こす〝行為や現象の転換〟となる。

「電灯を消すと目を閉じた」「雲が切れるとパッと日が差した」「ドアが閉まると電車は動き出した」

ほとんどの場合「……すると……した」と完了形を取る。そこで「来年のことを言うと鬼が笑う」も、

僕が来年のことを言うと、鬼が笑い出した。

と「た」の完了態に換えると、ある具体的な一つの事実となってしまう。「来年のことを言ったら……」と「たら」でも言い表せる状況である。もはや「言えば」と「ば」を使うことはできない。「ば」は、たとえば縁談で、

あちらさんさえよろしければ、ぜひ話を進めたいの

ですが。

と言ったとする。この場合、話し手は〃手前どもには異存がない。ぜひ話を進めたいのだが、どうすれば進めてもよいか。先方さえ異存がなければ〃という意識である。つまり、ある状況が成立するための条件として〃もし……であれば〃と場合を限定するのが「ば」の条件法である。

始めよければ終わりよし

〃どうであれば終わりがよい状態となるか〃の問題提起に対する答えとして〃始めがよければ〃と解答を与えているのである。もちろん「ば」には確定条件、

希望者が多ければ抽選だ。

のような〃そんなに希望者が多いのなら、どうする？／抽選だ〃あるいは仮定条件〃万一希望者が多い場合にはどうする？／抽選だ〃と後件で解答を与える逆の順序もあり得る。どちらに解答が現れるにせよ、〃始めがよければ終わりもよくなるものだ〃〃希望者が多ければ当然抽選となる〃という因果関係は、かなり機械的で論理的なものと言える。

「一に一をたせば二だ」「みんな出席すれば十五人だ」「あと一人多ければ定員オーバーだ」

数式のような論理性・理屈の叙述に「ば」が使われるのも、もっともなことである。個人の自由な判断をさしはさむ余地の全くない規則的な関係ととらえるのである。三段論法を表す、

風が吹けば桶屋がもうかる

論理性だけが支えの文には「ば」がもっぱら活躍する。そういえば格言やことわざには「ば」の文が多い。

「犬も歩けば棒に当たる」「うわさをすれば影がさす」「三人寄れば文殊の知恵」「塵も積もれば山とな

る」「所変われば品変わる」「喉もと過ぎれば熱さを忘れる」「始めよければ終わりよし」「花多ければ実少なし」「貧すれば鈍する」「待てば海路の日和あり」「無理が通れば道理が引っ込む」「楽あれば苦あり」「瑠璃も玻璃も磨けば光る」

生活の知恵として先祖から受け継いだこれらのことわざは、個人的経験や判断を超えた、社会の所産ゆえ、一つのルールと見なしてもよいのであろう。慣用句にも、

「打てば響く」「勝てば官軍」「住めば都」「右といえば左」「立てば芍薬、すわれば牡丹」

のように「何々すれば」の形式が見られる。ある行為や状況がもし成立するとしたなら、そのときは、こちらの自由な意思選択とはかかわりなく、論理や社会のおきてや長年その社会がつちかってきた風潮や固定観念として既定の結果になっていくものだという、はなはだ個性味のない因果関係なのである。これは「ば」の条件が〝どうすれば……となるか〟〝もし……であれば当然……だ〟という論理関係を表す語ゆえ、おのずと社会の一般的事象や理屈の表現となりやすいためである。もちろん特定個人の個別的な行為や状況にも使用できる。ただし、その場合も〝当然のことながら／もちろんのこと／いつもの通り〟といった気持ちが付きまとう。

日本間は客の数だけ座ぶとんを出せば、一つのへやで幾人でも接待することができる。(早稲田大学『外国学生用日本語教科書・中級』「日本家屋の特色」)

隣の犬は主人と見れば走って行く。

よそ者と見れば高い値を吹っかけてくる。

標題の「来年のことを言うと鬼が笑う」も「言えば」に換えると、〝仮に来年のことを言ったとすれば、もちろんのこと鬼が笑うにちがいない〟という個別的な現象となる。あるいは、〝鬼を笑わしたいが、どうすれば笑うだろうか。来年のことを言えば、間違いなく笑うだろう〟という解答の文となってしまう。

60 「春が来れば花が咲く」か「春が来たら花が咲く」か

個別的な事柄の実態・判断を示す「たら」

相島　年に何億円かの予算をつかって、精密検査をやれば、地震の予知ができるのだという主張をしておられましたね。

坪井　できるか、できないかは百年たったらはっきりしますよ。とにかく、やってみなければわからない。（『科学への招待』「天災の予報」法政大学出版局）

右の文章で「精密検査をやれば、地震の予知ができる」というところと「百年たったらはっきりしますよ」のところは、「ば」と「たら」を入れ替えて「精密検査をやったら、地震の予知ができる」「百年たてばはっきりしますよ」とすることができる。条件文を作る「ば」と「たら」は一部、意味の重なるところがあると見てよかろう。しかし、当然のことながら、両者の間には絶対に右のような入れ替えのできないその語固有の使い方もある。普通「ば」で表す条件文は「たら」に置き換えられる。「たら」に換えられない特異な例としては次のようなものが挙げられる。

そばといえば、中華そばも以前から若い人たちに愛好されている。（早稲田大学『外国学生用日本語教科書・中級』「東京の食べ物」）

東京ほど食べ物に恵まれているところはないと言われるが、なるほど、言われてみればそうかもしれない。（同）

「要は、いかに多くのお客さまに上まで上がっていただくかです。展覧会や食堂を上にもっていくのはそのためです」「そういえば、特売場も七階か八階ですね」(同「最近のデパート」)

一方、「ば」に換えることのできない「たら」の例はかなり多い。

人を見たら泥棒と思え

これを「人を見れば」に変えることは許されない。「たら」は「ば」の条件よりも遥かに使用の幅が広いのである。では、どのような「たら」の文が「ば」では言い換えられないのだろうか。次に揚げる文はいずれも「ば」では言い表せない例である。

もし雨が降ったら、傘を持って迎えに来てください。
人の手紙を読んだら承知しないから。
先生に会ったら、よろしくお伝え下さい。
家に帰ったら、すぐに手を洗わなくてはいけませんよ。
外へ出てみたら、雨が降っていた。

これらの例に共通した点は、「たら」で結ばれる前後の句(前件と後件)のうち、前件はある場面を設定し、後件はその場面において成り立つ事だということである。したがって、これらの「たら」は〝……た時には〟〝……した、その時〟にだいたい置き換えられる。しかも後件は、話し手のその時の願望や、命令や、予定、意思、あるいはたまたまそうであったと話し手が発見した場面的状況などで、これははなはだ恣意的で個別的な事柄だと言えよう。これでは論理・理屈・必然的結果・個人の習性・社会慣習などを表す「ば」に置き換えられるわけがない。「春が来れば花が咲く」が、春の到来が例外なく花の咲く季節を引き出すものだという一般的な自然法則、春と花との因果関係を述べたものでしかないのに対し、「春が来たら花が咲く」は、〝春が到来したその時、間違いなく花は咲くはずだ〟とでも訳したらよいだろうか。「たら」を用いたことから、前件に場面設定を、後件に話し手の恣意的な判断を示すことになる。だから過去表現に変えて、春が来たら花が咲いた。

とすることも可能となる。話し手の個人的な判断を示す形式であるから、後件は自由に変えられる。

「春が来たら国へ帰るつもりだ」「春が来たら、もう冬服を着てはいけません」「春が来たら結婚しよう」

完全に理屈で押し通す概念的な文「一に一をたせば二だ」も、「たら」を用いると「一に一をたしたら二になった」と、その時の計算結果を問題とする具体的な事柄となるし、したがって計算違いの結果「一に一をたしたら三になった」も事実を事実として述べたにすぎない。「一に一をたしたら三になる」も、たとえば、

その計算機はこわれているから、一に一をたしたら三になりますよ。

と、話し手の外の事実としてありのままに述べる態度である。「たら」は理屈の正当性を主張するのではない。とらえた事態に忠実であるという正確さを守る語である。話し手の責任も、理屈の内容にではなく、事態のとらえ方の正確さにある。これに対し「ば」はあくまでも理屈として主張する文であるから、

その計算機はこわれているから、一に一をたせば三です。

と言うわけにはいかない。「一に一をたせば三です」の部分は、計算機の実態を述べているのではなく、話し手自身の主張となるからである。標題の「春が来れば花が咲く」も、理屈としての話し手の主張、「春が来たら花が咲く」は、春の訪れとともに花が咲きだすというのがその地方の実態だと判断して、ありのままに述べた文である。

61 「暑かったら窓を開けてください」か「暑いなら窓を開けてください」か

「たら」と「なら」では時間的順序が逆になる／「ば／たら／なら／と」の使い分けのまとめ

日本語には条件の言い方が実に豊かだ。第五十九、第六十節で触れた「〜と／〜ば／〜たら」のほか「〜なら」という条件設定もあって、それらが同じ文脈でも用いられることがあるというのだから、外国人が知ったらさぞびっくりすることであろう。たとえば、

春が来ると花が咲く／春が来れば花が咲く／春が来たら花が咲く／春が来るなら花が咲く

という具合にである。〝春が来る〟ということと〝花が咲く〟ということとの関係をこれら「と」や「ば／たら／なら」の語で表しているわけであるから、見方を変えれば、春の到来と開花という二つの現象に対する話し手のとらえ方の表れと解することもできよう。同じ二つの事象に対してこのようにいろいろな受け止め方があるということは、日本語の発想が条件表現に関しては変化に富んでいるということである。では一体どのような発想の差がこのような使い分けを生み出しているのだろうか。

「たら」は、前節で述べたように、前件で場面設定をし、その場面での種々な事態に対する話し手の判断を後件で示す形式であった。したがって、

暑かったら窓を開けてください。

も、相手が暑いと感じる場合を想定して、〝実際にあなたが暑いと思ったその時には〟と具体的な場面設定をし、さてそれに対して〝遠慮なく窓をお開けください〟と許容の意思表示をおこなう。言ってみれば前件で提示した場面が成立したあかつきには後件の事象が問題となる。

時間的には、まず前件の場面が成立し、それから後件の事象が生ずるという先後関係をとるのが「たら」条件の特色である。これは「たら」が助動詞「た」の仮定形で、「た」は先行叙述の内容が確かに成立したものととらえる意識の助動詞だからである。一般には過去・完了の助動詞と呼んでいるが、必ずしも時制を表すとはかぎらない。

調べてみて彼の家に電話があったら、番号を教えてください。

〝現在間違いなく電話が引かれているという事実がはっきりしたその時には〟である。時間的には、はっきりすることが先で、番号を教えることはその後のことである。

雨が降ったら傘を持って来い。

まず雨が降り出す。それから傘を持って駅まで迎えに来ればいいのである。ところで、これを「なら」の条件文に換えたらどうなるであろうか。

雨が降るなら傘を持って来い。

という文を読んで、どのような状況を想像するか。たぶん話し手は、相手から「今日は雨が降るそうよ。さっき天気予報でそう言ってたから」と言われて、「そうか、午後から雨になるのか。雨が降るなら傘を持って来い」と玄関先で奥さんにでも命じているのであろう。つまり「なら」の条件には次の三つのことが重要な要素として浮かんでくる。

(1)前件の事柄は外から入った情報ないしは話し手の意思以前に決定している事象。
(2)後件で示される事柄は、前件で述べた事態の実現以前に成立する。もしくは、すでに成立している。
(3)しかも、後件には話し手の意思による判断が示される。

先の例で言えば、雨が降るという判断は伝聞事項である（1）。傘を持って来る行為は雨が降る以前におこなわれる（2）。しかも、持って来ることは話し手の意見でもある（3）。

かつて某留学生の作文に「国へ帰ったら前もって電話してください」というのがあった。「国へ帰ったら」なら、帰ってから電話をすることであるから「前もって」はおかしい。一体いつ電話をするのかといろいろ問いただしてみたところ「国へ帰るなら」の誤りであった。「なら」なら、帰る以前に電話をするのであるから、前もって電話をすることも可能である。「なら」と「たら」とでは時間的順序が逆になることをその留学生はよく知らなかったらしい。もっとも、これは「帰る／電話をする」のような行為や動作・作用など、つまり動詞で表される事柄同士の関係だからその先後関係が問題となるのであって、「暑いなら窓を開けてください」のような状態性（形容詞や形容動詞）の場合には、開始時刻ということは有り得ないから、先後関係は問題にならない。

ところで、「雨が降るなら」とか「国へ帰るなら」が伝聞による情報となるのはなぜかというと、「なら」は現代語の文法では断定の助動詞「だ」の仮定形となっているが、もともとは古代語「なり」の未然形である。この「なり」は「時は金なり」「文は人なり」のような断定の意味のほかに、終止形に付いて伝聞や推定を表す用法も備えていた。その働きは現代語にまで引き継がれていて、この「なら」の条件法に現れているのであろう。外から入った情報ということは何も聞いたり読んだりした事柄（伝聞）だけとはかぎらない。

「暑いなら窓を開けてください」「お帰りになるなら、私もご一緒にお伴いたしましょう」

相手が汗をかいていたり扇子を使っていたりするのを見て「暑いなら」と言い、帰り支度をしかけているのを見て「お帰りになるなら」と言っているのである。外見や様子などからそれと察知するのも外からの情報と見ていいだろう（推定の「なら」）。そのような手掛かりが何もないのに「わからないなら教えてやるよ」と言うのは適切な表現ではない。「わからなければ教えてやるよ」と「ば」の条件を使うべきであろう。ここで「ば／たら／なら」の使い分けをまとめておこう。

家を建てれば、遺産を先渡しする。

遺産先渡しの条件として家を建てることを提示した文である。家を建てなければ先渡しはしないという主張である。

家を建てたら、遺産を先渡しする。

家の建築を条件として遺産を先渡しするのであるが、渡す時期は家の竣(しゅん)工後である。

家を建てるなら、遺産を先渡しする。

「たら」と同じく家の建築を条件として遺産を先渡しするのであるが、渡す時期は着工以前である。もう一つの解釈は、相手が家を建てることを知って、親のほうから自発的に遺産の先渡しを提案する場合である。この場合も渡す時期は着工以前と取るのが順当であろう。第一の解釈は「なら」を断定と取り、第二の解釈は伝聞と取っている。最後に「家を建てると」とすると、

家を建てると税の控除がある。

のように、その条件が成立したあかつきにはいつも例外なく成立する結果を後件に示したくなる。連動的な現象と言ってもいいだろう。同じ前件を立てても、それぞれの条件法でこうも発想に差が生まれるものかと思うと、ことばの持つ不思議な力に感心させられる。実に日本語とは味のあることばではないか。

ロ

論理性を表す機能 ……………………280

ワ

和語のサ変動詞 …………………………17
話題設定 ………………………………180
話題提示 ……………………………179, 180
話題の限定 ……………………………179
話題の提起 ……………………………178
"私"の不干渉要因 ……………………31

ヲ

「を」格 ………………………17, 243, 248
ヲ格・ノ格どちらも成り立つ動詞 ……17
ヲ格の目的語 ……………………………16
「〜をする」形式 ………………………17
「を」の挿入 ……………………………17
「を」の目的語 ……………………173, 193

補語 ……22
補助動詞 ……55, 80, 86, 219
翻訳調 ……21, 42, 200, 216

マ

マイナス評価 ……53, 267

ミ

未定の気分 ……274
未定の事柄 ……292
未来 ……86, 121, 152, 296
未来の結果 ……156
未来の動作 ……86
未来の予想 ……80, 157
未来の予定 ……86, 115, 292
未来表現 ……86

ム

無意思性の現象 ……18, 102, 194, 249
無意思性の動詞 ……191
無意味な文脈 ……280
矛盾関係 ……293

メ

名詞的概念 ……15
命令 ……46, 207, 285
命令表現 ……144, 247
命令文 ……128, 287
迷惑の受身 ……51, 53, 58, 213, 219
迷惑の加害者意識 ……203

モ

目的格 ……177, 198
目的格に立つ名詞句 ……183
目的語相当の語 ……197
目的語を修飾語に変える ……16
目的語を取る言い方 ……15
物主体 ……36, 249

ユ

有情者 ……36, 43, 57, 58, 59, 61, 94, 248
誘発 ……30, 36, 38, 42, 45
誘発意識 ……42, 285
誘発現象 ……51

ヨ

容認 ……23
欲望の対象 ……188
予想外の事実 ……157, 158
予定 ……156, 287

リ

理屈の表現 ……307
離反の動詞 ……252
理由・根拠を言い添える ……289
理由説明 ……127, 129, 289, 290
理由説明の文 ……98, 282, 285
理由の発見 ……129
理由付会 ……290
両者主体 ……230

レ

例示意識 ……275
列挙形式 ……270, 271
レトリック ……14
連体格 ……115
連体詞 ……113
連体修飾格 ……25
連体修飾句 ……113
連体修飾形式 ……170, 173, 174
連動的な現象 ……314
連用修飾 ……133
連用修飾形式 ……170, 173

被害者意識 …………53, 54, 56, 59, 60, 200
被害の受身 ……………………53, 200, 216
被害の使役 ……………………………200
比較の基準 ……………………………232
比較の対象 ……………………………232
被行為者 ………………………115, 201
被使役者 …………31, 201, 206, 208, 262
被使役者意識 …………………………208
被使役者の設定 ………………………264
非情事物 ………………………58, 100
非情の受身 ……………………………215
非情の強制 ……………………………23
非情の使役 ……………………21, 42
非情物 ………36, 59, 60, 94, 200, 248, 249
非情物の使役 …………………………21
非対称 …………………………………230
必然的結果 ……………………………309
必然的状況 ……………………………285
否定疑問 ………………………………130
否定的関係 ……………………………293
否定表現 ………………………………177
否定文 ………………99, 130, 177, 301
被動作物の属性 ………………………115
人を使役する行為 ……………………51
比喩表現 ………………………………144
比喩的用法 ……………………192, 194
表現意図 ……………187, 189, 275, 288
表現の他動化 …………………………19
表現の転化 ……………………………36
表現領域の境界線 ……………………178

フ

付加 ……………………………………268
不確実な推定 …………………………291
不可避の現象 …………………………43
複合語 …………………………28, 201
複合動詞 ………………………………89
服従意識 ………………………………52
複数述語の文 …………………………181
複文 ………………182, 183, 278, 293
複文の従属句 …………………………184
不随意の結果 ………………31, 33, 202
不随意の使役 …………………………51
不随意の状態 …………………………44
不確かな事柄 …………………………292
不確かな断定 …………………………145
普通体 …………………………………121
不定疑問詞 ……………………………180
不特定多数 ……………………258, 259
部分動作 ………………………248, 249
普遍的な事柄 …………………………165
普遍的な状況 …………………………104
普遍的事実 ……………………96, 106
不本意意識 ……………………………281
文型転換 ………………………………16
文語法 …………………………………142
文章体 …………………………173, 174
文相当の句 ……………………………186
文体による使い分け …………173, 286
文の意味 ………………………………283
文脈的特徴 ……………………………178
文脈の流れ ……………………………283

ヘ

平均値的な標準 ………………………259
並列 ……………………268, 271, 278
並列関係 ………………………………280
並列する言い方 ………………………276
並列の表現 ……………………………271

ホ

傍観する意識 …………………………84
方向移行を表す動詞 …………………246
方向・帰着点の用法 …………………250
方向性 ……73, 241, 245, 246, 247, 249, 253
方向性の名詞 …………………………246
方向性を添える ………………………247
方向転換の動作性 ………246, 248, 249
放置 ……………………………………30
放任 ……………………………30, 36, 44
法令文 …………………………………174

動作性の動詞 ……………86, 115, 230, 251
動作性を含む名詞 ……………………………15
動作的概念の名詞 ……………………………18
動作動詞 ……………………………………86, 201
動詞化 ………………………………………201
動詞の自他 ……………………………94, 205
同時進行 ……………………278, 280, 281
同時的動作 …………………………………283
当然の帰結 …………………………157, 158
倒置 …………………………………………169
倒置的発想 …………………………………181
倒置文 ……………………………………289, 290
時の名詞 ……………………………………171
時の助動詞 …………………………………151
時の判断 ……………………………………137
特殊な文体 …………………………………174
取り合わせ …………………………267, 268
取り立て ……………………………178, 179
取り立て意識 ………………………99, 179, 181

ナ

成り行き任せの態度 ……………………284

ニ

二次的発想 …………………………………182
二者関係 ……196, 206, 219, 225, 229, 257
二者の対応 …………………………………267
日常的事実 ……………………………86, 108
二部構成 ……………………………………179
日本語の発想 ……………41, 89, 151, 311
人間主語 ……………………………………94
人間主体の「させる」表現 ……………36
認識の確定 …………………………………124

ネ

念押し ………………………………………131

ノ

能動者 ………………51, 214, 216, 217, 229
能動主体 ………………………………41, 213
能動—受動関係 ……………………………229
能動態 ………………………………………201
能動的な使役行為 …………………………263
能力所有者 …………………………234, 235
能力所有の表現 ……………………………67
ノ格 …………………………………………17

ハ

場所格 ……………………………262, 263
場所を提示する言い方 ……………………242
発見意識 ……………………………………131
発生現象 ………………………………80, 85
発生段階 ………………………………27, 29
発想手順 ……………………………………69
発想の二重構造 ……………………………182
話しことば …………………………………286
話しことば的文体 …………………………286
話し手の意見 ………………………………313
話し手の意識 ……………………81, 82, 124
話し手の意思を超えた力 …………………84
話し手の立つ側 ……………………………79
話し手の判断 ……67, 68, 98, 155, 156, 290, 311
場面限定 ……………………………………67
場面的状況 …………………………………309
範囲の限定 …………………………………164
反対語 ………………………………………159
判断文 ……………………………98, 187, 188
反復 …………………………………………96

ヒ

非意思性 ……………………………………90
非意思的な現象 ……………………………192
被害意識 ………………………………58, 59
被害者 …………………………………57, 203

挿入句 ……183
属性形容詞 ……257
属性主 ……179
属性所有 ……114
属性所有表現 ……112
外からの情報 ……146, 312

タ

対応自動詞 ……100, 102
対応他動詞 ……20, 38
対義関係 ……229
代行・肩代わり表現 ……222
対照 ……268, 269
対象格 ……185, 262
対象指示 ……181
対象者 ……179
対称性の行為・関係 ……229
対象の限定 ……164
対比 ……269, 278
対比意識 ……178
対比強調 ……184
対比強調の「は」 ……99, 234
対比文 ……181
“代表”を表す「から」 ……222
代名詞を並べる言い方 ……272
題目 ……176
題目対比 ……184
「た」形 ……299
対者意識 ……23, 54
立場の代行 ……226
他動化 ……39
他動詞化 ……91, 100
他動詞グループ ……20, 22
他動詞「する」 ……19, 20, 25
他動詞的 ……193
他動詞的意味 ……29
他動詞の使役 ……202
他動詞表現 …20, 25, 34, 40, 43, 44, 46, 90, 205
他動性 ……30
他動性の表現 ……41
他動表現 ……33, 34, 206
「た」の仮定形 ……312
「た」の発想 ……152
他力的な見方 ……280
単一的な全体 ……242
単純動詞 ……201
断定 ……314
断定的表現 ……168
断定の助動詞 ……135, 313
断定表現 ……125, 131
単文 ……182, 183
単文中の主格 ……177

チ

地の文 ……183
直接的他動行為 ……44
直接的な相互行為 ……231
陳述副詞 ……297

テ

程度 ……159, 294
程度強調 ……161
丁寧体 ……121
手遅れ意識 ……83
手柄 ……30, 34, 45
「て」による接続形式 ……282
「て」の複文 ……294
テンス ……123, 151
伝聞 ……314
伝聞事項 ……312
伝聞による情報 ……313

ト

同意を求める ……130, 131
動作主 ……114, 179, 207
動作性 …15, 25, 86, 88, 102, 112, 114, 123, 131, 246
動作性概念 ……247
動作性の自動詞 ……241

情感作用 ……133, 134
情感内容 ……133
状況説明 ……60, 284, 302
“状況対処”の発想 ……97
状況の理由判断 ……129
状況の変化を踏まえた状態動詞 ……88
状況変化 ……78, 82, 87, 88
上下関係 ……55
条件句 ……69, 297
条件設定 ……296, 299, 300, 311
条件的発想 ……299
条件表現 ……294, 311
条件文 ……308
状態化 ……25, 86, 105, 108, 116
状態形容 ……112, 159
状態主 ……179
状態性 ……86, 112, 114, 123, 131, 229, 230, 232, 247, 249, 294, 313
状態性の自動詞 ……88
状態性の「～する」 ……18
状態性の強い動詞 ……185
状態性の動詞 ……234
状態説明 ……18, 26, 113, 136, 229, 284
状態動詞 ……36, 86, 185, 234
状態の共存 ……293
状態変化 ……24, 26, 247
状態変化の方向性 ……249
消滅現象 ……80
助詞の複合形式 ……177
叙述内容の主体 ……179
叙述内容の成立する“時” ……123
使令 ……30, 37, 38, 42, 204
使令のさし向け ……223
人為的結果 ……91
深層構造 ……177
真相の了解 ……157
心中・意図を表す形式 ……91
真理 ……165
心理的な因果関係 ……59
心理的なポーズ ……302

ス

推定の「なら」 ……313
推量 ……145, 153, 154, 287, 290
推量意識 ……137
推量判断 ……146
数詞 ……170
数量詞 ……171, 173
「～する」形式 ……17
数量を表す語 ……170
“すれ違い”の関係 ……231

セ

西欧語的な論理 ……279
制止 ……285
静止物の方向性 ……249
精神行為の他動詞 ……201
精神的な状態認識 ……105
責任 ……30, 34, 45, 141
責任回避の表現 ……285
責任転嫁的な表現 ……285
責任の賦課意識 ……143
責任表現 ……143
接続形式の文体 ……278
接続詞 ……271
接続助詞 ……279, 295, 299, 301
接続助詞「が」 ……302
接続助詞「て」 ……283, 293
説得の表現 ……129
説明意識 ……127
ゼロ形式 ……177
線条的な時の流れ ……243
全体動作 ……248, 249

ソ

想起 ……129
相互行為 ……224, 230, 231, 233
総主の文 ……180
相対的な位置関係 ……232

サ変複合動詞 ……17
作用性 ……112
三者関係 ……263
三人称主体 ……97, 155

シ

恣意的な判断 ……309
使役 ……27, 31, 40, 41, 44, 46, 50, 51, 100, 199, 200, 201, 206, 208, 248, 263
使役意識 ……52, 203
使役形 ……246, 262
使役行為 ……30, 41
使役者 ……201, 202, 203, 206
使役主体 ……44, 200, 262
使役態 ……201
使役動詞 ……205
使役の助動詞 …31, 37, 41, 44, 51, 91, 206
使役の助動詞「させる」 ……35
使役の助動詞「せる」 ……19, 20, 44, 199
使役の対象を示す助詞 ……247
使役表現 ……40, 41, 100, 201, 204, 247
使役文型 ……224
使役本来の意味 ……201
字音語 ……18
シク活用 ……133, 134
指示する意識 ……221
事実としての“時” ……123
時制 ……151, 153, 312
自然可能 ……234
自然の作用の結果 ……107
事態の成立 ……154
自他の対応関係 ……206
自動詞化 ……100, 107
自動詞グループ ……20
自動詞「する」……16, 19, 20, 21, 24, 25
自動詞「なる」 ……19
自動詞の受身 ……58, 59, 213
自動詞の他動化 ……38, 205
自動詞の他動詞化 ……36, 40
自動詞表現 ……43, 61
自動表現 ……33
自発 ……51, 52
自発現象 ……202
自発的行為 ……30, 221
事物の状態を叙す言い方 ……41
社会慣習 ……309
社会の所産 ……306
習慣 ……96
習慣的行為 ……96, 165
修辞技巧 ……106
修辞法 ……161
修飾語 ……16, 17, 22, 25, 294
従属句 ……182
従属句中の主語 ……182
主格専用の助詞 ……179
主観性の勝った形容詞 ……134
主観的な解釈 ……290
主観的な推定 ……146
主観的判断 ……146, 169
受給表現の体系 ……219
受給表現文型 ……224
主語 ……94, 95, 176, 288
主語・述語構文 ……262
主体の現在状態 ……24, 114
主体の現在描写 ……25
主体の交替 ……230
主題 ……176
手段・方法 ……278, 281
主張する文 ……310
述語の限定 ……176
述語の主体 ……179
出自起点意識 ……215
受動者 …51, 57, 59, 202, 213, 214, 216, 229
受動者意識 ……59
受動主体 ……213
受動的な動詞 ……26
瞬間動作動詞 ……88
瞬間動作の自動詞 ……87
瞬間動詞 ……116
順序 ……278, 281
順序関係 ……280
上位概念 ……17
上位者の側 ……55, 206, 259

ク

偶発現象 ……191
ク活用 ……134
具体的な事実 ……304, 305

ケ

経験 ……25
軽視意識 ……237
形式動詞 ……13, 14
形式名詞 ……14
継時的場面 ……244
計数・計量意識 ……172
継続行為 ……87, 88, 244
継続状態 ……87, 88
継続進行 ……88, 89
継続性 ……87, 89, 243
継続性の動作動詞 ……88
継時的な行為 ……243
継続動作性 ……244
継続動詞 ……116, 243
経由点 ……242, 247, 251, 252, 255
経由表現 ……253
形容詞の連用形 ……133
形容詞文型 ……201
経路 ……242, 247, 252, 253, 254, 255
結果 ……278, 280, 281
結果説明 ……301
結果の現状 ……62
結果の現存 ……87, 89, 96
結果の状態を表す名詞 ……21
結果の蓄積 ……96
原因意識 ……215
原因・理由 ……279, 280
原因・理由の「て」……281, 284
言語主体者 ……264
現在 ……86, 87, 121, 296
現在の結果 ……156
現在進行 ……96
現在進行形 ……88, 89, 115
現在推量 ……151
現在の推測 ……157
現在表現の欠 ……86
謙譲意識 ……237
現象文 ……93, 95, 96, 97, 111
現状を意図的に変える行為 ……39
限定意識 ……235
限定を表す助詞 ……235
言文一致 ……174

コ

行為主体 …62, 89, 95, 96, 97, 115, 179, 206, 207, 224, 262
行為対象 ……61, 206, 207
行為の相手 ……227
行為の開始順序 ……218
行為の共存 ……293
行為の結果 ……96, 102
行為の結果の現存 ……90, 92
行為の順序 ……77, 281
行為や現象の転換 ……305
恒常的事実 ……86
肯定表現 ……131
肯定文 ……293
呼応 ……177, 226
個人的経験 ……306
個人の習性 ……309
個性味のない因果関係 ……307
古代語 ……14, 182, 313
古代日本語 ……177
誇張法 ……161
事柄同士の関係 ……313
異なる領域間の移動 ……255
個別的事実 ……96, 104, 106, 111, 165
個別的な現象 ……108, 307

サ

行為的な能動・受動の関係 ……51
作為の結果 ……69, 96
サ変動詞 ……17

確述表現 ……………………………124, 125
確信的判断 …………………………155
確定意識 ……………………………124
確定条件 ……………………………306
確認 ……………………………130, 131
過去 ……86, 121, 122, 123, 151, 152, 153, 154, 296
過去・完了の助動詞 ……………151, 312
過去の経験 …………………………115
過去の結果 …………………………156
過去の事実 …………………………299
過去表現 ……………………150, 297, 309
「課題—解答」の文 ………………180
活用の対応関係 ……………………61
仮定形 ………………………………313
仮定条件 ……………………297, 298, 306
仮定条件による予測 ………………157
仮定的な結果 ………………………156
仮定表現 ……………………297, 304
可能性を残した表現 ………………158
可能的判断 …………………………68
可能動詞 ……………63, 64, 185, 234
可能の助動詞 ………………61, 234
可能の否定形 ………………………159
「から」条件文 ……………………289
漢語 …………………………………18
感受段階 ……………………………27, 29
感情感覚形容詞 ……………………257
感情形容詞 …………………………134
感情状態を表す形容詞 ……………134
感情表出の形式 ……………………130
間接授受 ……………………………214
間接的他動行為 ……………………44
感嘆表現 ……………………………132
感動・驚嘆 …………………130, 131
感動詞 ………………………………120
勧誘 ……………………130, 285, 303
勧誘表現 ……………………………131
慣用句 ………………………272, 306
慣用的な言い回し …………………114
完了 …………87, 121, 122, 151, 153
完了形 ………………………………305
完了態 ………………………………305
完了表現 ……………………………114

キ

帰着点 ………………250, 251, 260, 268
帰着点を表す語 ……………………221
帰着の言い方 ………………………252
既定条件による予測 ………………157
起点 …………………………247, 260
希望の表現 …………………………304
疑問文 ………………………129, 305
逆接 …………279, 280, 293, 294, 302
逆接関係 ……………………280, 293
逆接条件の組み立て ………………299
逆接の文脈 …………………………301
客体的な対象の現状 ………………62
客観性をもった話材 ………………129
客観的事実 …42, 84, 89, 91, 105, 169, 290
客観的事象の説明 …………………129
客観的な状態形容 …………………134
客観的な描写態度 …………………84
客観的に眺める態度 ………84, 290
強意表現 ……………………………176
境界点通過意識 ……………………252
強制 …………………………………285
強制意識 ……………………22, 23
強制的使役 …………………………23
強制表現 ……………………………144
強調 …………………………………179
強調意識 ……………………124, 184
強調文 ………………………………181
共同動作 ……………………………224
共同動作の相手 ……………223, 231
許可 …………………………………285
許容 ………23, 37, 44, 46, 47, 206, 207, 263
許容意識 ……………………………22
許容の意思表示 ……………………311
許容表現 ……………………………40
禁止 …………………………………285

事 項 索 引

ア

あいさつ語 ……………………120, 121, 122
あいまい語 ……………………………275
あいまいな理由提示 ……………………291
あいまい文 ……………………………225
改まり表現 ……………………………173

イ

言い換え表現 …………………………160
言い訳表現 ……………………………289
意思的行為 …18, 45, 57, 58, 63, 88, 90, 115, 192, 194, 202, 263
意思的行為の結果 ………63, 90, 107, 281
意思的な他動詞表現 ……………………63
意思を超えた行為 ………………………57
一人称主体 ……………………………226
一般的事実 …………………………96, 104
一般的事象 ……………………………307
一般的な事柄 …………………………108
一方的授受行為 …………………………56
一方的他動行為 ………………………208
移動意識 ………………………………242
移動主体 …………………………………74
移動動詞 ……………………73, 79, 246
移動の起点 ……………………251, 255, 256
移動の経路・場面 ………………251, 255
移動の経由点 ……………251, 252, 255
移動の場面 ……………………………255
移動表現 ………………………………253
意図主体 …………………………………62
意図説明 …………………………………97
意味の類似性 ……………………………61
依頼 ………………………………285, 287
いろいろな動詞の代用 …………………28
因果関係 ………30, 45, 280, 281, 284, 290, 302, 303, 306, 309
引用形式 ………………………………133

ウ

受け手の立場 ……………………………51
受身的状況 ………………………………69
受身的立場 ……………………………229
受身文型 ……………………………212, 224
打ち消しの助動詞 ……………………142
打ち消し表現 …………………………130
打ち消しプラス可能 …………………160

エ

婉曲 ……………………………………130
婉曲的な断定 …………………………106

オ

恩恵の受身 ………………………………54
恩恵賦与 ……………55, 59, 219, 221, 223
恩恵賦与行為 ……………………………56
恩恵賦与表現 …………………………54, 219

カ

下位者の側 …………………………55, 206
回想 ……………………………29, 124, 125
回転運動 ………………………………247
解答の文 ………………………………307
概念的な文 ……………………………310
外来語 ……………………………………18
書きことば …………………………174, 286
角運動 …………………………………247
確述意識 ……………………………124, 125
確述的態度 ……………………………128

◉著者紹介

森田良行（もりた・よしゆき）

一九三〇年一月生まれ。早稲田大学大学院修了。国語学専攻。二〇〇〇年、早稲田大学を定年退職。在職中は外国人留学生への日本語教育と日本人学生への日本語学の講義に携わり、また早稲田大学日本語研究教育センターの初代所長を務めた。現在、早稲田大学名誉教授。博士（文学）。

主な著書に、
『基礎日本語辞典』（角川書店）
『日本語をみがく小辞典』（角川ソフィア文庫）
『日本語の視点』（創拓社）
『外国人の誤用から分かる日本語の問題』（明治書院）
『日本人の発想、日本語の表現』（中公新書）
『言語活動と文章論』（明治書院）
『動詞の意味論的文法研究』（明治書院）
『意味分析の方法』（ひつじ書房）
『日本語文法の発想』（ひつじ書房）
など

日本語の類義表現辞典 新装版

＊本書は、二〇〇六年九月に小社から刊行した『日本語の類義表現辞典』（四六判）の新装版です。新装に際し、A5判に拡大しています。

二〇二四年一月三〇日　初版印刷
二〇二四年二月一〇日　初版発行

著　者　森田良行
発行者　金田　功
発行所　株式会社東京堂出版
〒一〇一-〇〇五一
東京都千代田区神田神保町一-一七
電話　〇三-三二三三-三七四一
http://www.tokyodoshuppan.com/

印刷製本　中央精版印刷株式会社

ISBN978-4-490-10943-6 C0581